法律物語

藏在器物裏的法律故事

江隱龍——著

開明書店

目錄

西方篇

目錄

中國篇

西方篇

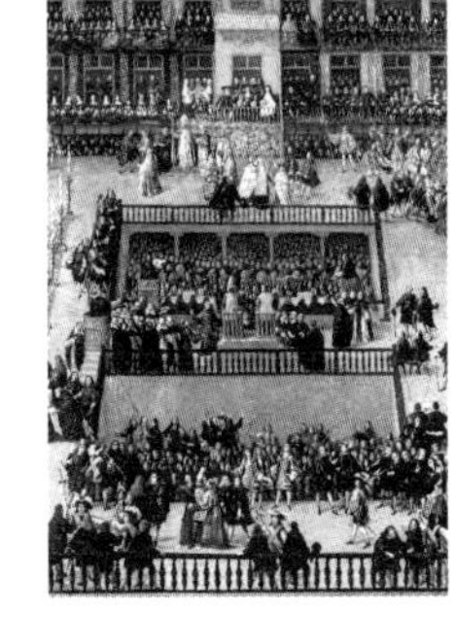

王冠

古代歐洲國王權利證書

在撲克牌最經典的版本裏，K（King）、Q（Queen）和 J（Jack）分別對應着歐洲文化中的十二個或真實或虛構的人物，而其中最重要的四張「老 K」，指的便是大衛王、查理大帝、凱撒和亞歷山大大帝。K、Q、J，分別是 King（國王）、Queen（王后）和 Jack（男性大眾名「傑克」）的縮寫，這裏又數「老 K」們的身份最好猜，因為四張牌上的人物都戴着國王特有的飾品：王冠。

不過若要細論，四個人裏其實只有兩位是「貨真價實」的國王：大衛王是以色列王國的國王，而亞歷山大大帝是馬其頓王國的國王。在另外的兩個人中，查理大帝曾經當過法蘭克王國的國王，但在教皇利奧三世加冕之後，他的最終頭銜就成了皇帝；凱撒一生歷任羅馬共和國的財務官、祭司長、大法官、執政官、監察官、獨裁官等職，唯獨從來沒當過國王。如果要將四位「老 K」的王冠一一對號入座，那這其中將包括兩頂王冠、一頂皇冠和一頂執政官冠，所以，如果一定要為這幾頂帽子找一個統稱，「冠冕」二字會更加貼切。

不過撲克牌的玩家們並不需要對這四位領袖的身份做出如此細緻的研究，因為四位「老 K」縱然不是法律意義上的國王，也都是事實上的君主，從大眾文化的層面來看這已經足夠。然而另一個問題卻立刻浮出水面：為什麼冠冕會成為歐洲文化中君主權力的「實體證書」？王冠與皇冠究竟有什麼區別？除了這些君主，還有哪些人有資格戴上名稱各異的冠冕？

撲克牌的傳統名稱叫做「法國紙牌遊戲（French playing cards）」，正如這個名字帶着濃濃的西歐風情一樣，冠冕也常常讓人聯想到中世紀歐洲那些林立的王國。不過對於古代歐洲人來說，冠冕其實是個十足的舶來品：它的花或許盛開在歐洲，根系卻在地中海的另一岸：埃及。

地中海東岸的古老冠冕

在地中海的南岸，早在「法老」這個尊貴的稱號還沒有出現之時，古埃及的君主們就已經開始使用冠冕來標榜自身的王權了。當時的埃及尚分為上埃及與下埃及，其首領分別以「白冠冕（Hedjet）」和「紅冠冕（Deshre）」作為自己崇高地位的象徵；而當上下埃及統一後，兩頂王冠也在歷史流變中合二為一，成為「雙冠冕（Pschent）」。

在古埃及人眼中，王冠已經成為某一片土地上最高權力的象徵，因此，當國王自稱為「兩地之王」時，就需要佩戴結合了「白冠冕」與「紅冠冕」特徵的「雙冠冕」才能與其身份對應，從而彰顯國王作為「埃及共主」的超然地位。

冠冕的指代意義如此明顯，加冕儀式自然而然也要隆重起來。古埃及國王——這一職位名稱在第十八王朝圖特摩斯三世之後漸漸演變成後人所熟知的「法老」一詞——的加冕儀式通常設在首都孟斐斯並由大祭司主辦，新國王一方面從前一任君主手中取得王國的統治權，另一方面又通過典禮宣告了自身的神性。古埃及的加冕儀式熱鬧而漫長，其中的典禮、節日、筵席可以持續整整一年，故埃及史學家往往將國王、法老們登基的第一年稱為「加冕年」。

與古埃及相似，波斯帝國的君主在繼位時同樣也要舉行加冕儀式。普魯塔克記載過加冕儀式的大致流程：新王需要去首都帕薩爾加德的一間寺廟向戰神祈禱，並換上特製的長袍與冠冕。這頂冠冕給予波斯帝國的統治者「四方之王（King of the Four Corners of the World）」以榮耀，也令所有波斯帝國的敵人膽寒。

西歐沒有發現同樣古老的冠冕，從地中海周邊文明的傳播路線來看，歐洲中世紀盛行的冠冕及加冕儀式很可能源於古埃及與波斯的古老傳統。《新約・啟示錄》中開始大量出現關於冠冕的意象，並將其與權柄相關聯；而自 4 世紀開始，羅馬帝國的硬幣上就已經頻繁出現了頭戴冠冕的神靈肖像。奧勒良統治時期前後出於太陽神索爾・因維克圖斯（Sol Invictus）的狂熱崇拜，光暈型冠冕開始在皇帝間流行開來；戴克里先在此基礎上進一步強化了皇室禮儀，並制定了專屬於皇帝的金冠冕和紫色長袍，冠冕這一器物也隨着羅馬傳統的固化在歐洲文明中扎根。

從埃及與波斯的加冕儀式上可以看出，冠冕不僅指向國家權力，同時也代表了君主身上的「神性」。在羅馬帝國史上，這種世俗與宗教雙重意義上的權力最早在圖密善時期就得以體現 —— 他是第一個要求以「統治者和上帝（Dominus et Deus，英文 Lord and God）」為尊號的羅馬皇帝。奧勒良統治時期，這些頭銜正式以書面形式出現在官方文件中，從中似乎能看出，至遲在 3 世紀，羅馬帝國的王權與神權依然保持着緊密的結合。這一局面直到君士坦丁大帝時期才開始變得不一樣起來。

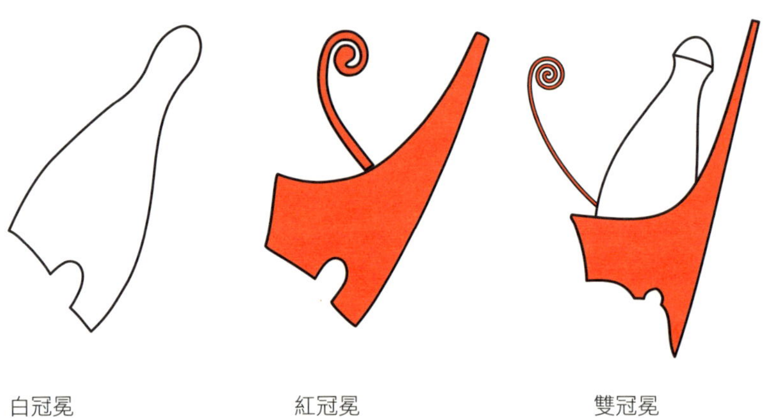

白冠冕　紅冠冕　雙冠冕

埃及壁畫中的紅白冠

313 年，皈依基督教的羅馬皇帝君士坦丁大帝頒佈了《米蘭敕令》，在羅馬歷史上第一次承認了基督教的合法地位，並在臨終前正式受洗成為基督教徒；80 年後，羅馬皇帝狄奧多西一世宣佈基督教為國教。對於基督教來説，這是一件舉足輕重的大事，同時也是來之不易的成功，因為直到戴克里先統治時期，基督教還遭受着極為嚴重的迫害。基督教在不到 100 年的時間裏從一個非法的少數派宗教變成當時世界上最強帝國的國教，這一逆襲的過程只能用奇跡來形容。當然，這一奇跡也順勢帶來了另一個問題：既然羅馬皇帝與基督教領袖並非同一人，那王權與神權自然也就不可避免地分道揚鑣了。

羅馬帝國與皇帝的涅槃

從羅馬皇帝加冕儀式可以看出王權與神權相分離的微妙變化。

羅馬皇帝的冠冕雖然起源較早，但與之配套的加冕儀式，卻直到君士坦丁大帝受洗後的一個世紀裏才逐漸發展起來。尤利安之後歷代羅馬皇帝的加冕儀式漸漸固化，直到利奧二世繼位時開始了由君士坦丁堡普世牧首加冕的傳統。此後羅馬皇帝加冕典禮中的教會元素迅速發展，之後幾個世紀的羅馬皇帝均在君士坦丁堡普世牧首手中接過冠冕，以表明其統治權直接來自上帝。隨着基督教印跡的逐漸加深，羅馬皇帝冠冕上出現了十字架符號，傳統的羅馬王室克拉米斯斗篷（Chlamys）也變成了基督教色彩濃厚的斗篷式祭衣。

放眼世界，古人對冠冕的重視是超越文明界限的，莫説是埃及、波斯的法老與國王，在遙遠的中國也同樣有「聖人重冠」的傳統——希臘、羅馬的君主在鄰國的影響下引入並改良了冠冕，在與基督教文化的交融中形成了富有歐洲特色的冠冕與加冕儀式，這本身就是一個非常自然的故事。然而，歷史往往會不失時機地賦予平凡的事物以非凡的意義，冠冕作為典型的權力象徵，注定將在時代巨變演化為歐洲自然法中最具時代負重的法律器物。

在世俗政權對教會有足夠掌控力的情況下，君士坦丁堡普世牧首給皇帝加冕的過程直接印證了君權神授，而並不代表宗教之於世俗的優勢地位。所以，當羅馬皇帝里奧二世從牧首手中接過冠冕時，這一行為與埃及法老、波斯皇帝從祭司手中取得冠冕並沒有本質區別：冠冕與加冕儀式同時代表了王權與神權，而後兩者本身就是不可拆分的。

然而，羅馬帝國的分裂，以及西羅馬帝國於 476 年的滅亡，改變了帝國與教會水乳交融的關係。西羅馬帝國故土內山頭林立，沒有一個君主可以成為天下「共主」，王權瞬間走向破碎。與此同時，神權反而因為教會的延續而存續下來。征服西羅馬帝國的諸「蠻族」尚處於相對原始的文化等級，當世俗政權崩潰後，西羅馬教會的文明優勢就立刻突顯出來。

遍佈西羅馬帝國各地的修道院組織嚴密並依然保持着完整的生產貿易網絡，教士們教育水平普遍較高，同時教會在漫長的演進中出形成了一套成熟的法律體系。這些代表着先進生產力的文明產物看似不堪一擊，但一旦入主西羅馬故土的諸多「蠻族」完成了從掠奪者到統治者的角色轉換，就會發現這些「軟實力」其實是真正的剛需。隨着時間的流逝，皈依基督教的「蠻族」首領越來越多，教會的地位愈加超然，神權也在這一過程中隱隱有了獨立於王權的地位。

中世紀的西歐，帝國滅亡了，皇帝消失了，但由教會神職人員主持的加冕儀式，或者說是傳統卻保持了下來。574 年，達爾・里亞塔（Dia Riata）的阿丹・麥克・多曼蓋爾（Áedán mac Gabráin）加冕為王；631 年，西哥特的西塞南德加冕為王；751 年，丕平三世創建加洛林王朝後不僅接受了羅馬教皇聖匝加遣使至巴黎舉辦的加冕儀式，更在之後跟他兩個兒子一道接受了教皇的受膏禮……

中世紀西歐的國王們希望從羅馬教皇手中得到教會的支持與宗教意義上的合法性；羅馬教皇希望在西羅馬帝國崩潰後找到足以拱衛教會的世俗力量，從這一角度來看，加冕儀式正是國王與教皇們雙向奔赴的交易。這一西羅馬帝國滅亡後的新傳統在丕平三世最終定型：丕平三世之後，世俗政權需要教皇的批准方能得到公認可 —— 對於國王來說，加冕儀式可以遲到但不能缺席，出於這樣的邏輯，神權也得以成為優先於王權的存在。

考慮到這一時代的教會法正從分散走向統一，將冠冕視為教會法體系下的「國王權利證書」也不為過。西羅馬帝國滅亡後，西歐再沒有出現大一統的帝國，羅馬教皇作為上帝的代言人，通過宗教在各王國和部落中樹立了新的權威，並通過冠冕這一器物重新定義了神權與王權的聯繫。然而，關於冠冕的榮光還遠遠沒有止步：800 年，教皇利奧三世在聖誕節前夜的祝福彌撒上，突然為法蘭克國王 —— 也即是丕平三世之子查理一世加冕，這一次利奧三世給予查理一世的稱號不是國王，而是「羅馬人的皇帝（Emperor of the Romans）」。

從國王到皇帝的加冕權

經過西羅馬教會幾百年苦心經營才緩慢成型的「國王權利證書」，何以在利奧三世手中突然升級為「皇帝權利證書」？歐洲並不存在中國古代的「華夷體系」，那皇帝與國王的區別又何在？這兩個問題的源頭，都在羅馬帝國——準確地說，是未分裂前的羅馬帝國。

「皇帝（Emperor）」一詞，源於羅馬帝國時期的「大元帥（Imperator）」；在此之後，歐洲是沒有皇帝的。著名的亞歷山大大帝（Alexander the Great）與居魯士大帝（Cyrus the Great）均非皇帝，前者做了一輩子馬其頓國王（king of Macedonia），後者的尊號全稱為「波斯國王，安善國王，米底國王，巴比倫國王，蘇美爾和阿卡德國王，四方之王。

羅馬帝國的出現，讓帝國有了不一樣的榮光。羅馬帝國文化昌盛，經濟發達，法律健全；更重要的是，它基本統一了當時西方人眼中的「已知世界」，羅馬城、元老院行省、元首行省以及附庸國的行政建制幾乎囊括了西方人對世界的認知極限，在這種情況下。羅馬帝國的君主便隱然有了不同於普通統治者的「天下共主」的地位，羅馬帝國君主的頭銜，包括「凱撒（Caesar）」「奧古斯都（Augustus）」「大將軍（Imperator）」在內，最後在不同語境下演變成高於國王的頭銜「皇帝」也就不奇怪了——又或者從另一個角度而言，能配得上羅馬帝國君主的漢語詞彙，唯有「皇帝」。

所以，不是「皇帝」這一頭銜給予了羅馬帝國君主榮光，而是羅馬帝國君主的文治武功讓「皇帝」這一頭銜包含了「天下共主」

教皇為丕平加冕

查理大帝

的暗喻。羅馬帝國囊括了人間王國，羅馬皇帝自然是人間王國的共同領袖。4 末期世紀羅馬帝國分裂為東西兩部，476 年西羅馬帝國滅亡，那些在中世紀只能統一某一部落、地區、王國的領袖自然不

各種款式的王冠

能加冕為帝而只能成為國王，縱然是手握加冕大權的教皇也不敢挑戰這一傳統。西羅馬帝國雖然滅亡，但東羅馬帝國一直存續，如果說東羅馬帝國作為羅馬帝國正統繼承國，其君主還有理由自稱皇帝的話，那西歐地區的君主在未統一西羅馬帝國故土與東羅馬帝國之前，是絕不能染指「皇帝」這一稱呼的。教皇可以加冕，但他手中的冠冕終究只是「王冠」，而不是帶有羅馬色彩的「皇冠」。

而在 800 年，利奧三世卻稱查理一世為「羅馬人的皇帝」，西羅馬帝國也由此「重生」。從法理角度來看，這一次加冕儀式完全是教皇對自身權力的重新定義：從此，教皇可以代表上帝對人間王國的兩級帝王進行加冕。他可以為小國君主開展國王一級的加冕儀式，而當一個王國足夠強大時，他也可以通過加冕認可其為「羅馬人的皇帝」——或者說是人間王國的皇帝。

查理一世駕崩後法蘭克帝國迅速三分，直到 962 年，教皇若望十二世加冕東法蘭克國王奧托一世為「羅馬人的皇帝」，東法蘭克王國由此「重生」為神聖羅馬帝國。當查理一世和奧托一世接受加冕成為皇帝時，歐洲「王冠 - 皇冠」制度也正式成型了。

在未來的幾個世紀，教會勢力在西歐日益強大並在意諾增爵三世到達登峰造極的地步，教皇勢力之大以至於能決定國王的存廢，與此相應，歐洲眾國王的加冕儀式也變得越來越重要。在部分基督教影響極深的國家，國王加冕禮甚至與傳統的七聖禮並稱為「第八聖禮」，日益內化成王國體制中不可或缺的組成部分，甚至演變成繼承權的代表。在中世紀，不少法國、英格蘭、匈牙利的國王均選擇先為其繼承人加冕，直到 1830 年，奧地利未來的皇帝費迪南德一世依舊以帝位繼承人的身份進行了加冕禮。

俯瞰人間王國的三重冕

羅馬帝國以降，教皇通過幾百年的經營將冠冕打造成了世俗政權的權利證書，這張「證書」在中世紀基督教強大的影響下為各國國王所公認。雖然教皇確認的皇帝位是以「羅馬人」為基礎，但西羅馬帝國早已滅亡，東羅馬帝國又「偏安」於東方，羅馬帝統的「解釋權」最終只能由教皇所持有。這一傳統的慣性是如此之大，以至於拿破崙一世建立了獨立於羅馬帝統的法蘭西帝國時，依然還要在加冕儀式上請教皇庇護七世坐鎮 —— 雖然這位橫掃歐洲的雄主拒絕跪在教皇面前，而是將皇冠奪過來自己戴上。

拿破崙一世稱帝所用的尊號不是「羅馬人的皇帝」而是「法蘭西人的皇帝」，若不考慮庇護七世在事實上處於弱勢地位，教皇似乎又通過拿破崙一世稱帝的行為獲得了為羅馬之外的皇帝加冕權。這當然是玩笑，但在中世紀的大部分時間裏，教皇站在西歐權力金字塔的頂端卻是個不容置疑的事實。那麼問題來了：如果國王、皇帝的「權利證書」是冠冕，那教皇呢？

教皇不僅佩戴了冠冕，而且其冠冕還比國王乃至皇帝的冠冕更為華貴：那就是三重冕。三重冕呈蜂窩狀，上鑲三個不同材質的王冠組成，並飾有金銀和珠寶，後有兩條垂帶。相比於散落在歐洲的眾多皇冠與王冠，三重冕完全稱得上是鶴立雞羣。

教皇的冠冕絕不是一開始便如此鋪張的。最初教皇的頭飾是相對統一的主教冠，其形制與滅燭器相似，和象徵世俗王權的環形冠冕形成鮮明對比。主教冠與王冠迥異的造型反映了神權與王權的兩分，但很快深居羅馬城的教皇就迎來了一個新的身份：教皇國的世俗君主。

教皇國的出現，源於歐洲史上一個重要歷史事件：丕平獻土。8 世紀中前期，原西羅馬帝國的核心統治區遭受到倫巴底人的嚴重威脅，於是羅馬教會將希望寄託在了法蘭克王國事實上的掌權者丕平三世身上。當時的教皇斯德望二世為籠絡丕平三世，同意當時還是法蘭克王國大臣的丕平廢黜國王的行為，並封其為羅馬貴族。作為回報，丕平三世不僅皈依基督教，更在平定意大利北部之後將大片領土贈與教皇，這些領土便是教皇國的雛形。

教皇國是由許多昔日的獨立或半獨立城邦、小國和貴族領地構

三重冠

成的共同體，「教皇國」也並非其正式名稱，其真名應當是「Civitas Ecclesiae」，意即「隸屬於教會的諸邦國」。不過教皇國的存在畢竟使教皇有了世俗領地，單純的主教冠在此時就不能完全描繪出教皇的權柄了。大約在 9 世紀，教皇的主教冠上多了一個王冠，象徵其所接掌的世俗權力。

意諾增爵三世時期，第二層王冠出現在主教冠上，以詔示教皇宗教和世俗雙重意義上的權力。意諾增爵三世在位時將教皇權勢推向了巔峰，其名言「教皇是太陽，世俗國王是月亮；國王如不能誠心侍奉基督的代理人，就不能正確地治理他的國家；國王擁有肉體上的權利，祭司擁有精神上的權利，由於精神統治着肉體，教皇也應高於國王」成為神權主導王權的最好例證。14 世紀初，第三層王冠再次出現，三重冕的形制由此最終確定。克萊門特五世之後的歷屆教皇佩戴過各種版本的三重冕，這一樣式一直流傳至 21 世紀。

關於三重冕含義的解讀有着多種版本的解讀。比如，三重冕代表基督教的「身、心、靈」三個層次，象徵教皇是世上所有世俗之人的導師、天主教會自聖彼得傳下的牧者；或者代指地獄、人間、天堂三個地域，代指教皇「基督在世代表」的崇高身份；亦有「牧師，先知和國王」、「教導者，立法者和審判者」等等說法。其實三重冕的演進是一個漫長的過程，當教皇因其世俗領地而增加第一個王冠時，當意諾增爵三世因其權柄增加第二個王冠時，當 14 世紀初的本尼迪克特十一世或是克萊門特五世增加第三個王冠時，他們心中恐怕不會出現關於三重冕含義的任何聯想，因為權柄與冠冕之間，原本富有人類天性相吻合的聯結。

結語

冠冕並不起源於歐洲，卻在漫長的演變中成為歐洲王權的圖騰，牽扯着不同時代不同國家不同民族的典故傳奇，步履穩健地走過了千年歲月。在 21 世紀回望，歐洲的每一頂冠冕背後都有着驚艷了一個時代的君主，而每一位君主背後都有着數不盡的故事。從寫實的角度來看，這些歷史碎片讓歐洲的歷史更顯血色；從詩意的角度來看，這些歷史碎片又讓歐洲的歷史更富底蘊。

不過相比於各國王冠牽引出的林林總總的傳聞逸事，冠冕的內涵顯然更為「硬核」。羅馬帝國的耀眼光芒，中世紀教皇的無上權柄，都在這一頂頂燦爛奪目的藝術品裏找到了最好的歸屬。「欲戴王冠必承其重」，這句話對於國王、皇帝、教皇們來説如此，對於史家來説也當如此吧。

Globus Cruciger

十字聖球

古代歐洲國王權利證物

大英帝國曾經以 3400 萬平方公里的「成績」創造了人類歷史上的國家領土面積紀錄，與其輝煌的文治武功相契合，大英帝國王室所用的冠服物品，也以華麗繁複而舉世聞名。直到 20 世紀——此時君主制早已在世界主流政治制度中退居二線——英國王權器物（Crown Jewels）依然保持着強大的陣容：冠冕、權杖、十字聖球、戒指、手鐲、馬刺、五柄佩劍（包括獻納之寶劍、國家之劍、精神正義之劍、世俗正義之劍和慈悲之劍）和數件袍服（純白長袍、加冕服、王者袍）……

在相似歷史脈絡和文化傳統的影響下，西歐各王國的王權器物在種類上頗為接近：法國、德國、奧地利、丹麥等國家的王權器物中，均有細節上各有千秋但整體形制相似的冠冕、權杖和十字聖球。2018 年瑞典發生了一起王權器物失竊案，失竊物中正包括兩頂冠冕和一個十字聖球，不得不説，盜賊還是有些「專業素養」的。

十字聖球的寓意不難推測：「十字」無疑象徵着基督教式的君權神授，「聖球」則代表着世界，而將十字鑄於聖球之上，當然就象徵着神授的君權如陽光般照耀世界。「十字」源於歐洲悠久而獨特的宗教傳承，而球體而符合人類共同的世界觀演進，畢竟連古代中國人都有着相似的「天圓地方説」。從中可以看出，冠冕、權杖、戒指、佩劍等王權器物，可以跨越宗教邊界出現在其他文明的國家中，但十字聖球則只適合流通於普遍信仰基督教的地區 —— 嚴格來說，是普遍信仰天主教的地區，因為基督教三大教派的十字架符號並不完全一致，而十字聖球上的「十字」明顯屬於天主教的「拉丁十字」。

如果說冠冕與權杖的歷史可以穿透希臘化時代，直指悠久的古埃及文明；那僅從從器物形制上也很容易猜到，十字聖球的歷史要晚近得多。「十字」標誌至少要在基督教佔統治地位之後才能成為王權標誌，這一時間上限的節點最可能會在中世紀出現，至少不可能早於 392 年羅馬皇帝狄奧多西一世宣佈基督教為羅馬帝國國教之前；而「聖球」則更讓人困惑：「地圓說」在歐洲被證明似乎是在 1519 年斐迪南．麥哲倫船隊環繞地球成功之後，那將王權扎根於舊世界的眾多國王，為何會將王權所及的土地用一個圓球指代呢？

這背後其實牽引着兩個故事。「十字」的故事起源於刑具，「聖球」的故事則淵源於地圖。如果能拋開「地圓說」的思維誤區將眼線延伸到更加古舊的地圖上，就不難發現「聖球」的歷史比「十字」更為漫長。

「地圓說」裏的古老世界

雖然「地圓說」在 16 世紀初才被最終確認，但作為假設或是學說，「地圓說」的歷史與「地平說」同樣古老。早在前 6 世紀，古希臘數學家畢達哥拉斯就從科學的角度首次提出了「地圓說」。畢達哥拉斯並非信口開河，他的理論立足於以下三個觀測結果：第一，越往北走，北極星越高；越往南走，北極星越低，且可以看到一些在北方看不到的星星；第二，從遠方駛來的船隻，先露出桅杆頂，慢慢露出船身，最後才看得到整艘船；第三，在月食的時候，地球投到月球上的形狀為圓形。

在畢達哥拉斯等先賢的研究基礎上，前 4 世紀的古希臘數學家尤得塞斯已經設想出了以地球為中心、各個星體以多層同心球的方式環繞地球公轉的宇宙體系；而至晚在前 2 世紀，古希臘的數學家們甚至提出了星體運行軌跡的「本輪」與「均輪」模型，以此來解釋如「逆行」這般的在「同心球」模式下無話解釋特殊星體運動。

這一切的基礎是「地心説」，而「地心説」的基礎又恰恰是「地圓説」。雖然「地圓説」要在兩千多年後才能在一名葡萄牙探險家搏命式的航程中被證明，但這並不妨礙學説本身的流轉與發展。古羅馬時期，在西塞羅等學者眼中，「地圓説」—— 或退一步來講 ——「凸面大地」已經成為理所當然的概念，世界與宇宙均為球體，能夠分別具象化為「地球」與「天球」，在這樣的文化薰染下，古羅馬雕塑中，「眾神之王」朱庇特的手中或腳下，常常會出現一個球體用來象徵其「權威行於地上」，就顯得非常自然了。

在朱庇特雕像中，球體可以視為抽象化的地圖，這背後可以按圖索驥尋找到古希臘的科學成就，不過事實有可能更為簡單：將世界視為一個圓，並不需要建立在「地圓説」的假設之上。在人類現存最古老的地圖 —— 古巴比倫《世界地圖》泥版上，世界已經被描繪成一個漂浮在海上的圓盤，雖然這種描述的基礎更可能是神話而非科學觀測。古希臘作家、天文學家米努斯曾指出「荷馬以以及所有的古代詩人都認為地球是一塊平坦的大地，同樣他們也認為海洋包圍着陸地，日月星辰從海中升起從海中落下」。

在希臘化時代，從前6世紀左右的古希臘阿那克西曼德、赫卡泰奧斯、埃拉托色尼、波希多尼、斯特拉博等人繪製的地圖，到古羅馬旁波尼烏斯·梅拉、馬里諾·推羅等人繪製的地圖，均將已知世界大致描繪為一個圓盤：歐、亞、非三大洲成為這一圓盤的組成部分，而圓盤外圍則環繞着一圈大洋海。一個明顯的事實是，縱然在「地平說」的視野中，世界也是一個圓，只不過這個圓不是球體，而是一個「巴比倫式」的圓盤。

這些圓盤式的地圖當然也有一定的實用價值，然而當時科學觀測的有限成果必然會被包裹在神學的豐富想像中。人類早期地圖在宗教、權力方面的隱喻明顯要比其實用色彩更濃，地圖內容愈抽象，這一傾向就越明顯。地圖是宇宙秩序的圖案化，神權與君權是宇宙秩序的制度化，地圖與神權、君權天然相關，將抽象的地圖引入王權器物，是符號學發展的自然結果。

至古羅馬時期，將象徵世界的球體捧在手中或踩在腳下已經成為羅馬君主統治世界的象徵。2世紀哈德良皇帝統治時期的硬幣中出現了羅馬「安全和幸福女神」薩盧斯和她腳下地球的形象；4世紀君士坦丁一世統治時期的硬幣中出現了他本人手裏捧球的形象；423年東羅馬帝國的硬幣中甚至出現了十字聖球的圖案——這當然是基督教成為羅馬帝國國教之後才能出現的情形。

與其說是羅馬人設計了十字聖球圖案，倒不如說是羅馬人延續了古老文明中，以圓代表世界進而代表神權與王權的傳統。不過關於十字聖球的故事，還遠沒有結束：中世紀西歐的文明隨着西羅馬帝國的滅亡而出現了斷層，曾經存在於古希臘、古羅馬的地圖概念消亡了，地圖製作技術也與大量古典傳統知識一道慢慢消失於亂世的塵煙中。在這一背景下，以圓盤形地圖為核心的「聖球」意象居然還能繼續流傳至中世紀，這難道僅僅源於古羅馬文明的慣性麼？

答案是否定的。作為古典文化的守護者，教會雖然在地圖製作技術領域經歷了漫長的退步，但並不影響教士們通過地圖這一載體去表達基督教視野中的世界。在中世紀，地圖的製作基本出於宗教目的，宗教信仰的表述要遠遠優先比地理內容的明析。地圖的主要意圖是向觀眾展示一種基督教世界及國家的地理學觀念，並儘可能地將地圖上的地點與《聖經》中的記載一一對應——「TO 地圖」，正是這一地圖製作思潮的典型代表。

「TO 地圖」的信仰之力

「TO 地圖」中的「T」，指的是世界各地區——歐洲、亞洲和非洲的分佈大致以「T」形邊界分野；而「O」，指的則是環繞於世界周邊的大洋海。歐亞非三洲的區分自然立足於早在古希臘時期就已經確定的事實，但它同時也符合基督教義。傑羅姆於 4 世紀翻譯了拉丁文《聖經》並成為羅馬教會的欽定文本，這一版本中寫道:「諾亞將世界三部分作為遺產留給他的三個兒子閃、含及雅弗，這三部分分別是亞洲、非洲和歐洲。」於是，《聖經》的內容與古人的知識構成了中世紀基督教的基礎神學宇宙觀，也即成為「TO 地圖」的基本內容。

不同於「上北下南」的製圖原則，早期的「TO 地圖」大多奉行「上東下西」，因為東方是伊甸園所。於是，廣袤的亞洲佔據了「TO 地圖」的上半部分，而歐洲與非洲分別佔據地圖下半部分的左右兩

宙斯手中的地球

公元前 7 世紀左右的泥板巴比倫世界地圖，亦被看作是第一幅世界海洋地圖。左為原圖，右為釋意圖

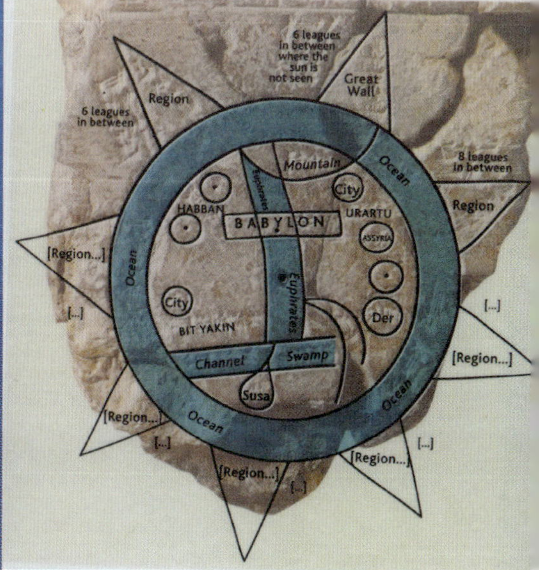

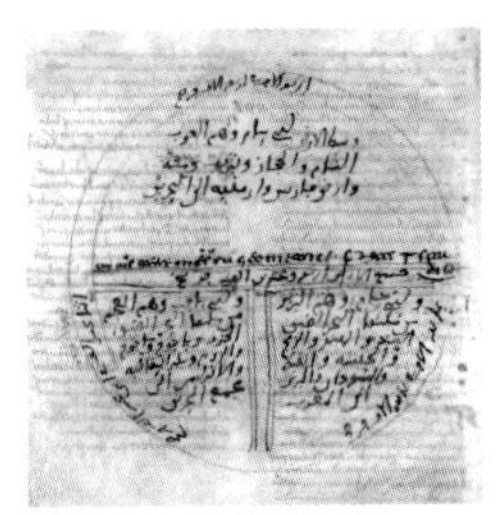
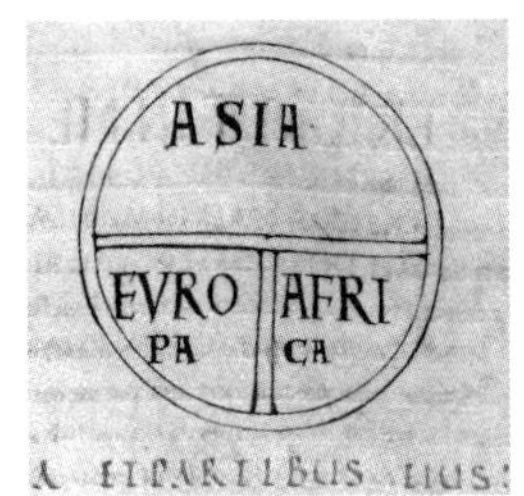

左起為伊西多爾《詞源學》的 9、10 和 11 世紀抄本中的「T-O」地圖

側。歐洲與非洲的分界線——也就是「T」的那一豎——自然是以「海格力斯之柱」為終點的地中海，而頓河與尼羅河則成為「T」的那一橫，也就是亞洲與其他兩大洲的分界線。「T」的交叉點是世界中心，所以必須是聖城耶路撒冷，因為《舊約．以西結書》5：5 如此描述：「主耶和華如此說，這就是耶路撒冷。我曾將她安置在列邦之中。列國都在她的四圍。」

「TO 地圖」與其説是對世界的描述，更不如説是對世界的構想；與其説是對世界的構想，更不如説是對世界的規定。在塞維利亞大主教聖伊西多爾所著的《詞源》中，一幅精緻的「TO 地圖」及其文本代表了基督教宇宙觀對世界的定義：精神優於肉體，宗教優於世俗，神的啟示不是一切真理的原因而是源頭。11 世紀，西歐興起長達兩個世紀的十字軍東征，這背後不難看到基督教徒們收回世界中心耶路撒冷的決心。十字軍東征失敗後，很多西歐的地圖也因此發生了細微的改變：耶路撒冷仍然處於地圖的中心區域，但已經「淪為」眾多城市中的一員。

將「TO 地圖」與十字聖球相比，會很容易看出兩者的相似之處。十字聖球中的「聖球」部分就是「TO 地圖」的輪廓，「聖球」

即地圖，地圖即世界。曾經的朱庇特用圓球代表古羅馬時代的世界，而中世紀的國王們則用「聖球」代表基督教視野中的宇宙，這期中的象徵學內涵一脈相承。

以圓球或「聖球」代替世界，可以説是自古巴比倫、古希臘以降，被整個西方共同接受的象徵方式。這一文化淵源只能解釋「聖球」在中世紀的流行，卻不能詮釋十字聖球作為一個整體的出現，從「聖球」到「十字聖球」畢竟還有一段漫長的距離。

十字架無疑是基督教的象徵，但早在基督教誕生之前，十字架作為一種刑具就已經在地中海沿岸廣泛出現了。腓尼基、迦太基、波斯、希臘羅馬等地區和國家均有十字架刑（Crucifixion），斯巴達克斯起義失敗後，被克拉蘇俘虜的六千名奴隸就被釘死在從卡普亞通往羅馬城的阿庇亞大道沿線的十字架上。

十字架刑的執行方式簡單而殘忍：用兩根以上的木樁製成木架，將受審者釘在木架處死。木架形制沒有固定格式，可以是「十」形，也可以是「T」形、「X」形、「Y」形，其中耶穌受刑所用的「十」形十字架最為著名——如果當時耶穌用的是另一種十字架，漢語中的「十字架」一詞恐怕也會有另一個譯名。

依《聖經》所述，耶穌在傳道時受控告並被羅馬總督本丟·彼拉多判處十字架刑，耶穌受難後，十字架輾轉成為基督教的聖物及代表符號。就在耶穌被本丟·彼拉多判處死刑後的 3 個世紀，羅馬皇帝君士坦丁一世宣佈了基督教合法化，並於 337 年下令取締了十字架刑。由此，十字架過濾了刑具功能，成為單純的宗教符號。

世俗政權需要宗教強化其神聖性，而宗教需要世俗政權的保護，這種互利互惠使羅馬帝國與基督教會達成了和諧的共榮關係，

5 世紀東羅馬帝國硬幣上十字聖球圖案也正是這種關係的印證。不過在西歐，教會的形勢就不那麼樂觀了：西羅馬帝國的滅亡讓教會回歸到缺乏世俗政權庇護的孤立狀態中。面對滾滾而來的日耳曼諸王國，教會還能將「十字」鑄於「聖球」之上，並將這一圖騰「兜售」給西歐大地新的主人們嗎？

羅馬教皇的苦心經營

事在人為。8 世紀中期，教皇斯蒂芬二世在倫巴底人攻佔拉文納的威脅下，還不得不向法蘭克國王丕平三世求救；而等到丕平三世之子查理大帝統治的時代，教皇利奧三世已經能夠利用教會的一切權威與傳統，以居高臨下的姿態將查理加冕為「羅馬人的皇帝」。在中世紀末期著名畫家阿爾布雷希特 · 丟勒為查理大帝創作的肖像中，這位英姿勃發的君主頭戴皇冠，右手持劍，左手持十字聖球 —— 這一肖像定格了查理大帝加冕時的高光時刻，然而從歷史的角度來看，查理大帝加冕的最大獲利者並不是查理大帝本人，而是為他加冕的利奧三世，以及利奧三世背後的天主教會。

這背後隱藏着兩層政治背景。第一層背景，解釋了十字聖球的出現：羅馬帝國雖然將基督教立為國教，但教皇並無為世俗君主加冕的權力，尤其是利奧三世授予查理大帝的稱號還是「羅馬人的皇帝」。為了享有加冕權，羅馬教會不惜於 8 世紀末偽造了一份《君士坦丁的捐贈》，假稱羅馬帝皇君士坦丁一世早已通過這一紙文書，將整個西羅馬帝國領土的統治權贈予了當時的羅馬教宗 —— 西爾維斯特一世及其後繼者。於是，利奧三世給查理大帝加冕，也就順理成

伊莉莎白一世

東羅馬帝國皇帝亞歷山大，
手中拿著阿卡亞

章成為對羅馬帝國皇帝所授權力的轉授，十字聖球的出現自然成了這一轉授的最佳載體。

第二層背景則解釋了為何十字聖球所用的十字，是羅馬教會的「拉丁十字」，而不是當時東羅馬帝國正教會常用的「正教會十字」。395 年羅馬帝國於最終分裂為東西二部，其中西羅馬帝國於 476 年滅亡後，東羅馬帝國一直存續並在事實上保存着羅馬帝國的「正朔」。羅馬帝國的分裂、西羅馬帝國的滅亡促成了基督教的分裂，羅馬天主教會、希臘正教會由此產生。天主教的領袖是羅馬教宗，即日後的教皇；而正教會則以君士坦丁堡普世牧首為平等的精神領袖，並在未來與斯拉夫等正教會共融成為東正教會。天主教一直沿用「拉丁十字」及相應變體，而富有東方特色的「正教會十字」則漸漸成為希臘正教中常見的符號：這一十字在「拉丁十字」上下均多了一道短橫，上方的短橫為水平方向，象徵耶穌釘十字架時加在其上的罪狀牌；下方的短橫象徵踏板，其左高右低的形態又象徵《聖經》故事中左盜與右盜的高下之分。

在天主教會的視野下，十字聖球自然要用「拉丁十字」，而丟勒筆下《查理大帝肖像》中的十字寶球也即是中世紀各國王十字聖球的範本 —— 雖然真實的歷史情況可能恰恰相反：查理大帝加冕裏手中未必有十字聖球，而丟勒是在中世紀傳統的影響下，才想當然地繪製出了這樣一幅查理大帝的肖像。

無論如何，羅馬教會在查理大帝加冕禮中受益良多。《君士坦丁的捐贈》中偽造的西羅馬帝國繼承權得到了肯定，世俗王權對宗教的服從得到了認可，同時「羅馬人的皇帝」這一稱呼又間接貶低甚至無視了希臘正教會和支持它的東羅馬帝國。而更具暗示意義的是，東羅馬帝國的加冕禮上並不存在十字聖球這一器物，東羅馬皇帝們使用的是一種名為「阿卡亞（akakia）」的紫色絲綢卷，裏面裝有土壤，象徵着人類的終結與塵世間的不確定性。

在東羅馬帝國統治時期，牧首與東羅馬皇帝關係非常密切，以至於在歷史學家眼中形成了「皇帝兼牧首制度」，牧首並不需要刻意將「十字」放在「聖球」上重塑自身的權威。而教皇則不同：如果羅馬教會不努力將「十字」放在「聖球」上，背後可能就是基督教面對日耳曼世俗政權的普遍失敗——雖然十字聖球和冠冕、權杖等王權器物一樣都只是國王權利象徵的標誌，但從符號學的角度來看，十字聖球對於教會無疑有着更為深沉的歷史負重感。

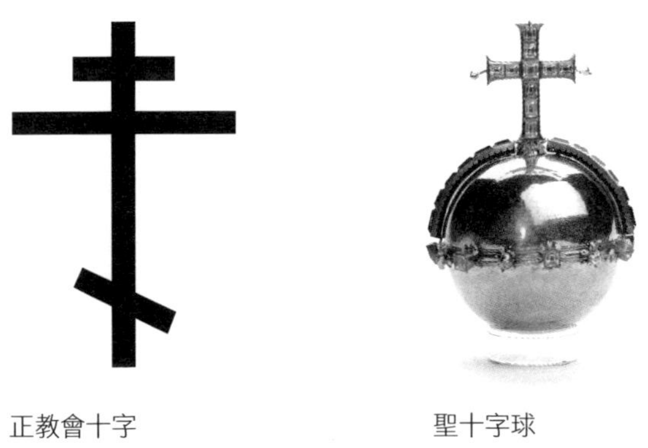

正教會十字　　聖十字球

結語

整個中世紀，十字聖球頻繁出現在歐洲各國的貨幣、肖像畫和或是王室紋章中，在最古老的塔羅牌維斯康提牌裏，「皇帝」的牌面也有一個十字聖球，十字聖球與冠冕、權杖一樣，早已成為中世紀君權最經典的標誌。

不過，十字聖球中的「聖球」雖然象徵着世界，但正如「拉丁十字」不能在嚴格意義上代表基督派三大流派一樣，「聖球」在中世紀君主手中也不能代表整個世界。查理大帝雖然有「羅馬人的皇帝」這一稱號，但其帝國畢竟沒能統一東羅馬帝國，故而查理大帝遠不能成為羅馬人的「天下共主」——尤其是在東羅馬帝國拒不承認這一稱呼合法性的前提下。這一情形與中國古代的三國時期頗有些相似：曹丕雖然通過漢獻帝「合法」的禪位程序稱帝，但他畢竟沒有統一劉備和孫權兩大勢力，因此其「天下共主」的名號終究稱不上實至名歸。

值得一提的是，直到神聖羅馬帝國時期，東羅馬帝國皇帝約翰一世才承認了奧托一世西羅馬帝國皇帝這個頭銜，但西羅馬帝國皇帝與東羅馬帝國皇帝一樣，終究只是「半個皇帝」。自羅馬帝國分裂後，「天下共主」層面的「羅馬人的皇帝」就未再出現，十字聖球中的「聖球」，指向的不過是一個殘破的世界；而對於連「皇帝」頭銜都沒有的各國國王來説，「聖球」裏的世界甚至連殘破都稱不上了。

十字聖球只是一件器物，「十字」與「聖球」卻是兩個故事，而且是兩個風格迥異的故事：「聖球」與世界漸行漸遠，只有上方的「十字」笑到了最後。

權杖

古代歐洲國王權利器物

如果說玉璽是古代中國君權最具代表性的器物，那古代歐洲君權的標誌，似乎就非權杖莫屬了。無論是丕平三世的肖像、奧托大帝的雕塑還是繪有路易十四的油畫，權杖都是彰顯權力所必不可少的附屬品，連同君主們華麗的輿服與璀璨的冠冕一道，成為歐洲封建體制下權力巔峰的絕佳體現。

與此同時，基督教的教皇、牧首們，也沒有忘記用權杖來突顯自身的權威。在描繪歷任皇帝、國王接受羅馬教皇加冕的作品中，都不乏象徵神權的牧杖；甚至如雅克・路易・大衛的名作《拿破崙一世加冕大典》中，拿破崙雖然奪過了皇冠，教皇手中卻依然緊握

丕平三世手握權杖

着飾有十字架的牧杖，用複雜而堅定的表情維護着教會在過去數百年間積累下來的尊嚴。

權杖與權勢的隱喻關係並非僅流傳於貴族階層的傳統，而早已融入到歐洲的大眾文化中。最直接的例證之一是塔羅牌：包括維斯康提牌在內的各版本塔羅牌中，「皇帝」「教皇」「女祭司」等的牌面往往會有一根長短不一的權杖，而不同的頂飾——十字架或是王冠、寶石等，則將權力分別指向世俗世界與宗教世界。與古代中國玉璽「秦以印稱璽，以玉，不通臣下」的明確起源不同，歐洲權杖雖然明白無誤地指向最高王權或教權，其起源卻早已湮滅在歷史之中。歐洲兵器極多，為何獨「杖」能冠以「權」名？究竟是因為掌權者們鍾愛於杖因而將其打造成權力的代名詞，還是因為杖在歐洲人心裏本與權力相關，因此掌權者們紛紛用杖來申明權力呢？如果杖中的權力屬性要早於歐洲林林總總的皇帝、國王、教皇、牧首，那它的文化淵源又來自何方呢？

荷馬時代：從「杖」到「權杖」

可以確定的是，在歐洲歷史佔有重要地位的權杖，其文化傳承比古希臘文明更悠久。

早在埃及早王朝時期，埃及王室就已經利用名為「沃斯（Was）」的權杖來彰顯權威了。沃斯杖形制細長，約一人高，杖首為古埃及神話中戰神賽特動物形態的頭部，杖尾為叉形。「沃斯」在古埃及語中本意為「權力、統治」，故而沃斯杖也完全擔得起「權杖」之名。在古埃及的莎草紙和壁畫中，沃斯杖在神靈、王室成員、祭司階層手中極為常見，幾乎達到「人手一根」的程度——不難看出，沃斯杖一方面混雜了神權與君權，另一方面又不同於雙冠冕（Pschent）那樣只屬於法老王，而是整個貴族階層的集體圖騰。

在古埃及文明之後，《聖經》也出現了關於權杖的記錄，如《舊約·以斯帖記》中波斯王的權杖：「王見王后以斯帖站在院內，就施恩於她，向她伸出手中的金權杖，以斯帖便向前摸杖頭。（5：2）」《以斯帖記》大約覆蓋了公元前5世紀早期，如果其記載無誤，可以反推出波斯阿契美尼德王朝的君主已經通過權杖代表其國王權威。

與此相比，《出埃及記》中「摩西劈開紅海」的典故更為家喻戶曉：

> 14：21　摩西向海伸杖，耶和華便用大東風，使海水一夜退去，水便分開，海就成了乾地。
>
> 14：26　耶和華對摩西說：「你向海伸杖，叫水仍合在埃及人並他們的車輛、馬兵身上。」
>
> 14：27　摩西就向海伸杖，到了天一亮，海水仍舊復原。埃及人避水逃跑的時候，耶和華把他們推翻在海中，
>
> 14：28　水就回流，淹沒了車輛和馬兵，那些跟着以色列人下海法老的全軍，連一個也沒有剩下。

在《出埃及記》中，摩西所用之杖雖然不直接與權力相關，卻因承載了上帝之力而隱指向神權。從這一點來看，縱然《以斯帖記》中關於「金權杖」的記載未必能作為信史，也足以看出「權」這一意象在西方人眼中的特殊性。杖天然與神權、君權相聯的文化慣性，至少在「摩西五經」成書的時代就已經形成；而這種文化慣性，

《拿破崙一世加冕大典》

埃及壁畫中的沃斯權杖

至晚於荷馬時代（Homeric Age）就在歐洲開始發芽。

荷馬時代又被稱為英雄時代（Heroic Age），因期間歷史主要由詩人荷馬所著的《伊利亞特》及《奧德賽》兩部史詩所記錄而得名。荷馬時代大約從前 12 世紀至前 9 世紀，前承邁錫尼文明的沒落，後啟希臘諸城邦的崛起，大名鼎鼎的「特洛伊木馬圍城」典故便發生於這一時期。

作為古希臘口述文學的集大成之作，荷馬史詩的確不能全然以信史對待，但其所包含的歷史、地理、考古和民俗等方面的細節，卻有極大的研究意義。從兩部荷馬史詩中，基本能給權杖確定一個不算清晰的起源：荷馬所處的時代，希臘的領袖們幾乎沒有象徵其權威的器物，冠冕、長袍和王座等「輿服」尚要在未來的漫長歲月中逐步演化出來——然而，作為權威象徵器物的杖卻已經出現了，雖然，史詩中的杖並不僅僅與王權相關。

在荷馬史詩中，權杖的出鏡次數雖然不多，但大多指向明確。

一是作為權力或身份的代表，如「他（克律塞斯）手握黃金杖，杖上繫着遠射神阿波羅的頭帶」「特拜城的士兵的統帥特瑞西阿斯來了，他手握權杖，認出了我」「以後，廣大的特洛亞將歸埃涅阿斯所有，神聖的權杖會一代一代地繼承下去」。

二是發誓、演講時所用的器物，如「我（阿基琉斯）以這支權杖發誓……說罷，佩琉斯之子把鑲嵌着金釘的權杖擲於地上」「特勒馬科斯振奮不已，他躍躍欲式，準備開始講話。他站了起來，走到會場中央，將傳令官佩塞諾爾遞來的手杖握在手中……說罷，他仍然難以抑制憤激的心情。泪水橫流，擲杖於地，大家寄予默默的同情」。

三是審判權的代表，如「裁決者都端坐在石凳上組成一個神聖的圓圈，手中握住傳令官交予的權杖」「在那裏，我還見到了宙斯之子彌諾斯。在哈得斯高大的宮門前，他手握黃金權杖端坐着的，大聲宣判，在他面前有許多死人，或站，或坐」。

顯然，在荷馬時代，杖已經成為權力與權利的重要指代物，而這一權力可能是統治權、繼承權、審判權，也可能是具體如發誓和演講權，在歐洲人的視野中，「杖」已經開始向「權杖」過渡。至羅馬帝國時期，已經出現了專屬於最高統治者使用的奧古斯都權杖，這背後或許能看出希臘文化、羅馬文明之間的傳承與演進。

奧古斯都權杖：中世紀的權力範本

如果說荷馬史詩中的權杖還有一絲縹緲色彩，那奧古斯都權杖則為後世權杖提供了切切實實的範本。奧古斯都權杖的杖首通常雕刻有球體或雄鷹，這一權杖之所以被銘記，一是緣於它常常出現在羅馬皇帝的半身像中，因此羅馬帝國所到之處便不乏權杖的身影；二是「球體與雄鷹」這一形象向前承襲了宙斯寶球的搭配，向後又影響了中世紀王權寶球的設計，在文化上扮演了承上啟下的重要角色。在中世紀眾多國王肖像畫中，國王們往往頭戴冠冕身穿華服，一手持權杖，一手持寶球，這些王權指代均非一時形成，而是教會、日耳曼、古羅馬、古希臘甚至是古埃及眾多文化在幾千年間疊加的結果。

鑒於羅馬帝國在歐洲歷史的特殊地位，後世君主在標榜自身權力時自然而然會聯想到權杖，正如同中國唐朝皇帝李世民在未尋到玉璽的情況下，也要試圖刻幾方形制相似的「受命寶」「定命寶」等印章，用來代替玉璽以闡明天命一樣。

不過出於特殊的歷史機緣，第一個接過羅馬帝國奧古斯都權杖的卻不是任何一個國王或皇帝，而是羅馬教會的主教們。奧古斯都權杖隨着西羅馬帝國的滅亡成為遺跡，牧杖卻隨着羅馬教會的涅槃而成為新時代的權威象徵。

牧杖，即基督教各級主教所持的權杖，在執行宗教儀式或是出席公眾場合時時常常會手執此物以代表其神權與教權。基督教在何時引入權杖已難以考證。教皇英諾森三世在著作《祭壇聖史》中曾記錄「羅馬教宗並不使用牧杖」。英諾森三世生活於 12 世紀下半葉至 13 世紀初，由此似乎可以推斷出牧杖出現的時期應不早於 13 世紀，但鑒於中世紀教會與世俗政權之間的關係，「羅馬教宗並不使用牧杖」更可以理解為「羅馬教宗獲選時沒有人有資格授予其牧杖」。不過可以確定的是，中世紀全盛時期的教皇們已經開始使用牧杖彰顯權威，如奉獻教堂或是禧年時開啟聖門，教宗會以權杖敲擊被封起來的聖門三次。

牧杖在形制上也彰顯着等級。教皇的權牧杖杖首大多雕有「教宗十字架」，在教會紋章學中，「教宗十字架」的形制由一豎杠及三橫杠組成，三道橫杠逐漸靠近頂端並依次縮短，象徵着教皇的三重身份，即羅馬教會的主教、西方教會的宗主教以及宗徒之長、伯多祿的繼任者。「總主教十字架」由一豎杠及兩橫杠組成，而一般主教牧杖的杖首則多為十字架造型或牧羊人圓弧造型——《聖經》中，耶穌多次將自己比為牧羊人，牧羊人之杖由此也帶上了濃濃的宗教寓意。

奧古斯都銅像

曲柄牧杖

教宗十字架

西羅馬帝國的崩潰帶來了整個西歐的「禮崩樂壞」，羅馬教會在亂世中藉助其碩果僅存的先進政治、經濟、教育系統生存壯大，在幾個世紀的苦心經營後擁有了對西歐新興諸國的巨大影響力，這一影響力最終在英諾森三世任職期間達到巔峰。各國國王的加冕儀式需要由教皇主持，而作為王權的代表之王，各國國王的權杖自然也開始宗教化。最明顯的例子來自英格蘭，自理查德一世時代起就開始使用雕刻有十字架和鴿子的兩種權杖。十字架是基督教的象徵，而鴿子則常被視為聖靈的象徵 —— 這一意象同樣來自《聖經》，如《新約・路加福音》3：22「聖靈降臨在他身上，形狀彷彿鴿子。」

當然相較於牧杖，王杖畢竟還是多了些世俗色彩。國王們為了彰顯其權力與財富，對於其權杖通常極盡求奢本能，通常會以金、銀等貴金屬打造並鑲嵌有寶石，國王的權杖不僅僅是一張「權力證書」，更是一個個藝術品。又或者這麼表述才更合適：人類在沒有進入工業化時代的日子裏，所有權力證書都天然會被塑成藝術品的模樣，只是當效率戰勝一切之後，曾經在緩慢歲月中凝結的儀式感才漸漸退去，直到後人驚鴻一瞥才倍感驚艷。

束棒：另類的「法西斯」之杖

不過，關於權杖的故事並沒有講完。希臘文明中的權杖或許是羅馬帝國奧古斯都權杖乃至後世歐洲權杖的淵源，但荷馬史詩中的權杖無論形制還是內涵都與古埃及的沃斯權相距甚遠。一種可能是，希臘人針對沃斯杖進行了有效的「本土化」，另闢蹊徑打造出了別樣的權杖風格；另一種可能則是權杖本身的魅力天然地吸引着不同文明、不同國度的人們，以至於光榮的希臘人也無法自持地將其推向權力的聖壇。

古希臘人崇尚雄辯更崇拜演說家，因此權杖作為演講器物得到推崇並進一步被神話是個合理的猜測。然而這終究是個未完的猜測：為什麼權杖又能象徵演說的權威呢？通過荷馬史詩中對於權杖另外一種用法，似乎可以找出答案：奧德修斯曾拿着權杖對士兵行刑，以重整軍隊秩序；當特爾希特反抗奧德修斯時，權杖再一次露出猙獰的面孔：「說着，奧德修斯用權杖擊打特爾西特斯的肩背。特爾西特斯者彎下身子，大顆的淚珠往下掉，金杖打得他肩上露出血痕，他倦縮坐下，忍着疼痛，嚇得兩眼發呆，光忙着抹去湧出的淚水。」

古希臘時期的權杖事實上是一種刑具，故而能夠在使用與被使用者之間構建出「統治 —— 被統治」「管理 —— 被管理」的關係，而這才是權杖與權力相關的深層含義。刑罰權屬於統治階層，向上能追溯至君權與神權，在這樣的邏輯結構下，權杖代表權力的模型也便建立了。

而這一模型最顯著的代表，正是肇始於羅馬文明、歷經千年演變依然在人類歷史中扮演着重要角色的「另類」權杖：束棒，也就是法西斯。第二次世界大戰之後，「法西斯」一詞成為罪惡與極權的代名詞，然而在羅馬文明中，束棒只是兼具着權杖與刑具於一體的法律器物。

相較於荷馬史詩中的權杖，束棒持握比較特殊：前者由使用者本人持有，而束棒則由使用者的侍衛官所持有。羅馬人通過束棒的數量來區分官員職級的高低：獨裁官可以配有 24 名持束棒的侍衛官，領事與保民官則分別為 12 名和 6 名。皇帝通常兼任領事，因此也配有 12 名侍衛官，這一數字在圖密善皇帝統治之後變成 24 名。在古羅馬傳統中，官員進入羅馬城後必須將束棒的斧頭摘下來，只有獨裁官才允許全副束棒入城，其中的尊榮，倒與古代中國漢晉時期「劍履上殿」的特權有異曲同工之妙。

作為權杖，束棒刑具的一面更為明顯，因為它本身就是由一柄斧頭和多根綁在斧頭外圍的樺木竿組成的。斧頭對應着死刑，而樺木竿束（birch rod）本身也是一種歷史悠久的刑具：它由樺木或其他堅固而光滑的樹枝製成，直到 20 世紀，在英國還被用於針對男性青少年的輕微犯罪和盜竊罪。毫無疑問，斧頭與樺木竿的結合，代表了羅馬官員掌握羅馬公民生死的權力。

不過，束棒內涵尚不只於此。斧子象徵着主宰生死的權力，而緊緊圍繞在斧頭周圍的樺木竿除了象徵服從中心外，從符號學的角度來看它以近乎直白的意象表達了「團結造就力量」——這一源歸納

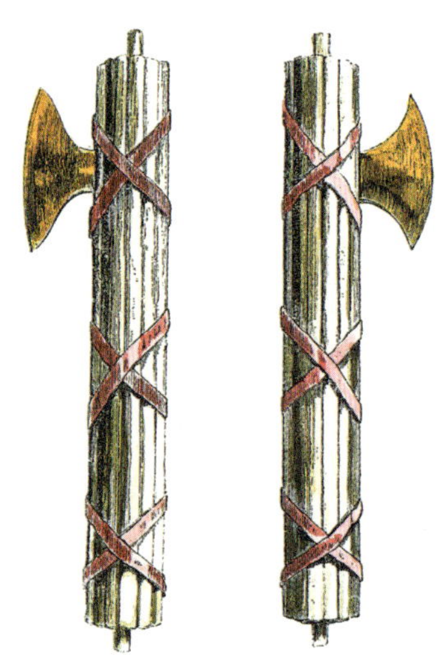

束棒

自《伊索寓言》「老人與他的兒子」故事中的著名諺語曾被後世眾多國家奉為國家格言，束棒形制如此別致而富有深意，羅馬人對它束的青睞可以説順理成章。

如果説在羅馬文明之前，人們完成了權杖與刑具的合一，那束棒則在此基礎之上加入了團結與權力的象徵，使其成為羅馬精神的象徵。羅馬帝國滅亡後，數不清的國家、城鎮、團體將束棒作為紋章與標誌，而束棒所蘊含着的精神，也的確見證了大量勢力的強勢崛起。只是在漫長的歷史中，太多人將束棒而非奧古斯都權杖作為羅馬帝國繼承者身份的代表，這卻饒有深意了。

結語

羅馬帝國為後世留下了一個大一統的霸業傳説，同時也為後世留下了兩柄權杖：奧古斯都權杖與束棒。奧古斯都權杖勾勒出了中世紀的君權與神權，而束棒則通過另一種極端的方式影響了歷史進程。

1919 年，意大利墨索里尼選擇用「法西斯」命名自己的黨派，先後成立「戰鬥的法西斯」和「意大利國家法西斯黨」，隨後德國和日本先後建立了法西斯性質的政黨，從此「法西斯」這個詞淪為了極端恐怖和獨裁的代名詞。不過，與德國「萬字符（swastika）」被釘上恥辱柱不同，二戰之後世界各國並沒有因為墨索里尼而惡其胥餘，經典撲克牌的「方塊 K」中，凱撒依然與束棒站在一起。法國、古巴、南非的國徽上有束棒，羅馬尼亞警察徽章、西班牙憲兵隊隊徽、俄羅斯聯邦法警局的標誌上有束棒，最典型的當數美國，林肯像兩側、最高法院的牆壁上、參議院的公章裏都有束棒。究其原因，大約是萬字符畢竟源於希特拉個人前無古人的「創新」，而束棒則經歷了太多風雨，其意蘊遠非墨索里尼一人所能左右。

更值得一提的大約是美國眾議院權杖結合了奧古斯都權杖、束棒與王權寶球的形制，在保有樺木竿形制的同時，將斧頭變成了「雄鷹踩踏地球」的雕塑。這一設計的內涵既難以深究又容易引人遐想，不過有一點是不可否認的：如果沒有羅馬帝國往昔的輝煌，權杖也一定不會有如此奪目的光輝。

美國眾議院的權杖

法袍

法官標誌服飾

相比流行於司法系統的法槌和流行於大多數英聯邦國家的司法假髮，法官羣體還有一個更具職業普適性的標誌：法袍。而當英國法律職業共同體一次次地高喊「不要法槌，這裏是英國（No gavels please, we' re British）」、當澳大利亞等英聯邦國家開始廢除司法假髮時，沒有哪個國家試圖對法袍痛下殺手 —— 法袍依然雷打不動地與法官形象捆綁在一起。

古代中國官員的審美追求「被體深邃」，官服本身便與袍服趨同，因為法官這一職業沒有從行政官員的身份中獨立出來，所以法袍當然也不可能獨立於官服而存在。共和國建國以降，港澳台地區分別因取法於海洋法系和大陸法系而承襲了法袍傳統，而大陸地區則直到 1984 年才專門為法官規定了軍裝樣式、配以大蓋帽的制服。2002 年，中國最高人民法院通過《人民法院法官袍穿着規定》終於吸納了法袍。這份文件要求，法官在審理案件、出席法官任命及授予法官等級證書等重要場合必須穿着法袍。這一規定顯然與中國古代的袍服毫無關聯，它和法槌的引入一樣，屬於中國「西法東漸」過程中的一個縮影。

不過，一個東方古國的法律轉型之路並不能當然解釋歐洲法制文化的發展軌跡。法袍無疑代表了法官、法院及司法體制的某種特質，正是這種特質，將人們心中對法律古老的敬畏具象化，並最終在歐洲兩大法系走向世界的進程中成為法律職業共同體公認的符號。

那麼，這種特質是什麼，又來自何方呢？一個最簡單的回答是，中世紀歐洲的法官多為教士，而教士多身着黑色教袍。中世紀晚期，教權漸漸從世俗法院中退出，但世俗法官們卻繼承了黑色教袍的傳統，並漸漸發展為法袍。從宗教權力到世俗權力的轉化的確是一個放諸四海而皆準的範式，但歷史，從來不會如此簡單。

羅馬人的托加長袍

長袍形制簡約、縫製便利，廣泛出現於各個文明早期的服裝譜系中。東方的深衣、中東與北非的卡夫坦、希臘的斗篷、阿拉伯的罩袍，甚至是佛教的袈裟，都帶有濃濃的長袍色彩。歐洲長袍的歷史同樣久遠，在拉斐爾的著名畫作《雅典學院》，最引人注目的就是眾多學者顏色各異、款式不一的長袍。

在等級制度的暈染下，服飾天然是社會地位的代名詞。《禮記·深衣》中有對深衣「蓋有制度，以應規、矩、繩、權、衡」的嚴格規定，可以視為古代中國「自上而下」對衣冠禮制的調整；而古羅馬時期托加長袍的進階之路與此相反：最初，托加長袍是普通民眾的日常裝束，而至晚在前 5 世紀，托加長袍已經「自下而上」升級為羅馬公民權的標誌，外來者與失去公民權的被放逐者均不許穿戴。

古羅馬歷史學家蘇埃托尼烏斯通過《羅馬十二帝王傳》描繪的幾處場景，向後人揭示了托加長袍（Toga）在羅馬人心中的地位，其一關乎於羅馬公民權：「又一次在審理一件涉及公民權的案件中，

《雅典學院》拉斐爾

律師們就被告應該穿羅馬托加還是希臘斗篷爭論不休，克勞狄似乎為了自誇公正，命令根據當事人是以原告身份說話還是被告身份說話而隨時更換服裝。」

其二關乎於羅馬官員的穿着。羅馬官員都需穿着托加長袍以彰顯其威儀，希臘斗篷和涼鞋被視為極不恰當的衣裝。奧古斯都在一次羣眾集會上看到一羣穿深色斗篷的窮人時，曾憤慨地引用詩人維吉爾的話：「瞧瞧這些羅馬人，這些世界的主人，這個穿托加的種族！」而當皇帝提比略得知一位元老的不當行徑時，他所做出的懲罰便是剝奪了這位元老托加袍上的鑲邊。

從《羅馬十二帝王傳》中的描述可知，托加長袍首先是羅馬公民與外來者的區別標誌，其實是羅馬官員的正式穿着，最後其邊飾還能代表羅馬高級官員的特殊地位，這意味着鑲邊托加長袍已經具備了初步的官服形態。

事實上羅馬托加長袍的適用領域還要更廣：競選公共職位的候選人會穿亮托加長袍（Toga candida）；遭遇喪事及特殊時期可以穿黑色托加長袍（Toga pulla）；將軍凱旋歸國時會穿刺繡托加長袍（Toga picta），這種長袍會飾以紫色和金色以突顯榮耀；最為高貴的要數裝飾托加長袍（Toga trabea），只屬於眾神塑像、最高執政官和少數祭司。雄辯家西塞羅曾在《論責任》中高呼：「讓武力屈服於托加。」字裏行間的驕傲，不僅僅源於西塞羅，更源於整個羅馬社會共同的榮耀感。

羅馬人的穿搭潮流並沒有直接定義後世法官的裝束，但歷史的另一個側面正在托加長袍統治的歲月中漸漸浮出水面。公元 1 世紀前後，就在羅馬帝國即將達到疆域全盛時期的年代，基督教在地中海東岸的黎凡特地區誕生了。基督教初期受到羅馬帝國的百般排擠，至 313 年君士坦丁大帝頒佈《米蘭敕令》後取得合法地位，並最終於 380 年在狄奧多西皇帝統治時期成為羅馬帝國的國教。

作為羅馬帝國的子民，基督教教徒自然而然地穿起了羅馬化的托加長袍，而當西羅馬帝國坍塌後，羅馬教會順延了舊時的傳統，在「禮崩樂壞」的亂世中依然堅持以長袍現世也不足為奇了。

「以弗得」與黑色教袍

羅馬人的習俗給了基督教會衣裝史一個現實性的版本。不過，如果教士們的長袍傳統來自於古羅馬文明，中世紀教士袍也都改良

Roman Consul

托加袍

於羅馬的托加長袍，那便會自然引發另一個問題：羅馬人的長袍顏色各異，為什麼教士袍卻最終收束於黑色呢？

《聖經》中曾用大段篇幅描繪過一種猶太教的聖衣「以弗得」。「以弗得」以長袍為主，但極為精細華麗，《舊約．出埃及記》中記載如下：

28：2 你要給你哥哥亞倫作聖衣為榮耀，為華美。

28：4 所要作的就是胸牌、以弗得、外袍、雜色的內袍、冠冕、腰帶，使你哥哥亞倫和他兒子穿這聖服，可以給我供祭司的職分。

28：5 要用金線和藍色、紫色、朱紅色線，並細麻去作。

28：10 六個名字在這塊寶石上，六個名字在那塊寶石上，都照他們生來的次序。

基督教與猶太教系出同源。《出埃及記》中的「以弗得」但其顏色豐富而艷麗，遠遠稱不上樸素。也就是說，無論從《聖經》傳統還是羅馬文化傳統來看，教士的黑色長袍似乎都沒有出處。事實上，天主教中神職人員的宗教服飾一向色彩斑斕：一整套祭衣大致包括祭披（Chasuble）、長白衣（Alb）、小白衣（Surplice）、聖帶（Cincture）、領布（Amice）、小瓜帽（Zucchetto）等等配飾，而且不同顏色在宗教儀式中都有不同的寓意：紅色象徵基督之血、白色象徵純潔、綠色象徵生命、紫色象徵補贖……至於象徵死亡、末日的黑色，只是天主教儀式中的眾多「流行色」之一。

其實傳統基督教聖事中的服飾才更接近《聖經》文化與羅馬文化的本來面目。但是，聖事畢竟不同於生活，眾教士們最終保持下

以弗得

黑色教袍

來的單色樸素穿着，是在西羅馬帝國滅亡後刻意養成的傳統。19 世紀英國劇作家及服裝史學者詹姆斯・羅賓遜・普朗什在《古裝百科全書或連衣裙詞典》（*A Cyclopaedia of Costume, or Dictionary of Dress*）中考證到，教會中流行的黑色長袍其實是保持單一服裝款式的結果。獻身教會就不應當追求世俗的浮華生活，因此羅馬教會一向禁止教徒追隨時尚，務必保持身着質樸的服裝。於是，教士們有意避開了世俗的流行色，轉而堅持着低沉和莊重的黑色以使其神聖的職業為人所知——從另一個角度來看，教士們執着於黑色並不奇怪，奇怪的反而是世俗社會在時尚的指引下追求了過多的顏色。

白色與黑色都是教士們鍾愛的顏色，相對而言黑色明顯比白色更實用，不過從教義來看教士們也的確有偏愛黑色的理由。《舊約·出埃及記》20：21：「摩西就挨近神所在的幽暗之中。」《舊約·撒母耳記下》22：12：「祂以黑暗為藏身之處，以水的黑暗、天空的厚雲為祂四圍的行宮。」「幽暗」與「黑暗」是上帝的居所，自然也就成了教士們翹首以盼的彼岸。

黑色教袍在幾百年的演進中，通過教士們的自主選擇而非強制規定成為教會的指定服裝。1215 年，第四次拉特蘭公會規定所有神職人員必須穿特定的教袍，這些教袍大多以黑色為底色，通過與不同顏色的搭配區分教職；但樞機主教的教袍為猩紅色，教皇的教袍為白色，只是樞機主教寥寥無幾，教皇獨一無二，在普羅大眾眼中教士自然與黑色教袍之間劃上了等號。

世俗王權的「爭奇鬥豔」

解釋了教袍為何多為黑色，就相當於解釋了法袍為何多為黑色。西羅馬帝國滅亡後，整個西歐陷入一片文化深淵，而散落在各地的教堂與修道院如同深淵中的點點燈火，支撐着整個中世紀的文化傳承。

整個中世紀，教會既是宗教的壟斷者，也是知識的壟斷者。教會幾乎壟斷了一切帶有公共管理性質的職業——從事教育、醫療及手工技術等領域的人員幾乎盡數出於教會，而隨着神判法的「基督教化」，世俗政權的法官與教士在某種程度上合一，教士的穿着自然成了法官的穿着。這一現象與幾百年之後司法假髮的形成非常類似：並非法官選擇了假髮，而是法官所處的羣體選擇了假髮。

教會對法律的壟斷是其知識壟斷的必然結果，而在中世紀末期，情況終於改變。文藝復興運動開拓了知識的傳播，而世俗政權與教會雙方的張力與轉換，致使神職人員逐漸退出世俗法院。以英國為例：在 13 世紀早期的王室法院中，神職人員尚佔大多數；此後司法隊伍中的教士羣體逐漸減少，直到愛德華二世在位的最後一年（1327 年），教士在英國中央法院已經不再擁有任何席位，這也意味着司法世俗化基本完成。

而當教士徹底從法官隊伍中離開時，法官職業羣體就成了純粹的世俗官員。國王為法官們提供薪水，同時為了突顯法官的重要性，國王也需要賜予這一職業羣體特殊的服裝。雖然從理論上來看，法官職業服裝是因為與教會割裂才得以誕生的，但數百年來的傳統已經難以拋棄，帶有世俗色彩法官制服依然是長袍為基本特色，無非從「教袍」變成了「法袍」。

但在格調不變的基礎上，各國國王還是極盡各自所能，讓法袍沾染上了極強的世俗色彩。最初的法袍顏色多樣、材質華貴。愛德華六世授權王座法院的法官可以穿絲綢衣服與羊羔皮、白貂皮披肩——絲綢在那時的歐洲可是千金難求的緊俏貨；理查德二世與亨利六世同樣給予法官以各色的面料與皮草用於法袍的制定。當時法袍最流行的顏色有綠色與紫紅色，與此形成鮮明對比的是，在教皇英諾森三世於 13 世紀初下達的禁令中，教士不穿長袍而身着綠色和紫紅色的衣服將會受到嚴厲的懲罰，當然這是不是一個世紀之後國王特別鍾意於這兩種顏色的原因就不得而知了。

世俗法官是王權的代表，而日益膨脹的王權使高級法官的法袍足以與《聖經》中的「以弗得」相媲美。當然，能穿得上絲綢和白貂皮的法官畢竟是少數，低階法官、律師以及法庭書記員的法袍依然以黑色為主，從中不難看出教袍的遺韻。

不妨將 14 世紀後各國法袍「爭奇鬥艷」的場景看做是王權終於從教權中徹底解脫的一次釋放，而當教權的威脅已經基本消失時，百變的法袍也勢必會重歸樸素。17 世紀，歐洲各國法袍的顏色、樣式和穿着方式逐漸在各自司法體系內得到了統一，黑色依然是最受歡迎的「司法流行色」，但紅色也不罕見，尤其是在通過配飾以區分法官職級的時候 —— 這一點，與天主教的傳統亦頗為相似。

地理大發現後，歐洲文明隨着殖民擴張走向世界，以黑色為主的法袍，自然而然成為了世界法律職業共同體中最一致的配飾。

結語

威廉 · 海涅漫在《禮儀習俗和儀式的起源和意義》中說「法袍只是教袍的遺跡」，這句話真實而複雜。說它真實，是因為法袍的基本格調的確源於教袍；說它複雜，是因為法袍其實是世俗政權的統治者們對抗教會的副產品，它在本質上是「反教袍」的。從教袍到法袍的過渡背後是教權與王權的拉鋸戰，教會不斷通過禁令的形式阻止教士參與世俗法律事務，而國王們則熱衷於委派貴族填補這些空缺，教袍與法袍可謂是「上帝的歸上帝，凱撒的歸凱撒」最好的註解。

法袍在世界範圍內的傳播或許始於歐洲文明的堅船利炮，但法

袍在世界範圍內 —— 尤其是殖民時代結束後 —— 依然得以傳承的事實，則表明了其本身確實承載着獨立於文化霸權的力量。

最明顯的莫過於美國。美國建國之初便廢除了英國法官的法袍和假髮，到 19 世紀末，美國法官們不再留戀假髮，卻又重新拾起了法袍，美國最高法院九位終身法官身着黑色法袍審判重大案件的形象更是成為經典。可以進行類比的還有澳大利亞：1975 年澳大利亞成立家事法院裏禁止法官穿法袍，之後發生了法官遇刺事件。這兩者之間未必有絕對的因果關係，但法袍對於法官地位的標識作用卻不言而喻 —— 法袍的顏色與款式本身蘊含着莊重肅穆的氣質，這或許者是法袍流行度遠遠高於司法假髮和法槌的原因之一。而中國大陸地區最終在 21 世紀初拋棄了軍裝和大蓋帽，轉而將法袍納入法律符號中的一部分，或許也印證了法律本身便具有的那種跨越文明界限的向心力吧……

Gavel

法槌

法官標誌工具

2002 年，中國大陸地區法院系統將法槌確定為法官用具時，很多中國人都認為這是中國法律「西化」的體現。使用法槌當然不代表「西化」，法槌事實上也並沒有那麼「西方」——它並非西方世界傳統的法律器物，而是直到 18 至 19 世紀才被美國人發明出來的新鮮玩意。

除了美國之外，幾乎所有西方國家的法官都不用法槌，法官敲擊法槌的經典形象事實上多半源於美國影視劇的塑造。在美國文化的強勢輸出下，這一「誤解」不僅「騙」過了中國，也「騙」過了與美國同屬普通法系的英國，以至於英國司法人士都開始感慨「不要法槌，這裏是英國（No gavels please, we' re British）」起來。

雖是誤解，但事出必有因。小小一枚法槌，是如何在短短一個多世紀的歲月中一躍成為西方法律的代名詞，甚至造成了跨文明的影響呢？法槌的歷史雖短，整理起來卻可謂千頭萬緒。

引進法槌：一個東方古國的誤讀

在 21 世紀最初的幾年，中國大陸地區法院系統對法官服飾及用具進行了一次大刀闊斧的改革：肩章式制服與「大蓋帽」被法袍所代替，同時法官的審判台上還多了一個用於維護法庭秩序的法槌。與法律制度的改革相比，法官服飾用具的變化顯然算不上是大事，然而將這次改變納入世界法律史的軌跡上來看，卻富有深意。

在比較法學家的視野中，幾種具有相同或相近的傳統、原則、制度和特徵的法律體系，往往會被歸類為法系。新航路開闢後，隨着歐洲各國在全世界範圍內統治地位的確立，歐洲兩大法系——普通法系和大陸法系漸漸成為世界各地區的主流法系，而與這一進程相對，其他文明在漫長歲月中曾孕育出的傳統法系則在歐洲文明的侵襲下衰退、解體、直至消亡，這其中就包括曾統治東亞千餘年的中華法系。

古代中國是亞洲東部宗藩體系的核心，自然也是中華法系的核心。然而，中國在清朝之後逐漸衰落，中華法系也在「西學東漸」的大背景下漸漸向歐洲法系靠攏，曾經「諸法合體、民刑不分」的《欽定大清律例》隨即變成了各司其職的刑律、商律、民律。清末的中國政治雖然受英國影響極深，但修訂新律時並未以「英國式」的普通法系為藍本，反而吸收了更多以成文法為主、相對集中化的大陸法系傳統。

20 世紀 50 年代，民國「六法全書」體系基本建成，當時兼任國民政府司法行政部顧問的法學家羅斯科·龐德對此如此評價：「我盛讚國民政府時期的新法典，以後中國的法律不必再追求外國的新學理，中國的法律已經極為完美，以後的職責是闡發其精益，而形成中國的法律。」

羅斯科·龐德是美國人，而美國與英國一樣是典型的普通法系國家。一個受英國侵略極深的東方古國，依大陸法系傳統改革律法

法槌

中國第一個法槌，
收藏在中國法院博物館

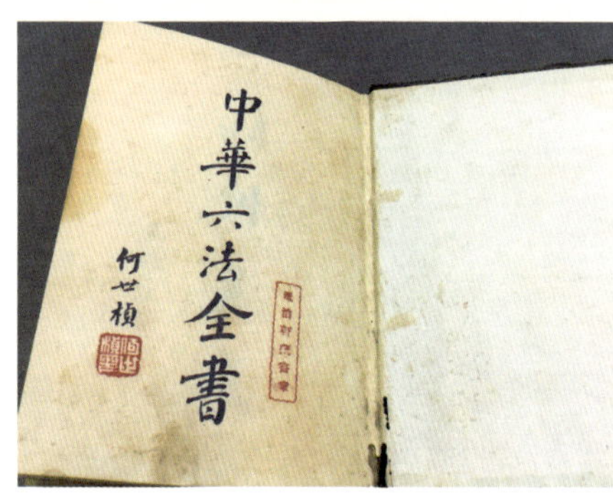

中華六法全書

的進程，受到出身於美國的法學家稱讚，這個一事件不僅點明了中華法系轉型時的歧路艱難，同時也表明了歐洲法律制度——或者說西方法律制度本身也是一個複雜的整體。普通法系與大陸法系都是

「西學」，但「東漸」與「東漸」之間卻路途迥異。

歷經幾千年中華法系雖然開始了「東漸」之路，但傳統的慣性畢竟強大，最具代表性的就是法律器物：直到民國時期，法院還有着諸如堂鼓、驚堂木、明鏡高懸匾等傳統公門用具。其中，驚堂木的作用是震懾犯人、維持秩序，而這一功用，與 21 世紀在中國推廣的法槌幾乎完全吻合。

雖然當中國推廣法槌的時候，驚堂木已經在中國法院中絕跡已久——取而代之的是更為原始的喊話與拍案——但法槌的出現無疑帶有濃濃的「西學」色彩。考慮到法槌幾乎與歐式氣息十足的法袍同時引入，可以看出法槌不是驚堂木的簡單替代，而是中華法系漫長轉型的繼續，在這一語境下，法槌的引入與一個世紀前清末修律的努力，有着精神上的奇妙偶合。

然而有趣的是，法槌卻並不是嚴格意義上的「西學」：無論是普通法系還是大陸法系，絕大多數國家的法官在庭審時都沒有使用法槌的傳統，法槌不是國際通例，而源於美國人的創設。

拍賣會上：從蜡燭熄滅到一槌定音

如果要對法槌（Gavel）的定義做一個界定，那它應當是在美國的國會、法院等被普遍使用的法律器物。這裏的「美國」不能擴大到「普通法系」，因為英聯邦各成員國的法官並沒有使用法槌的傳統；當然再不能擴大到「西方」，因為大陸法系各國的法官同樣不使用法槌。在法語中與之相對應的是「Marteau de président（總統槌）」，顯然以行政色彩為主；而德語中甚至沒有真正與「Gavel」對應的單詞。

法槌事實由拍賣槌演化而來。在拍賣會中，拍賣官會通過「落槌定案（Knocked Down）」的程序宣佈拍賣品成交，拍賣的優勝者所支付的價款被稱為「落槌價（Hammer price）」，在這一過程中扮演關鍵角色的小木槌正是「Gavel」。

拍賣的形式有數種，其中最流行的是英式拍賣法，即競標者由低向高叫價，叫價最高者得標從而獲利特定物品或者財產權利轉讓的公開競價方式。拍賣槌的出現無疑滿足了拍賣對緊迫感與調節拍賣品供求度的需求：一旦「一槌定音」交易即宣告結束，優勝者外的其他叫價者也便失去了競價的資格。

21 世紀，人們對拍賣會的印象早已固化成以下情形：舉着小木槌的拍賣師、狹小的競拍空間、成排的座椅、簡短的拍賣品展示、以及舉牌競投……然而在這一整套詳盡的拍賣規則被發明之前，拍賣槌並非拍賣會上的主角——直到 17、18 世紀，歐洲各國拍賣會上還流行着「蜡燭拍賣」的形式：拍賣師點燃蜡燭時，拍賣開始；當蜡燭熄滅時，拍賣結束——「蜡燭拍賣」的魅力在於蜡燭熄滅時間的不可控，沒有知道誰會是最後一個叫價者，從而增強了神祕感。在「蜡燭拍賣」的風潮中，甚至有人研究出了關於叫價的「攻略」：蜡燭熄滅前燭芯總會微微彈起，而這就是最終叫價的完美時機。

「槌」與「拍賣」的結合使這一小小的商業器物有了規則與制度的內涵，18 世紀末大量拍賣行成立，歐洲都市的酒館和咖啡館裏拍賣幾乎成為每日例行活動，拍賣槌也由此走入大眾文化。局外人或許不了解拍賣機制，卻能很自然地將「一槌定音」與交易結束相聯繫——拍賣槌與「終止」之間的關聯由此建立起來，而這也成了議事槌的文化淵源。

自 15 世紀末開始，歐洲諸國陸續在北美建立起了殖民地，同時將歐洲文化一併帶入北美。1776 年托馬斯．傑斐遜執筆起草的《獨立宣言》宣告了美國的誕生，恰好 100 年後，美國陸軍準將亨利．馬丁．羅伯特在整理編寫美國眾議院議事規則與慣例的基礎上出版了《羅伯特議事規則》。

這兩件事似乎沒有可比性，但事實並非如此：羅伯特不會想到，這本手冊將比《獨立宣言》獲得更強的普世性，因為在之後的一個世紀裏，它將成為通行新式議事程序的國家、地區中，最廣為使用的民間議事規範。就在這本手冊中，議事槌獲利了更高的名分：「羅伯特議事規則」第十五條規定：「主持人有權在發言出現混亂的時候要求會議恢復秩序，可以喊『注意秩序！』，如有木槌可以適當擊打。」

在羅伯特筆下，議事槌的內涵已經明顯超越商業而指向秩序；而隨着羅伯特議事規則的普及，敲槌這一行為也越來越被公認為維護秩序標準手段——而當議事槌被擺到法官的審判台上時，法槌也便誕生了。

不要法槌：英國法官的反抗與接受

在英文中，法槌與拍賣槌、議會槌同為一個單詞，這並不是三種槌剛好有着相同的名稱，而是三者原本是同一事物。拍賣槌最先在拍賣師手中出現，隨着商業的發展，拍賣槌被議事規則引入從而肩負起議事槌的職能，最後又「兼任」了法官手中的法槌。

雖然法槌和議事槌都只是拍賣槌的不同身份，然而這柄槌子無疑在美國法院中「露臉」最多。在律政題材的美國影視劇中總能看到這樣的畫面：當律師、證人、陪審員甚至觀眾在庭審出違反法庭禮儀時，法官便會敲擊法槌將眾人的注意力重新吸引到案件中。這一形象的確極具指向性，正如同美國西部片中的治安官在牛仔們的爭鬥中向空中鳴槍一樣深入人心。

不過美國法官在庭審過程中使用法槌的頻率並不比治安官鳴槍更高，經過嚴格司法培訓的法官們通常認為，頻繁使用法槌反而會削弱其權威性。法官通常只會在庭審開始時和結束時固定敲擊法槌，而在庭審過程中，法官在敲擊法槌前通常會對違規者進行口頭警告和二次警告，法槌可以視為法官在行使處罰前的最後一件武器。

《羅伯特議事規則》兼具創新和總結，議事槌的建議未必便完於這本手冊的出版時期，但可以確定的是法官敲擊法槌的習慣是在美國自英國獨立後才形成的，它絕非普通法系的固有傳統，更與大陸法系無關。但是，外行對某一職業的認知往往是通過大眾傳媒所了解的，隨着美國律政題材影視劇的發展，歐洲各國的觀眾都有了法官就應當敲法槌的慣性思維，甚至連歐洲報紙都出現了本國法官使用法槌的誤解，這才引出了英國人「不要法槌，這裏是英國」的呼聲。

對於傳統引以為傲的英國人來說，帶有濃厚美國色彩的法槌似乎與好萊塢、迪士尼、Windows 系統和蘋果手機一樣屬於美國「文化帝國主義」的組成部分。不過這一視角也在逐漸改變。英國法律學者在 2015 年的研究論文提出「絕大多數關於民事案件訴訟人的研究報告指出，果斷地使用法槌來聲明訴訟已結束能夠給庭審帶來更強的終結感「，而內倫敦皇家法院則已經批准了法槌的使用：根據倫敦法院和法庭服務局的說法，法槌的功能是「提醒法庭上的當事方法官進入法庭」，雖然英國法官在大多數情況下從未使用過它們，

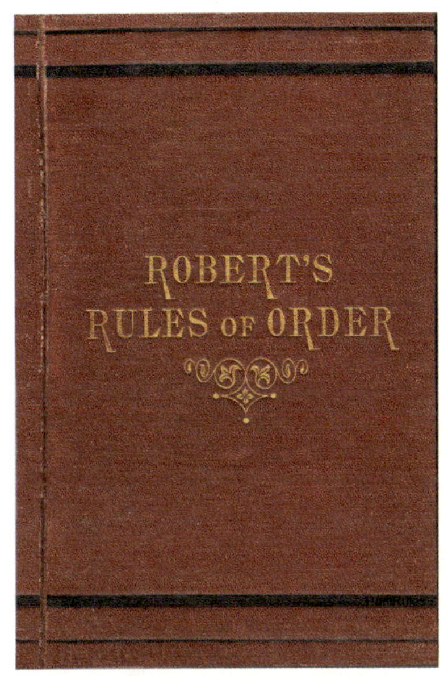

《羅伯特議事規則》1876 年第 1 版封面

英國皇家法院

但引入法槌本身就意味着交融。

英國法官們對美國法槌的矛盾心理或許有些過度解讀，因為美國法官自己也並不經常使用這個「最後的武器」，他們自己最清楚，法官敲打法槌的形象在很大程度上是被影視劇塑造的，只是這一塑造的確符合人們對法院的想像，因而獲利了強大的生命力。偏好程序正義是普通法系與大陸法系的共同點，在這一傾向下多少宗教活動中的儀式、信仰、象徵符號都被賦予到訴訟程序中來，法槌的引入未嘗不是這一思維的延續——從這個角度而言，法槌的出現倒也算有歐洲法律傳統的特色了。

結語

在歐洲兩大法系的發展脈絡中，法槌的確是一個特殊的法律器物。它的歷史非常短暫，卻通過大眾文化的傳播給人留下了深刻印象；它引發了英國法官的矛盾心理，卻以「西學」的形式構築了中國司法進路中的一小塊磚石；它從充滿商業色彩的拍賣會上緩緩走出，卻最終成為法官形象最經典的表述之一。

哈羅德·J·伯爾曼在《法律與宗教》中曾寫道：「（訴訟中）嚴格的出場順序，誓言、致詞的形式及表明場景的其他許多儀式而被賦予各自的使命、職責，法律正義的崇高信念——客觀、公正、一致、平等和公平——都被戲劇化了。」由此觀之，被戲劇化的法槌不也正是法律這一戲劇的組成部分嗎？

假髮

法官標誌髮飾

在幾個關於法官的代表性符號中，假髮顯得頗有些異類。東方人認為，它是西方法官的行頭；大陸法系的人認為，它是英美法系法官的行頭；美國法官認為，它是英國法官的行頭……似乎人人都覺得它和法官相關，卻又說不清到底和哪裏的法官相關。

假髮在大眾視野裏家喻戶曉，但在法官羣體的「出鏡率」卻並不算高。如果能將日曆翻回至 21 世紀，會發現那時世界上只有部分英聯邦國家的法官還戴着假髮，而且這些國家的數量在逐漸減少，但這些並不妨礙假髮演化成為法官的名片，這一情景與法槌如出一轍。

雖然法律、法官與法院與人們的生活息息相關，但對簿公堂畢竟稱不上什麼「羣體記憶」，普通人對於法官乃至整個法律職業的印象，或多或少源於文學作品的再構建。那麼，「假髮是法官乃至法律職業共同體的代表符號」這一稱不上誤解的印象同樣也是影視劇文化的「傑作」嗎？

答案是否定的。法官佩戴假髮事實上淵源於中世紀歐洲的一項傳統，曾幾何時，包括英倫三島在內，整個歐洲貴族階層都熱衷於佩戴花樣繁多的假髮；法官幾乎盡數出身於貴族階層，與彰顯身份的假髮有着天然聯繫。只是時過境遷，大部分歐洲國家早已移風易俗，唯有少數職業共同體還保留着這一古老傳統，而英國的法官便是其中之一。

當假髮的風尚早已成為過去式時，人們很容易將假髮誤解為法官行頭或是法庭儀式的特殊標誌。但事實上，假髮所承載的內涵遠遠不只是法律這麼簡單：它在人類社會演進過程中所扮演的角色也更為複雜——一句話，假髮所承載的，是整個歷史的餘韻。

上古文明裏的「上古假髮」

假髮的歷史異常悠久，同時也超越文化邊界的。《莊子．外篇．天地》中有「禿而施髢」之語，這裏的「髢」便是假髮，主要用於掩蓋禿頂。具有宗教內涵的假髮至少在周朝就已出現，《周禮．天官．追師》中載「掌王后之首服，為副、編、次、追衡、笄」，這裏的「編」同「假紒」，即用假髮所作的髻。「編」顯然不是為了掩蓋禿頂，而是在特殊祭祀場合中烘托莊重的氛圍，其社會功能才是內核。

古埃及假髮的誕生時間更為久遠。早在古王國時期，埃及人就開始用羊毛或棕櫚葉纖維製作假髮，用蜂蠟黏在頭上或以網襯固定。古埃及假髮是一種「全民風潮」，上至法老貴族下至普及大眾均佩戴假髮，而假髮的款式也能夠反映出佩戴者的地位：假髮越長，地位越高；同時貴族階段還會在假髮上噴上金粉，或用羽毛、白楊等花紋彰顯自已的特殊身份。與古代中國的首服制度相似，假髮在古埃及文明中扮演着區分等級的角色，具有很強的政治功用。

相較於古埃及假髮的政治化，古希臘人對禿頂的厭棄直接催生了假髮。在古希臘人眼中，禿頂是天神降下的懲罰，是人類獲罪的證據，故而諸城邦拒絕為禿頂者安排工作。這一傳統還影響到了古羅馬文明：羅馬人甚至曾試圖通過「禿子法令」禁止禿頂競選議員，而禿頂的奴隸也通常賣不到好價錢。在信仰輿論與政策力量的合力下，假髮自然成了反抗歧視的武器，它的流行透出一股古早的「少數羣體」意識。

羅馬帝國時期，假髮製作已經發展成為成熟的產業，敵方俘虜、奴隸和貧民的頭髮大量流入假髮市場，並通過一條條商業鏈最終成為貴族頭上的裝飾。當假髮工藝日漸繁複而使其躋身於奢侈品之列時，假髮也在財富的流通中變相成為身份的標誌——當然，這種身份標誌遠沒有古埃及假髮那般等級分明，羅馬帝國的皇帝奧托（Otho）、皇后福斯蒂娜（Faustina）固然都有佩戴假髮的喜好，但羅馬城內的妓女們同樣也有佩戴金色假髮的潮流。可以說，假髮是通行於羅馬各個階層羣體審美的代表，是一個時代的整體時尚，雖然這背後也不可避免地隱含着對禿頂的排斥。

羅馬這座「上帝之城」隕落後，假髮也一併遭到了羅馬教會的唾棄。教會對假髮的反感源於《聖經》教義，《科林斯前書》11：4-11：7 中記載：「凡男人禱告或是講道，若蒙着頭，就羞辱自己的頭……男人本不該蒙着頭，因為他是神的形象和榮耀。」這裏的「蒙着頭」便被解讀為戴假髮。隨着教義的發展，假髮被教會認為是「撒旦的裝束」「魔鬼的假面」，會阻礙信徒對福音的接納。西羅馬帝國滅亡後，羅馬教會在幾個世紀的苦心經營下將勢力拓展至幾乎整個西歐，於是風靡於羅馬帝國的假髮時尚也自然消沉下來。

教會不認可假髮可能是出於神學理論，可能是出於其謹慎作風，也可能是羅馬帝國末期放縱的社會風氣讓假髮沾染上了太多物慾橫流的色彩，以至於當舊秩序崩潰後教會需要以「先破後立」的姿勢重塑道德，從這個角度來看，假髮又成為時代精神的代名詞，只是這種時代精神通向墮落與罪惡。

早在西羅馬帝國時期，就已經出現了拒絕佩戴假髮的基督徒進入教堂的案例。672 年，羅馬教會終於正式發佈「假髮禁令」，違反規定佩戴假髮的基督徒會被逐出教會；同時修道院的修士們也必須留着一種名為「修士光頭（Tonsur）」的特殊髮型，即通過剃去頭皮中心的部分頭髮作為「基督僕人」的標誌。「修士光頭」還發展出禮儀感十足的剪髮禮，修士們會在特定的日子面對面坐成兩排，一邊吟唱聖歌一邊互相剪頭髮。

幾乎整個中世紀，假髮都處於被教會打壓的悲慘境地。天主教傳統濃厚的西班牙的出現過任何人不得以捲曲的頭髮出現在國王、大臣面前或者法庭之上的世俗禁令，12 世紀的威尼斯甚至將禁令拓展到留長髮，可想而知這同時代的歐洲人是極少佩戴假髮的。苦於禿頂的貴族為掩飾自身缺陷，只好小心翼翼地佩戴假髮，直到 16 世紀 —— 當時「假髮禁令」的執行已經不那麼嚴苛了 —— 一位法國大公還曾發出「脱去的頭髮要儘快被填補……假髮頭套要在別人不注意的情況下戴上去」的感歎，畢竟在當時的主流意識形態中，戴着假髮去參加聖禮是非常犯戒的事情。

古希臘、古羅馬時代人們以禿頂為恥，而在中世紀教會通過「修士光頭」的規定人為讓修士變成禿頂，「禿頭禁令」與「假髮禁令」的對比着實令人耐人尋味。無論教會假髮的禁止是否隱含着對羅馬帝國末世的救贖或報復心理，有一點是可以肯定的：如果中世紀的風氣得以延續，那後世將沒有任何一個法官願意佩戴假髮，也沒有任何一個當事人願意聽眾一位佩戴假髮的法官做出的判決。這一情景沒有發生，說明歷史在未來尚留有轉折。

從假髮禁令到君權象徵

「假髮禁令」背後是屹立西歐數百年不倒的教會權威，而當教會權威在中世紀末期漸漸衰弱時，「假髮禁令」自然會在時尚、奢侈、地位等世俗慾望的侵襲下漸漸鬆弛。文藝復興時期，人文主義進一步發展再度刺激了世俗社會被教會壓抑的審美情趣，假髮的潮流自然也難被禁令所阻擋了。

14 世紀，在文藝復興的發源地意大利 —— 同樣也是羅馬文明的發源地，人們開發願意花費大量時間用絲線、鬈髮鉗、燃料及漂白劑修飾髮型，假髮也開始盛行並有了更多樣式。到了文藝復興晚期，假髮時尚已經燃遍整個歐洲，其中最為突出的代表當數伊麗莎白一世，這位深受禿頂之患的英格蘭女王收藏有 80 多套假髮，這些收藏除了用於掩飾身體缺陷之外，也隱隱帶有向教會權威挑戰的意味。

文藝復興不僅推動了人文主義的傳播，同時也加固了王權在與教權鬥爭中的有利地位。16 世紀，以君主為核心的政治權威漸漸成型，依託一個個「特許狀」發展起來的自治城市漸漸歸於王權，教會的勢力在世俗社會且戰且退，假髮也在這一過程中從禁令中解放出來，轉化為新時代宮廷文化的代表。

宮廷文化強調等級秩序，強調尊卑有序，貴族們「力圖創造或者強化一種儀式感，讓人能夠立即感受到侯爵與臣僕之間不可逾越的社會鴻溝，讓臣僕頓生對侯爵的距離感，意識到自我的藐小和卑微，從而自覺自願地完全拜倒在侯爵的威嚴之下」。在這一風氣下，地位越高者越關注自身的外部形象，而貴族階層則普遍需要找到一個鮮明且帶有普世意義的載體來突顯等級，能夠明顯改變佩戴者形象的假髮自然脫穎而出。

17 世紀假髮風潮最第一個引領者是法國國王路易十三。路易十三起初是為了遮蔽頭上的傷疤而佩戴假髮，但很快這一裝飾就被大臣與平民紛紛效仿。1615 年，一位意大利詩人到巴黎旅遊時發現巴黎的男人「頭上都頂着一個用人的頭髮絲仿造的假髮」，這說明在路易十三時期，假髮還只是時尚而未被上升為制度，但情況將在下一任國王統治時期變得不一樣。

1643 年，「太陽王」路易十四繼位，在他統治時期，法國的君主專制政體達到登峰造極的程度，表現之一就是宮廷禮儀愈加繁複。男爵西蒙（Simon）曾在自己的回憶錄中詳細記載了路易十四最生活化的起牀儀式：「早上 8 點，僕人把睡夢中的路易十四喚醒，在外等候多時的御醫和保姆立即進入起居室問安。之後，路易換上襯衣，此時，他會決定今天佩戴哪一頂假髮。與此同時，高級大臣優先進入起居室接受國王的訓話，之後包括侯爵、公使、總督等各色權力人物都會悉數登場，而路易十四就在眾人面前完成他非常私人的更衣儀式⋯⋯」

假髮，是這一儀式的核心。路易十四未佩戴假髮時從不會出現在公眾場合，這位國王最鍾愛的是「鬈曲長假髮（Allongeperücke）」：這款假髮在額頭部位高高隆起，然後從中間分成兩個部分，分別垂向兩邊，一直延伸到胸前，後面甚至一直垂落到背的中央，極能展現國王的威儀、高貴和尊嚴。上有所好，路易十四的大臣們自然紛紛效仿——「鬈曲長假髮」因為國王的佩戴有了王權隱喻，由此不同等級的貴族、官員也開始設計、佩戴與其地位相一致的假髮。這些假髮沒有精確的制定標準，但當假髮通過外形、質量以及造型與佩戴者使用的化妝品、服飾以及行為舉止結合起來時，很容易讓旁人看出佩戴者的社會地位，這一強大的視覺衝擊使得假髮成為路易十四時代的「無冕之冕」。雖然路易十四未能在撲克牌中佔有一席之地，但他引領的鬈髮風潮卻主宰了四張「老 K」和四張「J」的髮型，這等影響力倒似比單純留下姓名還要厲害許多了。

中世紀教會為修士確定了剪髮禮，路易十四也將假髮的使用融入到了宮廷禮儀，比如王子在宮中覲見自己的父親時也必須佩戴「鬈曲長假髮」。這一潮流甚至傳播到了遙遠的清朝，在描繪雍正皇帝的《打虎行樂圖》和一幅畫像中，這位清朝便佩戴着「鬈曲長假髮」，東西方的皇權與王權，在此合流。

路易十四的去世帶走了法國絕對王權的黃金時期，「鬈曲長假髮」也不再為國王御用，但高昂的造價依然使其成為貴族階層的專用配飾。在陌生環境中，假髮就是頂在頭上的名片，可以讓事先並無交集的社羣立刻做出接納或拒絕的判斷。《唐璜》中的農民埃皮看到假髮「大吃一驚」，以為這是一種「沒黏上頭皮上的頭髮」；而在一個貴族騰哈特（Johannes Tennhart）的遊記中，他在抵達薩克森之後，當然優雅的紳士因為注意到他「戴了一頂比較昂貴的假髮」而向他「發出邀請」。在 17 至 18 世紀的歐洲，假髮早已成為一門社會語言，將貴族與農民明確區分開來。

在這一時代背景下，曾經視假髮為洪水猛獸的教會也開始接納假髮了，只是相對於世俗貴族，教士們的步子相對「穩健」：他們發明了一種「教士假髮（Abbéperücke）」，這種假髮頂部鏤空，戴上之後仍然能夠獲得「修士光頭」的效果 —— 在時尚面前，傳統與教義也有條件地放下了自己的身段。

英國假髮的起起伏伏

歐洲大陸流行的假髮風潮很快越過英吉利海峽踏入了英格蘭。雖然英國早在伊麗莎白時代就已經出現了種類豐富的假髮，但一個政治軼事依然將假髮傳入英國的引領者定義為英格蘭國王查理二世：傳說在 17 世紀，查理二世曾流亡法國，待其於 1661 年復辟後，便將流行於法國的假髮風潮引入了英國宮廷。

那為什麼查理二世會引入假髮呢？這就又牽涉到另一個政治軼事。查理二世的復辟標誌着當時英國兩大派系 —— 反對國王的圓顱黨（Roundheads）和保皇派勢力的騎士党（Cavaliers）達成了妥協。圓顱党多為清教徒，一律留着短髮；騎士党則一律留着長髮。在對立時期，髮型代表上旗幟鮮明的立場，而當局面緩和，髮型上的針鋒相對就顯得不合時宜了。作為折中的辦法，假髮成了最好的立場掩飾物，在特殊時期為英國貴族所推崇。

雖然社會各階層都有權利擁有假髮，但從假髮的質地、款式等還是能輕鬆推斷出佩戴者的地位。形制華麗、做工精良的假髮很快在貴族階層流行開來，法官、律師等社會精英人士自然不會在這一潮流中缺席，英國法律共同體與假髮的結緣，正是在整個貴族階層接受假髮潮流的過程中開始的。

上述兩個政治軼事顯然是後人杜撰的。假髮不可能由查理二世首先引入英國，但假髮在英國的廣泛流行卻很可能在查理二世復辟後才得以實現。一個重要的例證是，在查理二世的前任 —— 也即其父親查理一世統治時期的 1635 年，英國威斯敏斯特委員會曾頒佈法令對法官和法庭其他成員的服裝、配飾作出了權威規定，而在這部法令中，法官的法定頭飾中尚沒有假髮的位置，而是方巾、兜帽和有角帽佔據了席位;而到 17 世紀後半葉，假髮已經在英國蔚然成風。

當假髮成為社會人士尤其是精英階層的風尚後，法官們開始面臨起如何將假髮與法定頭飾妥帖搭配的問題。當時英國假髮的款式深受法國風潮影響，假髮越大就意味着佩戴者越高貴，於是高級法官的假髮不僅僅蓋着法官的頭和臉、遮住了脖子，甚至還會一直垂到胸前。顯然，法官們對假髮的熱情更高，於是方巾、兜帽和有角帽等配飾先是被大大縮小，再簡化成一小塊圓形的白邊黑絲布，置放在假髮上。最後，這塊黑絲布也慢慢地消失了，於是假髮就成了英國法官頭上碩果僅存的風景。當威斯敏斯特委員會將富有傳統宗教色彩的方巾確定為法官的頭飾時，他們當然不會想到，兩個世紀之後假髮將成為英國法律共同體最引人注目的標誌。

初期法官的假髮通常是黑色或者是其他一些自然髮色，與其他貴族所佩戴的假髮一樣僅僅是時尚的裝飾物和地位的象徵，並無特定的法律含義。大約從 1685 年起，白色假髮開始出現並迅速成為法官羣體的潮流，從而與一般貴族的假髮形容鮮明對比。

為什麼英國的法官們會鍾愛於白髮假髮呢？這源於英國消極、被動、中立的司法傳統。英國普通法要求法官穩健持重，熱情與熱血容易傷害司法的理性，故而愈年長的法官愈容易得到認可，而白色假髮無疑是營造老化效果的最佳道具。出於同樣的邏輯，越老舊的假髮越能突顯法官的閱歷豐富。德國法學家 K · 茨威格特與 H ·

克茨在《比較法總論》中曾經寫過這樣一段話：「在歐洲大陸國家人士的心目中，關於英國法官，常常有這樣一幅浪漫的圖像：他們身着緋紅色的長袍，頭戴巨大的假髮，在一所鑲嵌華麗的法庭上進行審判。」英國人不是假髮的發明者，但卻將白色假髮與法律職業共同體成功捆綁到了一起。

假髮是時尚，而時尚總是來去倏忽。17 世紀剛剛在英國站穩腳跟的假髮，在 18 世紀就開始廣受調侃，其中最激進的要數藝術家、社會活動家威廉・霍加斯（William Hogarth）：他在 1761 年創作了一幅名為《假髮的五種樣式》的版畫，畫作將假髮分為五種樣式並逐一奚落。在威廉・霍加斯的推動下，英國人開始逐漸放棄戴假髮的習俗，18 世紀 60 年代後，已經很少有英國貴族在日常生活中佩戴假髮了，最終依然堅守這一傳統的，就只剩下法律職業共同體。

那麼，法官和律師們為什麼要堅持戴假髮呢？這個問題幾乎不成問題，因為從來沒有哪部法律禁止他們佩戴假髮，而法律職業共同體的保守態度使其在潮流面前往往顯得步履遲緩。事實上，當 1635 年威斯敏斯特委員會的法令要求法官們佩戴方巾等什物時，這些配飾已經過時了；而當世俗貴族們放棄假髮時，假髮就成了法官們的方巾，並最終演化成法律職業共同體的職業裝。

假髮與職業裝的演進關係倒不僅僅局限於法律職業共同體。假髮從時尚界退出導致其價格下滑，18 世紀末假髮已經降到十幾個先令一頂的程度，於是這一廉價的配飾就漸漸成為行會裏學徒工作服的一部分；而在一些餐廳中，假髮同樣成為職業裝的組成部分，用於區分招待員和顧客。當然，在行政、法律領域中這種職業裝的寓意更為明顯：職業裝讓從業者形成職業共同體，並強化了從業者的社會屬性。當然，王權時期遺留下來的等級秩序傳統依然存在，比如高級官員、法官、教授等就更偏愛「鬈曲長假髮」，這背後自然能看到關於路易十四的傳說。直到 19 世紀初，相對輕便的假髮才被拉文斯・考夫特（Ravenscroft）設計出並漸漸成為法律職業共同體的主流——這也成為英國司法形象中一道最別致的風景線。

17 至 18 世紀，假髮時尚在歐洲達到巔峰，這一時期歐洲各國的精英階層——包括官員、醫生、法官、教士、教師等，都把假髮當作了日常服飾的一部分，這一風氣不獨為英國、法國所有。那麼，當英國法官們將白色假髮打造成司法標誌時，其他國家的法官是如何看待這一潮流的起伏呢？

事實上，假髮在歐洲大陸的持續時間要比英倫三島還顯得漫長。在啟蒙時代，如伏爾泰、狄德羅、康德等最著名的思想家們在公眾場合都會佩戴假髮；在歌德年輕時曾拜訪過戈特謝德教授，事後在回憶錄中他還對戈特謝德「光禿禿的頭頂上什麼都沒有戴」的細節印象深刻，認為為這「非常罕見的經歷」。根據狄德羅《百科全書》的統計，假髮鼎盛時期約有 115 種樣式，形形色色的假髮樣式，主要是為了滿足不同社會身份的人在不同的場合佩戴假髮的需求；有專門室內佩戴的假髮，還有外出甚至旅行專用的假髮。可以看出，佩戴假髮在時尚之餘，甚至附帶了一絲社交禮儀的意味。

不過，假髮在歐洲大陸自始至終只是文化層面上的標誌，而在歷史變遷中，社交禮儀也有其存與廢的週期。歐陸大陸的法官羣體在貴族階層集體淡忘假髮的同時放棄了這一傳承數百年的風尚，這反而使英國法律職業共同體顯得「標新立異」了。

英國法官的裝束自然會影響到其統治的殖民地，那為什麼同為英美法系的美國沒有繼承這一傳統呢？事實上美國成立伊始時假髮曾一度流行，美國最初的領導人均用假髮來塑造自身的公眾形象，不過這一態度很快變得模棱兩可。美國第三任總統托馬斯・傑斐遜就曾諷刺英國法官「像躲在棉絮下面向外窺視的老鼠」，鑒於美國獨立於英國，這句話未嘗沒有對英國的仇視成分。不過托馬斯・傑斐遜的影響力是不容置疑的：美國法官們最終放棄了假髮而僅留下法袍，這一點倒與大陸法系保持了一致。

在英聯邦成員國中，在簡化法庭儀式的潮流中，對假髮說不的聲音也漸漸增多——當假髮已不再「時尚」時，英國法官們的假髮也越來越被視為英國司法人員因循守舊的證據。其中最堅決的數澳大利亞：自 1975 年起，家事法官不再佩戴假髮；1988 年起，高等法院的法官也不再佩戴假髮。簡化法庭儀式的浪潮最終傳到了英國本土。2007 年，英國首席法官菲利浦斯勛爵宣佈在英格蘭和威爾士的法庭廢除假髮，唯有刑事法官仍然延續佩戴假髮的傳統。

結語

法官從來沒有選擇假髮，只是當世俗貴族漸漸放棄假髮時保留了傳統，而這一被動的方式則在社會已經淡化假髮這一潮流時，被解讀出更為「深邃」的含義。在大眾文化中，法律職業共同體白色的假髮給人「非人化」的感覺，象徵着公正無私與莊嚴肅穆；又或是法官、律師們得以藉助假髮及法袍隱藏身份，表示判決只是依法行使職權，與個人行為無關。這些解釋的確能加強法庭儀式的神聖性，但這種神聖性只是假髮帶來的結果，而非原因。

埃及貴族用假髮區分貴賤，中世紀教會頒佈「假髮禁止」，法國王室用假髮來強化君權……法官與假髮的邂逅，更多出於偶然，真要細論其背後的內涵，恐怕也無關於正義，而在於地位及權力。而當假髮已經成為習慣，如何解釋、定義並在新的時代賦予其新的內涵，則是另外一件事了。

法國貴族假髮

路易十六

上議院查爾斯 佩皮斯大法官

Razor

剃刀

法醫器械

在蒂姆·波頓於 2007 年執導的驚悚電影《理髮師陶德》中，身為一名普通理髮師的主角，因仇恨墮入陰暗面後居然立刻展現出了其熟練掌握割喉、放血等殺戮技巧的一面，儼然是一位實操經驗豐富的老練殺手。理髮師與殺手之間的不協調感難免會讓觀眾感到困惑：是不是電影為了迅速推動情節的發展，或有意或無意忽略了主角在技巧方面的訓練過程呢？

答案是否定的。歐洲傳統理髮師精通外科手術是一項歷史悠久傳統，事實上，中世紀的理髮師本身就兼任着外科醫生，理髮店代表性的紅藍白旋轉柱，指代的正是動脈、靜脈和繃帶。中世紀理髮師的日常工作除了理髮，還包括但不限於拔牙、放血、包紮、引尿、割瘤、綁疝氣⋯⋯其中的佼佼者甚至還會開白內障。憑藉這些技術，理髮師也在事實上躋身於法律職業共同體，雖然這一身份從來沒有得到法官、律師們的承認。

換一個出場時間，理髮師的剃刀就可能變成法醫的手術刀，在中世紀的大多數時間裏這一現象一點也不誇張。

《國法大全》與《阿勒曼尼法》的星火

從歐洲宏觀法制史的角度來看，古羅馬時代精緻的訴訟程序，日耳曼諸部落野性十足的神判，以及基督教會對世俗法律體系艱難的彌合，都將重點放在了程序正義上。無論是神職法官還是世俗法官，在刑訊技術、取證手段沒有得到充分發展的背景下，證據的真偽實在是很難辨別，因為只能儘可能給予和保護當事人的舉證權——這是輔助誓言人、神判、決鬥等制度數百年不衰的根本原因。

但僅因為屍體流血神判等看似荒唐的制度，就一概否定古代歐洲法律學者的努力，同樣也顯得以偏概全。歐洲法制史同樣存在一條法醫鑒定的暗線，通過零星的法典、法規閃現出科學的光芒，只是這條線時斷時續，往往被蒙昧的時代特徵所掩蓋而不易為後世察覺。

早在前 44 年，古羅馬就出現了屍檢案例。這一年凱撒在元老院遇刺，據尤特羅庇烏斯所言，有 60 多人參與了謀殺。不過事後有醫生對凱撒屍體進行了檢查，發現 23 處創傷中，貫穿胸部第一、二肋骨間的刺傷是致命傷。兩千年後，「偵探女王」阿加莎．克里斯蒂在其《東方快車謀殺案》中創造了一個作案手法極為類似的案件：故事中的十二個人以「一人一刀」的方式「分擔」了復仇罪行。其實這種作案手法未必那麼精妙，早在古羅馬時代，醫生們就已經嘗試用醫學手段解決這一情況下兇手身份的問題，並幾乎得到了答案。

19 年，號稱「羅馬最後一位英雄」小日爾曼尼庫斯去世後羅馬人也對其進行了屍檢，因為當時有傳言其被毒殺。不過，凱撒和小日爾曼尼庫斯的屍檢都是私人行為而非出於執法部門的要求，其展開與死者尊貴的身份相關，羅馬法中並未出現關於法醫鑒定的規定。

395 年，羅馬帝國分為東西二部，西羅馬帝國於 476 年滅亡，而東羅馬帝國則帶着羅馬帝國的光芒一直延續到 1453 年君士坦丁堡陷落為止，國祚逾千年。529 年，東羅馬帝國皇帝查士丁尼一世下令編纂了歐洲第一部系統完備的法典《國法大全》，在這部法典中，醫生的身影終於出現。

《國法大全》中規定：「醫生在訴訟中不應當是哪一方的一般證人，而應當是以其專門知識為基礎幫助法官提出公平說明和主張。」雖然這一規定還未上升至法醫鑒定的程度，但醫學在法律體系中也不算是完全缺席了。

就在《國法大全》問世的同時，日耳曼諸王國的貴族們也開始將習慣法加以整合，並推動了5至9世紀西歐法典編纂熱潮的出現，西哥特王國的《尤列克法典》、倫巴德王國的《羅特裏法典》、德意志的《薩克森法典》《阿勒曼尼法典》、不列顛的《埃塞伯特法典》等「蠻族法典」，均是這一時期的產物。

這些「蠻族法典」雖然不能與嚴謹細緻、體系健全的《國法大全》同日而語，但意外也在這些「蠻族法典」中出現。《阿勒曼尼法》中詳細規定了損傷的解剖學細節，並要求按損傷的部位和程度進行賠償，為達此目的進行法醫鑒定，如其中一條規定：

「因他人毆打致頭部骨折⋯⋯若骨折致腦髓露出，醫師用羽毛或鯨鬚能觸及腦髓，賠銀12索利都斯；若毆打的結果腦髓露出，醫師用藥劑或絹布堵塞後治癒，並能證明是真實的，則賠銀40索利都斯⋯⋯」

為什麼擁有幾個世紀羅馬法底蘊的《國法大全》尚僅僅規定了醫生作為證人的公允義務，而相對落後的《阿勒曼尼法》卻能將法條細節化到法醫鑒定呢？因為日耳曼習慣法中原本就有對身份各部位「定價」的傳統，甚至在鬥毆中割斷了不同的手指，都分別對應着不同額度的罰款，所以《阿勒曼尼法》不得不對「法醫鑒定」提出更高的要求，這也是一種「經濟基礎決定上層建築」。當然在以神判為主的時代背景下，很難判斷這些規定能夠在多大程度上實施，畢竟法典背後缺乏足夠的案例進行佐證。

不過縱然如此，古羅馬時期的屍檢案例、《國法大全》中對醫生證人的約束及《阿勒曼尼法》中的規定還是為日後的法醫鑒定埋下了伏筆，而這一伏筆也的確在幾百年後開始浮現。

《耶路撒冷王國憲章》引發的時代變革

12 世紀中期，劃時代的變革出現了。在耶路撒冷王國制定的《耶路撒冷王國憲章》中，首次明確了法醫鑒定制度，並對其程序進行了詳細規定。《高等法庭憲章》第 223 節規定：「領主得派三人至該人家，包括內科醫生、藥師和外科醫生各一人⋯⋯內科醫生應對他進行觀察，檢查其脈搏和尿液；若屬於處科醫生範圍，該人應當在三人面前展示其創傷⋯⋯」同樣，第 85 節還規定了屍檢流程：「領主派遣的三人，其一是他的代表，另二人是仲裁人。三人應即前去查看屍體⋯⋯說明屍體有什麼問題，傷在何處，是用什麼樣的器械造成的傷害。如果未查出可能被殺害的原因和指征，應告訴領主⋯⋯」

《耶路撒冷王國憲章》表明在耶路撒冷王國時期已經有了針對活體與屍體的法醫鑒定，只是鑒定人不一定是醫生。耶路撒冷王國是第一次十字軍東征時建立的基督教王國，雖地處位於亞洲的黎凡特，但應當視為歐洲國家。與此同時，西西里國王羅傑二世於 1154 年頒佈的敕令中也有指派醫生協助法庭調查的規定，由此可知至晚在12世紀，歐洲的法醫鑒定已經出現了制度化傾向。

以《耶路撒冷王國憲章》為起點，法醫鑒定的風潮很快颳遍了整個歐洲，教會也不例外。教皇英諾森三世於1209年的敕令中出現了指定醫生出庭確定創傷性質，並陳述檢查情況的要求；1234年格里高利九世編纂的《新版教令集成》中更要求藉助醫生的專業知識，系統化辨明諸如陽痿、分娩、剖宮產、嫡出子、性犯罪等醫學問題。因為教會對世俗生活的管轄主要集中於婚姻、繼承等領域，所以教會法中的法醫鑒定基本不會出現屍檢等行為，但對於世俗政權來說，法醫鑒定的使用範圍就要寬泛得多了。

1194年，英格蘭設立驗屍官一職，主要工作是當有死者在不尋常的情況下離世時，確定死者的死因，並依自然死亡、自殺、他殺等不同的檢驗結果決定適用民事程序還是刑事程序。不過，醫生不參與驗屍，驗屍官只能在陪審團的幫助下檢視屍體發現暴力指征，確定創傷的數目和類型。

1207年，諾曼第習慣法中要求對疾病、強姦和妊娠案件進行鑒定，對被殺害的屍體進行屍檢。1260年，巴黎習慣法要求要用外科醫生鑒定作為證據代替決鬥和神判。1331年，腓力四世的敕令中還規定對外科醫生進行考試，要求政府管理外科職業，由內外科醫生和助產士做傷害和死亡報告。

1249年，意大利波倫亞已出現醫生在法庭上宣誓作為醫學鑒定人，對一位被指控墮胎的婦女進行檢查。1252年，波倫亞城市法明確規定所有人身傷害案件的受害人都必須經過醫學檢查，必要時進行屍檢。在此之後的兩三個世紀，意大利主要城市幾乎都做出了相似的規定，從而使意大利成為歐洲法醫學的主要發源地。

英格蘭、法國、意大利是當時歐洲法醫鑒定萌生的代表地區，可以看到，這一時期囿於醫學水平，各國關於法醫鑒定的規定還相對簡單，且醫生參與的程度並不深。至 16 世紀時，德意志的《加洛林刑法》已經能夠規定刑罰與犯罪行為所造成的肉體傷害和後果成比例，這也意味着歐洲醫學在 12、13 世紀到 16 世紀這幾百年間獲利了長足的進展。不過，當將這一時期的法醫鑒定立法「潮流」與《國法大全》和《阿勒曼尼法》縱向比較時，還是能明顯看到歐洲法律思想的厚積薄發。

最早的法醫：精通放血的理髮外科醫師

12、13 世紀歐洲法醫鑒定製度的湧現，是否歐洲法醫這一職業也將迎來曙光呢？從制度構建角度來看正當如此，但從歷史在這裏卻開了一個不大不小的玩笑。如果法醫鑒定的中世紀末期歐洲法律舞台的一幕劇，那從這幕劇中走出的主角並不是嚴格意義上的法醫，而是理髮師。

雖然各國立法者都漸漸發現了法醫鑒定的重要性，但在當時的醫學界，醫生普遍認為手上沾染到鮮血有損自己的尊嚴，而法醫鑒定主要以處科手術為主，醫生免不了雙手沾滿鮮血。故而有身份的醫生非常排斥親自進行法醫鑒定，更不用説屍檢。

這一思潮一方面源於宗教信仰：教會並不認為外科學是門重要的醫學，只把它當作是一種附屬的醫療行為，或是不到最後關頭不得不使用的手段，而解剖屍體更是忤逆道德的行為；另一方面則源於法律與習俗，因為中世紀的人們對醫生的責任頗有苛責之處，如

《放血》J. 吉爾雷

《一名外科醫生在放血後包紮一名婦女的手臂》雅各布・托倫弗利特

《瘋狂之石的提取》
耶羅尼米斯・博斯

《《尼古拉斯杜爾普博士的解剖課》
倫勃朗

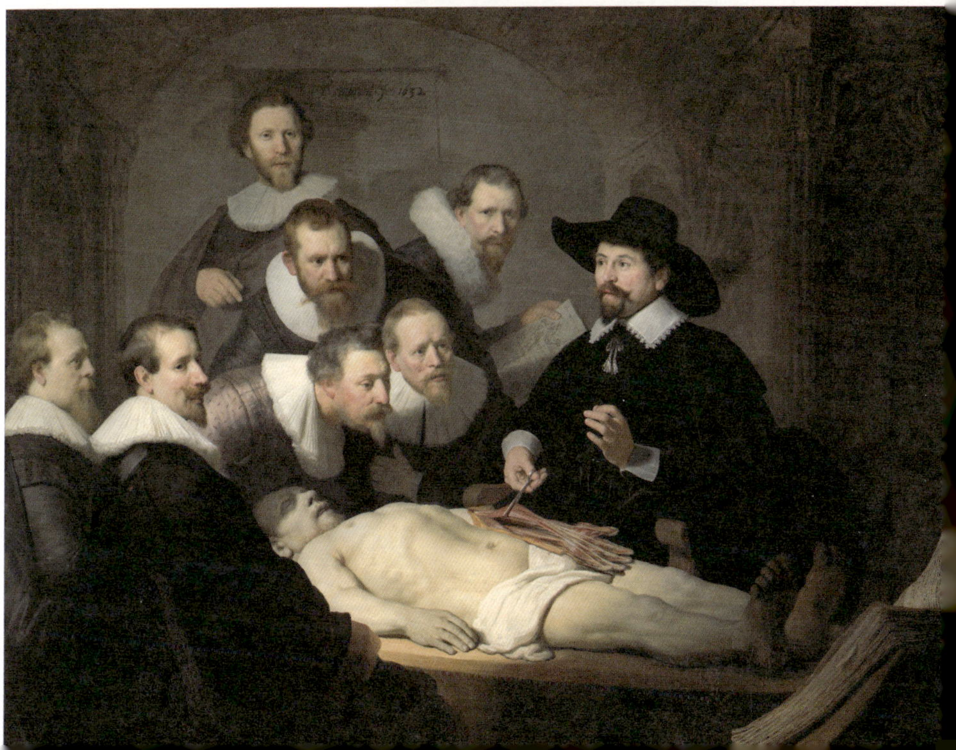

東哥特王國的法律就曾規定醫師從事外科手術失敗，或是造成患者死亡的話，要被交給患者的親戚朋友處置。

宗教與習俗兩方面的因素直接導致醫生不願意冒着生命危險進行外科手術，這一風潮更間接制約了外科手術及人體解剖學的停滯。12 世紀 —— 就在教皇將視線投入法醫鑒定的同時，教會卻頒佈了禁止擁有醫學知識的神父和修道士對病人實行外科與放血手術的敕令。

對外科手術的抵制自然引發了對處科醫生的輕視。中世紀的內科醫生可以被尊為各個醫學協會的成員，有學識者甚至能夠成為教皇和國王的御用醫生或在大學中主持講座；而外科醫生甚至無法在大學中取得教職。社會風氣如此，縱然是通曉外科手術的醫生也漸漸轉向非侵入性治療，教會與法律的合力使得外科醫生這一職業幾乎絕跡。

於是當法醫鑒定需要專業人士進行外科手術時，理髮師出場了。中世紀的理髮店不僅僅提供理髮服務 —— 甚至不主要從事理髮業務，理髮師們最擅長的其實是放血。在「醫學之父」希波克拉底「氣質體液説」的影響下，中世紀歐洲人熱衷於通過放血實現體液平衡與身份健康；貴族階層甚至有定期放血的習慣，而這一行業最主要的服務者就是手執刀具的理髮師。

放血通常在浴室中進行，病人先需用溫水沐浴，之后理髮師在放血部位上方纏住綳帶阻止血液流動，再用剃刀割破隆起的血管，血就汩汩流出 —— 紅藍白旋轉柱，也正是在日復一日的放血工作中成為理髮師的職業標誌。

當然，作為一個合格的理髮師，僅僅會放血還不夠。在經過數年的學徒生涯後，理髮師通常具備了拔牙、放血、包紮、引尿、割瘤、綁疝氣等各種外科醫療技術，技藝高超的還會至大學擔任人體解剖員。在描繪歐洲早期解剖課的畫作中，醫生往往身穿長袍站在後方，而在前景身穿短袍、手持手術刀實施手術的正是理髮師。

1626 年出版的《理髮師手冊》中詳細描寫了靜脈放血術、水蛭放血術、麻醉術等技巧，從中不難看出理髮師的專業技能要求之繁多。這一職業現狀最終讓理髮師獲得了「理髮外科醫師（Barber surgeon）」的稱呼，也使得理髮師成為法醫鑒定實操者的不二人選。理髮師是歐洲歷史上最早的法醫，雖然這一職業在誕生時還肩負着精英階層的輕視與不屑。

結語

歐洲法醫鑒定的發展史經歷了長期伏筆而能於 12、13 世紀獲得空前發展，與醫學水平的進步息息相關；波倫亞大學是意大利解剖學的研究重鎮，由此帶來的結果便是波倫亞城市法極為重視法醫鑒定。隨着一系列解剖學著作於 14 世紀初紛紛問世，法醫鑒定製度愈加完善，也就在了 1580 年教皇格裏高利十三世在敕令中對法醫鑒定的強制性規定。

不過學術與法律制度上的發展總是晚於社會風氣的變遷，在相當長的時間裏，有身份的內科醫生依然拒絕親自操作外科手術，而只願意在現場捧着各種解剖學經典指導理髮師們工作，直至 18 世紀前，在法醫鑒定現場飛舞的依然是理髮師手中的那一把把，經過改良的剃刀。

戒指
古代歐洲婚姻象徵

在 21 世紀的人們眼中，戒指是當之無愧的愛情圖騰。縱然不是每個墜入愛河的年輕人都能承擔得起鑽戒的開銷，但只要手指上多了這樣一件飾品，彼此的關係就得到了公示：未來的婚姻旅程即將在這枚戒指中啟程。

以愛之名，戒指擁有的浪漫傳說可謂版本眾多，其中一則就解釋了為什麼在很多國家結婚戒指都佩戴於無名指：歐洲傳統認為無名指上有一根直通心臟的靜脈被稱為「愛之靜脈」，無名指關乎於愛情，自然要用它圈住這條「愛之靜脈」了。

除了愛情指代物之外，戒指在大眾文化中還有着另外一張面孔。魔幻作品《指環王》中以「至尊魔戒（One Ring）」代表中土最強大的力量；美國職業籃球聯賽（NBA）以冠軍戒指作為勝者的標誌；漫威漫畫中的超級反派滿大人（The Mandarin）甚至戴着十枚擁有不同魔力的戒指……可以看出，戒指背後除了浪漫與永恆還有着權威、榮耀的喻意——那為什麼這兩種「風格迥異」的意向會集於戒指一身呢？

這個問題看似是文化問題，事實卻是法律問題，因為戒指在其誕生之始就與契約相關。早在古埃及時期，西方人便開始使用印章戒指作為簽字畫押的方式，這是人與人的契約；古羅馬時期，戒指

印章戒指

開始與婚姻制度相結合，這是夫與妻的契約；而在漫長的中世紀，大量教皇、國王都不忘記將戒指作為自身教權與王權的象徵物之一，這是人與神的契約。一旦理解到戒指本身是物化的契約，那結婚戒指、冠軍戒指的喻意便豁然開朗；而承載着超自然之力的「至尊魔戒」與滿大人「十戒」，也隱隱道出了持有者與魔鬼簽訂契約的暗喻。這種暗喻有時也會變成明喻，比如在 1997 年美國電影《魔鬼代言人》中，律師的「黑化」正是從他摘下戒指那一刻開始的。

印章戒指：人與人的契約

在古埃及新王國時期的墓地中，考古學家發現了人類歷史上最古老的戒指。這是一枚蜣螂形狀的印章戒指，其製作年代大約在公元前 14 世紀左右。古埃及人有強烈的太陽崇拜，認為有一位肉眼看不見的神靈，為了世界能夠穩定運行而每天推着太陽東升西落，而蜣螂努力推動糞球的姿態與這一幕想像完全吻合；同時蜣螂在糞便中產卵的習性，也被古埃及人視為死後再生的力量和生命力旺盛的象徵，於是蜣螂順理成章地成為埃及王室的代表圖騰之一，被敬稱為「聖甲蟲（scarabaeus）」。在圖坦卡蒙（Tutankhamen）的陵墓中，圖坦卡蒙 —— 這位堪稱古埃及最著名的法老，其心臟部位也佩戴有蜣螂型的胸飾，正是這種崇拜的另一個例證。

這枚蜣螂形狀的印章戒指不僅僅帶有宗教上的象徵意義，而且具備十足的實用性。「蜣螂」底部刻有「Neb-maat-Re」的象形文字，即擁有者阿曼霍特普三世（Amenhotep III）法老的名諱及「阿蒙（太陽神）所愛之人」。文字為陰文 —— 事實上，蜣螂本身是一枚用於簽署公文的印章，古埃及統治階層為了便於隨身攜帶徑直將印章鑲在戒指上，於是就形成了人類歷史上最古老的印章戒指。

印章戒指在本質上就是一份便攜式身份證明：戒指是其載體，而印章的內容則證明着佩戴者的社會階層與行政職權。古希臘人沒有繼承「聖甲蟲崇拜」但延續了古埃及印章戒指的傳統，尤其是在邁錫尼文明時期印章戒指極為常見，其雕刻內容多為祭祀場景。

公元前 700 年至公元前 500 年，古希臘的戒指已經被視為證明個人身份的重要器物。雅典城邦的第一任執政官、《梭倫法典》的主要制定者梭倫曾頒佈法令禁止雕刻師「將已售出印章之模本置留身邊」，從中可以看出當時印章戒指的使用已相當普遍，而且不乏有非法複製印章戒指的行為。

古羅馬繼續延續了古希臘人的傳統，元老院及將領均使用過金質的印章戒指；在羅馬共和國時期，還會向派遣至國外的公使們頒發印章戒指。這一時期當權者的印章戒指如同古代中國的虎符，迦太基將領漢尼拔在獲取羅馬執政官馬塞盧斯後就曾試圖用後者的印章戒指發送信函，最後信函雖然被識破，但印章戒指的功用卻不言而喻。

印章代表着身份，在等級分明羅馬帝國，統治者通過法令詳細規定了不同階層成員佩戴不同戒指標準，直到查士丁尼大帝——《查士丁尼法典》的編纂者——統治時期這些禁令才逐漸取消。不過即便每個社會成員都有佩戴戒指的權利，但卻並不是每個人都有證明自已身份的需要和能力，所以印章戒指理論上雖然不分貴賤，但在實踐中自然而然成為權威的代表，這一點與紋章極為相似。

在紋章沒有出現的時代，掌權者會用華麗的圖案來標榜其權威，如凱撒與屋大維便分別將武裝的維納斯和亞歷山大王、斯芬克斯的組合圖案刻在自己的印章戒指上。中世紀的歐洲漸漸形成了紋章傳統，於是印章戒指上的圖案又漸漸演變成各個家族特有的紋章，用於國家間締結條約、貴族間書寫信件、商人間簽訂契約時作為當事人身份的證明。

雖然這種印章在證明力度上無法與親筆簽名相比，但在文盲率較高的時代，印章戒指無疑比羽毛筆更為實用。14 世紀後，刻有姓名首字母的印章戒指開始普及到平民階層，15 世紀至 16 世紀更迎來了印章戒指的全盛時期，姓名首字母的雕刻款式開始多樣化，印章戒指也終於在實踐意義上與其理論合一，成為全社會各階層共同作用的身份證明。在無數份條約、契約上，印章戒指與火漆一道蓋下不同所有者的名諱，在不同材質的紙張上構建出一完整的契約社會。

婚姻戒指：夫與妻的契約

如此法律意蘊十足的器物，為什麼會成為婚姻的代名詞呢？因為婚姻在本質上也是一種契約關係，只不過雙方當事人換成了丈夫與妻子。

早在古羅馬時期，就出現了將印章戒指視為訂婚憑證的風俗。婚約成立時，男方需要給付女方父親一部分金錢，而紋章戒指作為個人身份、權力的指代物，常常被視為金錢的一部分被一道交付，成為婚姻這一「訂單」中最重要的「保證金」，這也是被視為男方對婚姻的承諾和供養新娘經濟能力的證明。

古羅馬時代的婚約被視為私人性質的契約，舉行婚禮時需將契約文本寫在正式的文本上，印章戒指雖然與婚姻相關，但愛情色彩為輕，家族、身份、財產色彩為重，尤其是在羅馬法區分「有夫權婚姻」和「無夫權婚姻」的背景下，印章戒指很難體現出絲毫浪漫色彩。

除了印章戒指，古羅馬還有一種鑰匙戒指，與婚姻制度密切相關。羅馬人慣穿的托加外袍（toga）沒有口袋，所以常將鑰匙鑄造到戒指上隨身攜帶，這就是鑰匙戒指。作為財產的象徵，新郎通常會在結婚之際將鑰匙戒指交給新娘，作為後者家族女主人地位的象徵。西羅馬帝國滅亡後鑰匙戒指隨之消亡，但歐洲中世紀的宮廷中，臣下被委以管理鑰匙並同時兼任祕書後往往會以鑰匙戒指作為職務的象徵，這其中不難看到羅馬傳統的深遠影響。契約性與權利性十足的印章戒指與鑰匙戒指很可能就是後世歐洲新婚夫婦交換結婚戒指習俗的濫觴，當文明演進到一定程序時，人們通常會給古老的禮儀披上更具人文關懷的外衣。

古羅馬傳統於西羅馬帝國滅亡後能在多大層面上能被後繼的日耳曼諸民族所接受一直是個疑問，但早在塔西陀時代，浪跡北方的日耳曼人新郎就需要在婚約確定後給女方牛馬、武器、金錢、刀劍等「保證金」，這其中也包括戒指。

日耳曼傳統結婚制度帶有濃濃的「買賣婚」色彩，但在冷酷之中也蘊含着極強的契約精神。日耳曼人的婚姻被視為氏族之間的「法律契約」，新娘與新郎預支的「保證金」一樣屬於財產 —— 在迎娶之日，新娘由排成的隊伍送往新郎家，這一過程本身就是「物」的交付。

羅馬人與日耳曼人的婚姻制度中均有戒指出場，但戒指畢竟還不是婚姻的代表器物。直到 9 世紀中期羅馬教皇尼古拉一世終於提出了「戒指是結婚的證明」，這也是關於結婚戒指的最古老的說法。1027 年，M · 繆爾在《羅馬結婚戒指的起源》一書中記載：「在那裏，新郎把金戒指送給新娘，新娘則用鐵戒指交換。」這一記載明確描述了新婚夫婦交換結婚戒指習俗的過程和寓意，也就是說最遲在 11 世紀，戒指已經正式超越其他器物，成為婚姻乃至於愛情的代表。與此同時，12 世紀德意志的民間婚禮上，也有將利劍與戒指橫在胸前盟誓的情形，這或許能夠反推出在 9 世紀之前，戒指與婚姻的聯繫就已經在羅馬、日耳曼和教會傳統中漸漸傳播開了。在 13 世紀的德意志習慣法彙編《薩克森法典》中甚至還有一幅描新郎新娘繪交換結婚戒指情形的插圖，相比於法典中列舉的家居用品和牲畜家禽，戒指的象徵意義明顯不可同日而語。

1470 年紐倫堡曾印製一幅與結婚相關的版畫，畫面四周是男方應當準備的武器、馬具、農具和女方應當準備的家具、炊具、食物等，正中心則是新郎向新娘贈送戒指的畫面。可見在經歷古羅馬文明和中世紀時代的薰陶下，結婚戒指已經成為婚姻最具代表性的指代物，並與夫妻雙方應當提供的其他財物一道，組成了婚約契約最核心的內容。

權力戒指：人與神的契約

戒指天然能容納印章、鑰匙這類對便攜性要求較高的器物，繼而水到渠成地成為個人身份及婚姻關係的象徵；而在等級社會中，戒指的持有者多為社會顯貴，並掌握着相應的政治、宗教職權，於是戒指也相應水漲船高，演變成了權力的象徵。

早在古埃及時代，戒指就成為王室與祭司階層的權力指示物；古希臘時期，選舉城邦繼任者時前執政官同樣要拿出城邦法典和印章戒指，招募繼任者候選人。古羅馬的外交使者們使用金質印章戒指在國書上進行簽押，奧古斯都、提比留、喀勞狄一世、尼祿等羅馬帝國皇帝均在印章戒指上刻上了自己的肖像。時至中世紀，查理大帝曾從丕平三世接過象徵王權的權杖時，同時接到手中的還有戒指；亨利四世在「卡諾莎之辱」中被迫放棄的除了冠冕同樣也有象徵「羅馬人民的國王」的戒指。戒指或許沒有權杖、冠冕那麼耀眼，但在皇帝、國王們手中，同樣成為了王權的象徵物。

與之相對，基督教的符號體系中同樣承認了戒指與世俗權力的關係。如果將《聖經》同樣作為史詩，那《舊約》中的戒指至少能夠在法老和亞哈隨魯王手中代表埃及與波斯的至高王權：

《舊約．創世紀》41：42-44：「法老就摘下手上打印的戒指戴在約瑟的手上，給他穿上細麻衣、把金鏈戴在他的頸項上。又叫約瑟坐他的副車，喝道的在前呼叫説跪下。這樣法老派他治理埃及全地。法老對約瑟説，我是法老，在埃及全地，若沒有你的命令，不許人擅自辦事。」

《舊約．以斯帖記》3：10-12：「於是王從自己手上摘下戒指，給猶大人的仇敵、亞甲族哈米大他的兒子哈曼。王對哈曼説，這銀子仍賜給你，這民也交給你，你可以隨意待他們。正月十三日就召了王的書記來，照着哈曼一切所吩咐的，用各省的文字、各族的方言、奉亞哈隨魯王的名寫旨意，傳與總督和各省的省長、並各族的首領、又用王的戒指蓋印。」

如果説《聖經》中的記載還僅僅是基督教對世俗王權的客觀描述，那從羅馬教皇卡伊烏斯的陵墓中發現的印章戒指無疑證明了基督教本身對戒指指代含義的接納。中世紀時期，教皇、紅衣主教、神父等神職人員在敍任時均需佩戴戒指，這類戒指從印章戒指發展而來，同時也傳承了古羅馬時代印章戒指與婚姻的聯繫：教士佩戴戒指象徵其與教會的神婚，亦象徵其要以父親般的慈愛，照顧着教會的普通信徒。1187 年教皇格列高利八世的信件中稱「誰擁有神父戒指，就具備了神父資格」，可以看出這種戒指在實用功能漸漸退化後甚至成為單純的宗教權力「無記名證書」。

當然，教皇所佩戴的漁夫戒指職權甚重，必須是「記名證書」。所謂漁夫戒指，是指刻有聖彼得在船上撒網捕魚圖案的戒指，圖案象徵着教皇繼承了聖彼得的使命，正如《新約．馬太福音》4：18「耶穌在加利利海邊行走，看見弟兄二人，就是那稱呼彼得的西門和他兄弟安得烈在海裏撒網。他們本是打魚的」或《新約．約翰福音》21：11「西門彼得就去把網拉到岸上，那網滿了大魚，共一百五十三條。魚雖這樣多，網卻沒有破」所述的那樣。教皇去世後，這枚戒指也要在樞機院眾樞機前，由教廷財務局局長樞機敲碎——新的教皇會有屬於他的新戒指。

無論是政教合一的古埃及還是天主教會主導的中世紀歐洲，王權還是教權均不可避免地指向神權，於是戒指自然而然會成為人與神簽訂契約的象徵，進而在神話傳説與大眾文化中被賦予神性、強大的力量。古希臘的柏拉圖在《國家篇》中提到了一枚能夠隱身的魔戒，吉格斯藉此擊敗了呂底亞國王；猶太神話中天使加百列曾賜予以色列國王所羅門一枚具備戰勝一切惡魔之力的戒指；19 世紀瓦格納的歌劇《尼伯龍根的指環》中同樣描繪了一枚具備統治世界之力的金戒指……託爾金在《指環王》中對至尊魔戒的描述，也是站在眾多文學作品肩膀上向前邁進的自然一步，只是將人與神的契約，修改成了人與魔鬼的契約。

相較於至尊權力「三件套」權杖、寶球和冠冕，小小的戒指終究少了視覺衝擊——或許這也是戒指適合被文學作品勾勒，而權杖、寶球和冠冕更容易被油畫作品描繪的原因之一？

《聖母的婚禮》拉斐爾

結語

站在 21 世紀回望，戒指已經在漫長的文化演繹中沾染上了濃濃的浪漫色彩。只是，這些浪漫色彩大多源於後世的期許，而不是戒指的本來面目。關於戒指——尤其是結婚戒指的傳說大多都偏離了歷史，比如結婚戒指需要佩戴在無名指上就與所謂的「愛之靜脈」無關，且不論中世紀的人們是否知道十根手指的靜脈結構都是相似的，至少在 1614 年《羅馬典禮儀式條例》出台之前，歐洲各國對於戒指佩戴的手指都並沒有統一規定和風俗；文藝復興時期，隨意佩戴多顆戒指更成為時尚，德國肖像畫中有佩戴 10 枚甚至 20 枚以上戒指的例子，戒指與無名指的結合，最可能的原因是這個位置最不妨礙日常生活，而與浪漫無關。

戒指的文化淵源在於其隱含的契約精神，但契約精神的真正承載者其實不是戒指，而是印章。印章勾連着持有者的身份、地位、職權、財富，而戒指能夠擁有印章所指代的一切，僅源於其使用上的便攜性，以至於當印章漸漸沒落時，戒指依然能憑藉其象徵意義流行於人類社會。當新郎在教堂中對新娘説出「我給你戴上這枚戒指，表示我對你的忠貞與愛情，以父及子及聖神之名」的誓詞時，浪漫的不是戒指，而是人類用幾千年歲月讓戒指成為婚姻象徵的過程。

審判手冊

官方審判手冊

1242年，佩納福的聖雷蒙為巴塞羅納的宗教裁判所撰寫了一本「案件審判實用手冊」，書名就叫《指南》；兩年後，貝爾納和約翰再次撰寫了一本《宗教裁判程序》。兩位作者可能不會想到，他們寫的這兩本手冊將在之後的幾百年間成為宗教裁判所審判程序的指導性文件，以至於成為之後所有同類手冊的淵源。

無論從史實角度還是大眾文化層面，宗教裁判所都稱得上「聲名狼藉」。且不用提及各類專著及文學作品中關於宗教裁判所審判官們刑訊逼供、濫殺無辜的纍纍惡行，僅審判布魯諾、聖女貞德和聖殿騎士團諸案的慘烈與專斷，也足以將宗教裁判所釘在恥辱架上。那麼作為宗教裁判所的「案件審判實用手冊」，這兩部作品的內容是否也會沾滿邪惡與暴戾呢？

事實並非如此。《指南》與《宗教裁判程序》的審判對象收縮在宗教視野下的「異端」，而且對「異端」的發現、訊問、審判、懲罰等程序進行了嚴格規定；尤其是《宗教裁判程序》，對被告的辯護權及悔改者的和解程序都做了明確規定。如果宗教裁判所只為排除異己，那這兩本手冊的規定在追求「程序正義」層面就顯得過於繁複且沒有必要了。那麼，是後世對宗教裁判所有太多誤讀，還是這些手冊為了維護教會的正義性使用了太多春秋筆法？

評價宗教裁判所，必須回歸歷史。如果拋開中世紀法律體系相對落後、宗教信仰深入人心的時代背景，就無法理解宗教裁判所何以誕生、發展，又何以在 16 世紀前後走向高潮，更不能理解為什麼天主教的教士們會花費如此多的心血用於釐清審判程序。20 世紀後，教皇約翰·保羅二世開始逐漸開放「神聖法庭（天主教全教宗裁判所）」檔案，學者們在查閱研究之後得出了這樣一個結論：在宗教裁判所的審判過程中酷刑並不多見，縱然是以惡毒著稱的西班牙宗教裁判所，受審者中執行死刑的也不過百分之一，《指南》與之後類似手冊所共同建立的「程序正義」並非粉飾。

或許可以這麼説：文學、影視作品中的沾滿血色、禁錮思想的宗教裁判所是真實的，但通過這些「案件審判實用手冊」，後人也會發現一個崇尚正義、救贖世人的宗教裁判所——這個宗教裁判所，同樣也是真實的。

從異端到宗教裁判所

《指南》的誕生源於宗教裁判所，而宗教裁判所的誕生源於「異端」。

「異端（Heresy）」，指宗教內部與「正統（orthodox）」信條相牴觸的觀念和理論。沒有「大一統」的思想就一定會出現「異端」，「異端」與「正統」的概念相輔相成——早在前 325 年，不接受《尼西亞信經》的阿里烏斯教派就被斥為「異端」。2 到 5 世紀的歐洲時局混亂，各種民族、文化和思潮碰撞加劇，在這一時期興起的基督教團在不同的地域背景下自然而然形成了有所區別的信仰指向，「異

《宗教裁判所》弗朗西斯科・戈雅

端」與「正統」的劃分也日漸明顯。早期教會已經出現了對「異端」的批判，神學家奧古斯丁認為背教者應當如《聖經》所述的不忠實的妻子那樣受到懲罰，與這種理念相對應的是，基督教團的主教很早便開始裁判基督徒之間的糾紛並對違法方施以制裁。當然這種制裁更多限制在宗教內部，並非國家與法律意義上的懲治。

雖然在羅馬帝國時期，基督教教規與帝國律法並不統一，但當羅馬帝國皇帝狄奧多西一世於 392 年頒佈法令確立基督教為國教後，「異端」與「違法」就有了邏輯上了共通之處。西羅馬帝國滅亡後整個西歐陷入漫長的動盪期，羅馬教廷作為在亂世中唯一保持了完整行政、經濟系統的「跨國」組織逐漸為新興日耳曼諸國所接受，並在艱難的運作與經營中取得了越來越大的影響力。當西羅馬帝國於五世紀末滅亡時，羅馬教廷還在為教會在未來是否能存續下去而擔憂；而到 800 年時，教皇已經能運用熟練的政治手腕，通過加冕法蘭克國王查理一世為「羅馬人的皇帝」來達成教會與世俗的雙贏。等到 11 世紀，野心勃勃的羅馬教會已經開始試圖建立世界教會，1096 年開始的十字軍東征就是在這一背景下爆發的。

十字軍東征主要的討伐對象是西亞——從歐洲的視角來看是東方——的異教徒。東征在初步取得了頗為輝煌的戰果，但東方的思潮也隨着戰爭與商品流通大量滲入歐洲。「正統」具有唯一性，思想多元化勢必帶來「異端」運動的加劇。最初教會並未對這些「異端」採取過於嚴厲的打壓政策，但而當「異端」的存在已經足以引發傳統信仰體系的「禮崩樂壞」時，教會便不得不開始防禦了。轉折點發生在 12 世紀末，因為 1167 年韋茲雷會議上出現了判定異教徒（不是「異端」）有罪並處以火刑的記錄。不過這個時間點並不重要，因為很快，負責「異端」審判的專業機構將被正式規定。

1184 年，教皇盧修斯三世於維羅納公會議上發佈通諭《反對異端》，命令各教區主教建立異端審判法庭，驅逐「異端」、沒收「異端」的財產並判處他們「永遠受辱」，甚至開創了掘異端者遺骸的先例。《反對異端》是建立宗教裁判所的開端，也被視為世界上第一份「用超越國家之上的觀點」對付「異端」的文件。

《反對異端》無疑是一份言辭犀利的通諭，但其執行效果顯然不能令教廷滿意，以至於教皇英諾森三世在 1215 年召開的第四次拉特蘭會議上，針對「宗教審判庭的失敗」還需要進一步明確對懈怠相關事務的主教課以更重的懲罰——解除教職。第四次拉特蘭會議成果非凡：會議發佈的教規，責成教會及世俗政權始終不渝地迫害異端者；強化了對不改悔的異端分子沒收財產、解除公職和絕罰的規定；改組舊僧團，催生了日後在鎮壓「異端」中異軍突起的多明我會、方濟各會。

1229 年的圖盧茲會議兩次細化了第四次拉特蘭會議的理論。當時的教皇格列高利九世將鎮壓「異端」視為責無旁貸的任務，由此圖盧茲會議將宗教裁判所的職權進行了大幅度增強：比如，設立有常任法官的特別法庭、明確主教的宗教裁判員任命權、平民需宣誓忠於天主教以自證不是「異端」、鼓勵告密並對告密者施以獎賞……兩年後，格列高利九世在此基礎上發佈了「絕罰赦令」：對所有「異端」分子施以絕罰。

依天主教理論，受絕罰者死後靈魂不能進入天堂，在當時的時代背景下這一懲罰幾近於極刑。伴隨絕罰的還有很多「世俗懲罰」，包括終生監禁、沒收財產、掘墓焚屍，相關懲罰甚至會涉及受絕罰者的子女。

在以多明我會、方濟各會為代表的托缽修會羣體的嚴格執行下，這些懲罰得到了極好的貫徹，同時也激怒了被定為「異端」的羣體，以至於導致宗教裁判所著名審判官彼得於 1252 年被暗殺。彼得遇刺事件激怒了當時的教皇英諾森四世，後者發佈《論徹底根除異端》，批准宗教裁判所使用酷刑；1265 年，克萊門特四世下令主教和修士兼任「宗教裁判所審判官委員會成員」，至此，宗教裁判所無論從理論、法律、制度、人員等角度來看，都已然蔚為大觀。此後除了英國和北歐，宗教裁判所在各個天主教國家普遍建立，成為中世紀一道最富標識性的風景線。

教會通過法律形式對鎮壓「異端」進行制度構建，與教會法的發展關係密切。西羅馬帝國滅亡後，羅馬教廷在缺乏世俗政權支撐的情況下必須建立一套強大的內部規則，在此基礎上，《聖經》、神學家著作、教皇的通諭、敕令、重大會議決議以及教會的規則章程在長時間的融合、演進後就形成了中世紀通行於整個天主教會並影響到世俗政權的教會法，而教皇在面對「異端」時也自然會援引、創設新的教會法以滿足現實需要。《反對異端》、《論徹底根除異端》、「絕罰敕令」作為鎮壓「異端」的重要文件，同樣也是教會法的重要組成內容；在神學與法學共同構建的制度體系下，教會使用宗教裁判所的形式開展鎮壓「異端」工作可謂水到渠成。

教會法的救贖與仁慈

宗教裁判所制度的形成過程相對迅速，這源於教會司法系統原本擁有的深厚基礎。天主教會並沒有完善的教會法庭，非常任法官也只能依靠其宗教學識及經驗進行審判，直到 11 世紀末，在教會改革的興起及教皇制的確立下，教會才漸漸出現了司法專業化的趨勢。至盧修斯三世發佈《反對異端》時，已經有不少主教開始任命受過法律訓練的專業人士充當法官代為處理教會法律事務。13 世紀，教會已經建成了體系健全、層級分明的「教皇法院 —— 大主教法院 —— 主教法院」三級司法機構，羅馬教教樞密院、聖堂審查院、聖輪法庭、懺悔法庭等司法機構也在這一時期逐漸成立。

與教會司法機構一併發展起來的還有相應的訴訟程序。教會法訴訟程序結合了羅馬法與日耳曼習慣法，並針對民事訴訟與刑事訴訟做了各有側重的規定。中世紀的教會佔據着最好的教育資源，這一情形在法律層面的體現就是教會法不乏相對先進的理念與制度構想。比如，在誣告盛行的情況下，教會引入了「以誓滌罪」原則，允許被指控者的宣誓幫助人起誓證明其清白；又如教皇亞歷山大二世早在 1063 年就下令禁止採用神判法取證，第四次拉特蘭會議再一次明令廢止了神判法。聖水、熱鐵等神判法無疑能夠充分體現教會意志，但當司法體系日漸完善、法律觀念經院哲學化後，教會也希望運用更為理性、寬容的方法來區分世人的罪孽與罪行。這一思潮在多大程度上被實現或許還有待認證，但它毫無疑問影響了宗教裁判所的制度設計。

宗教裁判所設立的目標不是懲罰，而是救贖；對「異端」的絕不能草率，而需要無比細緻。在幾代教皇的構建下，宗教裁判所的審判官主要從多明我會和方濟各會選出，這些教士大多正直嚴謹、精通神學與法學。1311 年維恩會議要求審判官最低年齡為 40 歲，這些規定都試圖在審判官選任的源頭減少錯判的可能性。

除了學識，審判官的道德同樣被嚴格要求。一位經驗豐富的宗教裁判所審判官貝爾納·居伊曾如此總結：「宗教裁判所審判官，須在工作中投入十二分的勤奮與熱情，既是為了堅定信仰也是為了拯救靈魂，更是為了鏟除『異端』。須以認真嚴謹的態度對待每件事，不畏艱難，每時每刻都須保持冷靜的頭腦，不得因懶惰而降低辦事效率。面對危險應當無畏，面對死亡亦能堅持到底。應做好準備在正義生涯中吃苦，既不招引危險，也不因害怕而逃避責任。對待禱告者和阿諛奉承之人，須冷靜鎮定對待，不能受其絲毫影響或蠱惑。須鐵面無私，不得對任何請求（無論是請求延緩時間還是減輕懲罰）施以同情之心。無論在何地，無論何種狀況，都不能因為一時軟弱或一己私欲而妥協，因為這樣便會徹底摧毀自身工作的能力與價值。

在審案過程中須仔細斟酌，以期作出可能達到的最佳裁判。須以一顆熱忱之心去聆聽、去討論、去調查，事實真相在最後關頭總會浮出水面 。一個公正的審判官須得學會忍耐、控制情緒，對肉體行刑時可以面露同情之色，但內心卻絕不能動搖正義與仁慈，須時時掛在心上，所做出的任何抉擇都須遠離貪婪與殘忍之心。」

審判者的道德水準未必會能給予審判本身以正義性，但卻能從中體會出審判的初始動機。對於貝爾納．居伊們而言，審判官的職責不是為打擊犯罪，而是為了讓「異端」認識到其背叛並回歸到上帝的懷抱中——《指南》與《宗教裁判程序》等手冊，正是在這樣的時代背景與信仰訴求下問世的。

1242 年，巴塞羅那教區接收到建立宗教裁判所的命令，教區主教皮埃爾．巴拉特遂將制度建構的任務交給了曾幫助格裏高利九世起草過通諭的協蒙，而成果就是《指南》。《指南》作為手冊的奠基之做，將重心放在了對「異端」的認定、審判、懲治等方面；兩年後，英諾森四世命令審判官貝爾納和約翰編撰《宗教裁判程序》，其重心已轉移到審判程序上。在此基礎上，1323 年的《異端宗教裁判實用手冊》、1360 年的《宗教裁判指南》等手冊逐漸問世，宗教裁判所的審判程序也愈加完善。

重點在於，通過這一系列手冊建立審判程序不僅稱不上兇殘，反而儘可能地體現出了教會法的仁慈。

有告發與傳訊階段，「異端」信徒若能在為期約 30 天的「恩典時期（time of grace）」自首並真心懺悔，則只予以短暫的監禁等輕微懲罰。被告發的「異端」信徒直到選修審訊期間才予以監禁，而監禁室通常寬敞明亮，而非陰暗潮濕的牢房。否認告發的嫌疑人有權利根據起訴書尋找證據，審判之後也可以針對審判結果層層上訴直至教皇法院——雖然普通民眾的財力無法支撐這種上訴，但依然有人通過上訴被宣判無罪。

相比於同時代的世俗法庭，甚至是其他文明中的司法機構，宗教裁判所的制度設計都遠遠稱不上嚴酷，甚至還出現過世俗監獄的囚犯為了轉至宗教裁判所不惜自稱是異端的案例，歷史的複雜性，在這樣的事件中展露無遺。

糾問式審訊與刑訊逼供

宗教裁判所作出的刑罰大致包括以下幾類：簡單補贖、恥辱性補贖、公開鞭笞、沒收財產、監禁和火刑。

簡單補贖的種類較多，形式也相對靈活，如誦讀禱詞、朝聖、戒律約束、齋戒及罰款。這些補贖輕微但執行嚴厲，因為沒有完成這些義務的補贖人將被認為心懷「異端」，會被立刻送至世俗權力機關。恥辱性補贖相對嚴苛得多：補贖人需要佩帶兩枚黃色十字架，一枚戴在胸前，一枚戴在肩上，且不得身穿黃色衣服。這種刑罰看似輕微，但卻如刺配一般公示着補贖人的罪惡，直到徹底斷絕補贖人的社會關係。相對來說，公開鞭笞雖然需要承受肉體上的痛苦，但在非行刑時間畢竟不會影響補贖者的社交，與恥辱性補贖相比孰輕孰重，唯補贖者冷暖自知。

沒收財產與監禁為世俗法庭中亦常見的財產刑與自由刑，宗教特色相對較弱；值得一提的是火刑。針對「異端」的火刑不僅僅是刑罰這麼簡單，它更接近於公眾儀式：火刑多選擇在城市中心廣場

《火刑柱上》揚・胡斯

《聖道明主持的宗教審判》佩德羅・貝魯格特

舉行，受刑者先被押上街頭遊行，隨行的宗教裁判所成員則舉着白色的十字架，不斷奉勸「異端」們改邪歸正。游行結束後由審判官宣佈判決，再之後開始執行火刑——不過修士們直到最後一刻都會一直期待着「異端」的懺悔，只要受刑者願意悔改，將立刻終止執行火刑。如果受刑者終不願意悔改，在行刑前修士們會先將其縊死，以縮短其苦難。

火刑的引入源於教會的以下信念：「異端」應被真正的火焰吞沒，永遠打入地獄。從某種層面上來看，火刑意味着教會救贖的失敗，所以宗教裁判所對火刑在心理上有着天然的排斥。然而，這不足百分之一的火刑案例因為太具有視覺衝擊感，以至於成為宗教裁判所刑罰的重要代表，這不得不説是一種黑色幽默。

相較於同時期的世俗司法制度，宗教裁判所的刑罰體系並不算嚴酷，那後世將刑訊逼供的標籤扣在宗教裁判所身上只是一種誤讀嗎？也不儘然。

中世紀歐洲大致存在兩種審訊方式，一種是控告式，奉行「誰主張誰舉證」原則，審判官作為居中裁判者，判定證據充分的一方勝訴；另一種是糾問式，審判官通過告發或內心確信對被告人提起公訴。前者帶有濃濃的羅馬法傳統，而後者則由天主教所創設，經第四次拉特蘭會議確認後成為宗教裁判所的「招牌」審訊方式。

在糾問式審訊中，審判官會做好充分的準備，調查被告人並認真研究其被認為是「異端」的原因，從而得出被告是否為「異端」的結論。糾問式審訊的目的在於確認「異端」，但因為審判官同時是原告的偵查人員，在開展審訊之前往往已經對被告進行了有罪推定，故而更傾向於使用一切辦法讓被告人承認罪行，而不是接受被告人的辯駁。經驗豐富的審判官往往極善設計語言陷阱，運用種種誘供和逼供手段讓被告承認自己的罪行。而當這一系列手段不奏效時，審判官的注意力會自然而然轉向酷刑，刑訊逼供便不可避免地發生了。

刑訊逼供不是刑罰而是審訊手段，在糾問式審訊制度得不到有效制衡的情況下，這一手段的誕生與進化幾乎是必然現象，但絕不能因此認為刑訊逼供符合宗教裁判所的本意。縱然 1252 年英諾森四世在盛怒之下授予審判官通過酷刑獲取口供的權利，但歷代教皇均認為酷刑是一種萬不得以的手段，僅可「應用一次且以不損害手足及生命為原則」——畢竟宗教裁判所的出現是為了拯救而不是毀滅。

酷刑的出現源於精神世界重於物質世界的教義——鑒於再嚴重的酷刑也不足以替上帝復仇，審判者採用何種方法拯救「異端」自然也不再重要。然而酷刑一旦出現便難以控制。鞭打、火煎、倒吊、拷問、長期囚禁等刑訊逼供漸漸普遍，「應用一次」也被或有意或無意地解釋為「每次審問施行一次」。一旦膨脹的權力與道德素質不夠高的審判官相結合，酷刑便更容易一發不可收拾，最終導致不少宗教裁判所在實際執行中成為酷刑的代名詞。恰如培根所言：「一次不公正的審判其惡果超過十次犯罪。因為犯罪雖是無視法律——好比污染了水流，而不公正的審判則毀壞法律——好比污染了水源。」

那些散落在歷史中的非常態審判，連同它們所引發的悲劇，往往比宗教裁判所的日常工作更容易影響旁觀者的判斷。不過，真正將宗教裁判所徹底釘在恥辱柱上的，還要數 15 世紀中後期在伊比利亞半島上建立的西班牙宗教裁判所及葡萄牙宗教裁判所——尤其是

《1680 年馬德里市政廣場的信仰審判》弗朗西斯科・里西

前者，幾乎將宗教裁判所可能產生的弊端推向了極致。西班牙宗教裁判所雖以宗教為名，但其建立目標主要是西班牙社會根深蒂固的「反猶太情結」。葡萄牙宗教裁判所的設立略晚於西班牙，但同樣與「反猶太情結」相關。在實際運作中，伊比利亞半島宗教裁判所與針對猶太人、基督新教的驅逐、屠殺等事件緊密結合，沾染上了前所未有的血色。與中世紀其他國家和地區的宗教裁判所相比，西班牙宗教裁判所較少涉及到宗教教義，而更多體現出世俗政權的色彩，教皇在其中也未能扮演重要角色。宗教裁判所存續過程中不避免地出現了許多殘酷現象，但這種「殘酷」，不應當與宗教裁判所設立目的混為一談。

結語

房龍在《寬容》中如此寫道：「整整五個多世紀裏，世界各地成千上萬與世無爭的平民僅僅由於多嘴的鄰居道聽途説，而半夜三更從牀上被拖起來，打入地牢等待審判。他們不知道自己的罪名，也不知道證人是誰，不許聯繫親屬，更不許請律師。如果他們不認罪，那就嚴刑拷打到認罪為止。直到最後被處死，他們也不會知道自己為何遭受如此不幸。更有甚者，已經入土為安幾十年的人也會被挖出來判罪，他們的後裔則要因此被剝奪財產。這些事情現在看來聳人聽聞，但在當時卻稀鬆平常。宗教審判官不僅可以因此中飽私囊，流氓也可以藉此恫嚇良民，白吃白住。甚至有一些人做起了職業的密探，檢舉、揭發，或者捏造他人的罪行。」

天主教的法典中則有這樣一段話：「主教及其他高級教士要記住

他們是牧師而不是劊子手，他們是管理自己的臣民，而不是統治他們，要像愛子女和兄弟那樣愛他們。如果他們犯了過失，要努力用呼籲和警告使他們識別惡，為的是不用正當的懲罰來處罰他們；而如果仍然出現由於人的脆弱而犯的過失，那就應當像使徒教導的那樣使他們改正，並藉助於説服和熱情的請求來恪守仁慈和寬容。因為在許多這樣的場合，善意比之嚴厲、仁慈比之暴力大有好處。而如果罪行嚴重，需受懲罰，那應當嚴厲同溫和並用，公正同憐憫並用，嚴格同仁慈並用，為的是不致造成激烈的對抗，維持對民眾有益而必要的紀律，為的是使受罰者改正。如果他們不願這樣做，那就讓落到他們頭上的懲罰成為其他健全的人的鑒戒，使他們防止罪惡的事業。」

房龍口中的宗教裁判所已經有太多人知道，手冊中的宗教裁判所卻因此被深埋於歷史的塵埃中。宗教裁判所有陰暗的一面，血腥的一面，邪惡的一面，但它還有不乏光明另一面，曾經被無數心存信仰的審判官們，書寫在一本本中世紀的「案件審判實用手冊」。

決鬥攻略

官方協助審判手冊

1939 年，當荒蕪的南極大陸還處於羣雄爭霸、先佔先得的混亂局面時，一艘名為「斯瓦比亞號」的德國探索船在毛德皇后地附近登陸，將新發現的地區命名為「新斯瓦比亞」。「斯瓦比亞（Swabia）」其是個英文化的名稱，德文中的稱呼應當為「施瓦本（Schwaben）」，《格林童話》中有一篇《七個施瓦本人》，指的正是這個地方的居民。

施瓦本是日耳曼人六大傳統部落之一，東法蘭克王國統治中後期，施瓦本公國成為德意志地區最強大的部落公國，在之後的千余年間，施瓦本一直在德意志歷史上扮演着重要角色，如著名的神聖羅馬帝國皇帝腓特烈一世（即「紅鬍子腓特烈」）便同時是施瓦本公國的腓特烈三世。不過，除了這些帝王貴族，施瓦本還孕育了一位傳奇人物漢斯·塔爾霍夫（Hans Talhoffer）。

塔爾霍夫頗為擅長占星學和數學，但他更廣為人知的身份是劍術大師。將塔爾霍夫稱為「劍術大師」事實上有所低估，因為塔爾霍夫不僅精通劍術，同時也擅長刀、盾、斧、矛等武器的運用；塔爾霍夫不僅擅長對各種武器的運用，同時還能夠對其武術招數和比武規則進行闡述和整理——從 15 世紀至 19 世紀，塔爾霍夫的武術手稿廣泛流傳，其讀者和「精神門徒」遍佈歐洲各國。

將塔爾霍夫置於同一時期的中國，或許將成為某一江湖門派的掌門，但絕難與朝廷發生交集。然而，塔爾霍夫卻的確還有着不止一個「公職」身份：他於曾任巴伐利亞霍恩堡的事務官（Kastner），並於 1454 年蘇黎世擔任司法決鬥裁判官，而他撰寫的《決鬥》（*Fechtbuch*）一書，也成為司法決鬥中最重要的教材之一。

司法決鬥是什麼？為什麼作為劍術大師的塔爾霍夫可以藉助其武術造詣對其進行裁判，進而成為某種意義上的法官？《決鬥》又是一本什麼樣的書，為什麼會成為司法決鬥的教材？塔爾霍夫的成就與司法決鬥制度息息相關，而司法決鬥又是西歐法律制度史上極為別致的存在。

對偽證宣戰：從神判法中走出的司法決鬥

人類的歷史有多長，決鬥的歷史或許就有多長。早在荷馬史詩《伊利亞特》中就詳細記載了阿勒珊德羅斯與墨涅拉奧斯為爭奪海倫而決鬥的傳説。中世紀歐洲，決鬥這一根植於人類天性的行為逐漸演變為榮譽決鬥、愛情決鬥、政治決鬥和司法決鬥四類，前三種決鬥尚帶有習慣色彩，而司法決鬥則已經成為嚴格意義上的法律制度。

榮譽是騎士八大美德中的核心概念，中世紀貴族們為了挽回榮譽不惜以性命相搏，可以看做是歐洲版的「生死事小，失節事大」。愛情決鬥多發生於情敵之間，俄國著名詩人普希金就是在與其情敵的決鬥中喪生的。政治決鬥多發生於政敵或是戰爭雙方的領袖之間，直到 2002 年的伊拉克戰爭時期，伊拉克副總統拉馬丹還曾要求與美國副總統切尼決鬥，從中不難看出政治決鬥對人類文明的影響不僅跨越時空，更跨越文明。

然而，這三種決鬥對人類文明的推動意義均無法與司法決鬥相比。中世紀以降，司法決鬥作為法律訴訟的重要環節，幫助歐洲不同國家不同地域不同階層的涉案當事人判斷是非、發現真相，從而在長達千年的歲月中為社會秩序盡到了保駕護航的職能——如果沒有司法決鬥，歐洲法律史，連同世界法律史都會被徹底改寫。

為什麼看似以弱肉強食為核心邏輯的司法決鬥會成為中世紀歐洲各國青睞的審判方式呢？因為在此之前，歐洲司法是由更為「古樸」的神判法所統治的。當人類發現事實真相的能力極為有限時，裁決糾紛大多需要通過經驗；而當經驗不足以區分真偽時，人們就只能將希望寄託於神靈。通過各種宗教化的方式取得神諭以辨別是非，就是神判法。

早期神判法最著名的要數熱鐵神判。其過程大致如下：令受審者手握熱鐵後當眾包紮，於一定時間後解開檢查，通過受審者傷口是否化膿來判定是否有罪。

此外吞食神判相對具有技術含量：雙方證人需要在審判者的注視下吞食一定量的麵包，如果一方因為緊張而無法完成吞食即為有罪。除此之外，冷水神判、抽籤神判、聖經神判等方式的邏輯均是通過一個隨機性較強且難以解釋的方式確定無辜與有罪。神判法顯然無法判定是非，但在人們沒有更好的方法時，卻能及時解決糾紛讓社會回歸穩定，這是其先進之處。

隨着社會的發展，歐洲各國也漸漸發展出通過證人證言判定當事人是否有罪的審判方式。這一方式從理論上優於完全隨機的神判，但證言的真實性卻與證人的品行、當事人的勢力等因素掛鈎，使得審判往往會成了地位較高一方當事人的「演出」；同時也不是

《1760 年的一場小劍決鬥》珀西・麥克奎德

所有案件都能夠找到合適的證人。501 年，勃艮第國王貢德鮑為了解決偽證氾濫和消極立證的弊病，終於出台法令明確訴訟中當事人可以通過決鬥來「取證」——這位尚武的國王認為，「既然上帝指導國家的戰爭，那麼在私人的爭端中也能夠保證説真話的人在決鬥中取勝」。

司法決鬥制度由此誕生，而未來的歷史證明了貢德鮑的先見之明：在之後千餘年的歲月裏，司法決鬥成為歐洲各國重要的法律制度，以至於中世紀法庭常常要證人帶着刀劍出庭，法庭由此成為離普羅大眾最近的戰場。

18 世紀，法國思想家孟德斯鳩在評價司法決鬥時如此説道：「雖然看似愚蠢的事情卻以一種非常巧妙的方法向前發展，有其自己的

鄉下騎士的對抗

邏輯。」以力量衡量是非無疑是「愚蠢」的，但在特殊的時代背景下，司法決鬥卻有着不可比擬的優越性：傳統是神判法過分取決於運氣，同時不同方法之間的選擇又容易滋生司法腐敗，而決鬥則公開透明。人們不會擔心司法人員因偏袒某一當事人而選擇相對容易通過的神判方式，也不需要害怕有罪的一方因為經驗豐富而輕鬆破解吞食神判。更重要的是，教會最初雖然在神學角度反對決鬥，但在中世紀初期還沒有足夠的力量與世俗政權對抗，而且早期的決鬥不乏由神職人員主持，教會可以從中取得收益，因此其反對態度並不堅決。神職人員的參與意味着決鬥的結果與傳統神判法一樣也能體現上帝的旨意，因為上帝不會讓無罪者在決鬥中被擊敗。

《決鬥》問世：司法決鬥的職業化進程

廣義而言，司法決鬥也可以歸於神判法，但卻是最能避免偽證、隨機與腐敗的神判法。更何況，它與中世紀注重榮譽的觀念相得益彰：還有什麼比賭上性命去追求真相更令人熱血沸騰的呢？種種優勢使得司法決鬥一經出現便迅速取得了針對傳統神判法的優勢，如「被打死的人總有錯，被打敗了的人該罰款」這樣立足於司法決鬥的法諺也漸漸出現。

最出名的案例當數 7 世紀因阿達魯夫而引發的司法決鬥。倫巴德貴族阿達魯夫引誘王后古德波佳遭絕後誣告其謀反，致使古德波佳被國王囚禁。古德波佳是法蘭克王國的公主，其囚禁事件自然引發了法蘭克王國的不滿，兩國最終決定通過司法決鬥來證明古德波佳的清白。很明顯，阿達魯夫在與法蘭克王國代表的司法決鬥中落敗，古德波佳也因此恢復名譽，這一司法決鬥雖然是法律事件，卻在無形中化解了一次政治危機。

967 年，奧托大帝下令爭議點在書證真實性的土地訴訟，只能以司法決鬥而非誓言來判定。11 世紀意大利的法律彙編《倫巴第法文集》(〈Liber Papiensis〉) 中列舉了 23 種「可能導致司法決鬥的行為」，其中包括叛逆罪、性犯罪、縱火罪、投毒罪、證言衝突、對書證的異議、財產案件數額較大的盜竊罪。就在《倫巴第法文集》出版的同時，英倫三島因「諾曼征服」而引入了司法決鬥制度 —— 此時距貢德鮑立法已過去約五百年，司法決鬥在已經在整個歐洲生根發芽。

與司法決鬥普遍化同時發生的還有它的制度化，因為各國必須將司法決鬥的程序詳細梳理並加以規定，才能讓這種容易失控的方

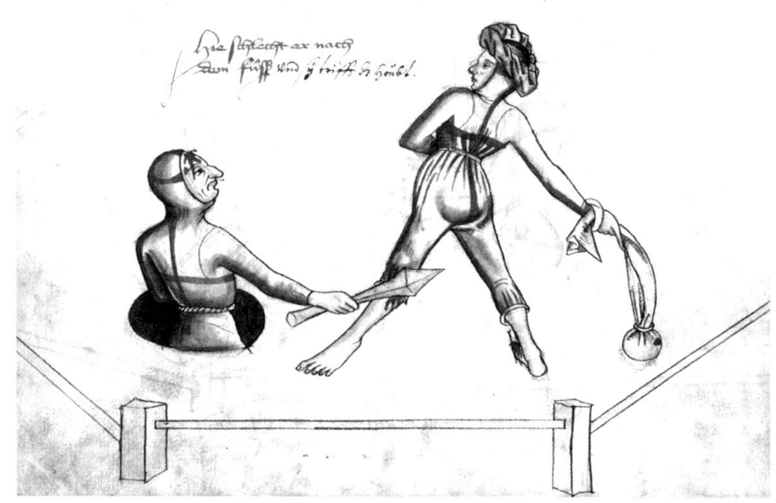

男士和女士決鬥，男士必須站在一個齊腰深的坑裏面

式保持穩定，於是一些通行於各國的規則也逐漸形成。比如，司法決鬥的參與者有了年齡的下限；司法決鬥原則上應當在同一等級的成員內進行；司法決鬥的範圍限制在當事人、輔助誓言人、證人、和法官之間；無能力決鬥的當事人，如老弱病殘者，可以委託職業決鬥士——這裏值得一提的是當事人與法官之間的決鬥和職業決鬥士的誕生。

敗訴方有權要求與法官決鬥這一規定隱含了上訴權，而這同時在客觀上抑制了法官隨意裁量的可能：如果判決不同令當事人心服口服，法官將不得不面對源源不斷的決鬥。與之相對，司法決鬥具有終局性，包括法官本人在內的參與人必須接受司法決鬥的結果，所以作為決鬥者的法官同時用武力方式扮演了自己的上訴法官，由此完成了中世紀「二審終審」的進階。

決鬥士則更富時代特色。職業決鬥士需要通過相應考核，其訴訟地位與律師相似，只是需要通過自身的武力而非法律知識為其代理人實現正義。只有客觀上無力參與決鬥人的當事人有資格委託決鬥士，這就避免了有權勢的當事人可以肆無忌憚地委託最強健的決鬥士。當然，委託決鬥士並不意味着躲開了生命之憂，有些法令規定決鬥士失敗的，委託人將被砍手。

如果說這一系列制度性規定是為了提高司法決鬥的公平與普世性，那大量司法決鬥的程序性規定就在更細微的層面加強了司法決鬥的可操作性。自 13 世紀開始，歐洲各地出現了大量詳盡敍述司法決鬥程序的專著，如《薩克森明鏡》、加泰羅尼亞的《決鬥小論》、伍德斯託克的托馬斯的《競技場決鬥規則和程序》…… 這些著作通過司法決鬥的地點、程序、手續及有關武器裝備的解析，既為當時的法院提供了指引，也為後世研究者留下了時代腳注。

不過，司法決鬥畢竟是生死較量，在榮譽與生命面前，精緻的規則往往會消失於無形。羅伯特·馬特萊特所著的《中世紀神判》引用了這樣一個完全稱不上體面的司法決鬥案例：

> 古伊將對手挑落下馬，每當赫爾曼試圖上馬時，他都如願地用長矛阻止。其後，赫爾曼靠近，將古伊的戰馬開膛破肚，持劍向他刺去…… 赫爾曼精疲力竭，倒在地上，古伊上其身，以金屬護手猛擊這位騎士的臉和雙眼。而赫爾曼俯伏在地，從冰冷的土地上一點一滴地汲取力量…… 並機智地靜躺於地，以使古伊確信自己必勝無疑。與此同時赫爾曼緩緩將手移至古伊

> 無防備的胸鎧下緣，緊抓其睾丸，一瞬間凝聚全身之力，把古伊從自己身上摔將出去；古伊的下半身碎裂了，他此刻躺在地上，認敗服輸，哀號着自己被擊敗了，行將就木。

從這一慘烈的案例中不難體會武藝及決鬥技巧的重要性，更不難想像當塔爾霍夫作為一位劍術大師兼司法決鬥裁判官寫出《決鬥》後，這本小冊子會成為多少人的枕邊攻略書。在司法決鬥成為歐洲各國最常見的審判手段之一時，《決鬥》無異於法庭上的另一本《聖經》，精通規則、擅用技巧的當事人 —— 而不是無辜的當事人 —— 將獲利上帝的嘉許。

決鬥禁令：世俗政權與教會的殊途同歸

塔爾霍夫《決鬥》的流行見證着司法決鬥的普及，也在另一個層面預示着司法決鬥的衰敗。司法決鬥的流行緣於其公正性，然而「攻略」的出現則將審判變成了比賽，職業決鬥人的出現更將比賽裝點成變相的古羅馬式角鬥表演。司法決鬥的技巧性越濃、職業化越強，距離審判的目的就越遠。

《倫巴第法文集》的確體現了司法決鬥的普遍性，但也隱藏着另一個事實：司法決鬥只適用於情節較嚴重或影響較大的案件。然而這更多只是立法者的一廂情願，司法決鬥與榮譽相關，在制度的細化中愈加得到社會各階層的歡迎。隨着司法決鬥規則的健全，司法決鬥的範圍甚至擴大到女性，因為男性在體力上佔優，決鬥裏被要求站立在一個深約半人高的坑中，而女性則可以自由移動。《決鬥》

中詳細介紹了男女之間的決鬥技巧，其插圖中甚至有女性抓住男方私處的招式⋯⋯有如此細緻的攻略書當教材，15 世紀的歐洲真可謂「全民皆可決鬥」了。

雖然中世紀歐洲各國普遍接受甚至提倡司法決鬥，但應當注意到司法決鬥更多是在辨別證據真實性的情況下開始的，這一制度的前提是法官缺乏技術和規則來判斷證人是否作偽證，故而選擇相對公平公開的司法決鬥作為手段。因此，對於司法決鬥的限制也是必要的，如 13 世紀加泰羅尼亞法律認為「如果指控者能證明其控訴是基於已確證的特許狀或可信的證人，則我們應承認此證據，而不得判令決鬥⋯⋯只有當人類的證明無法奏效時，人們才可以訴諸上帝的審判」，又如 1306 年法國腓力四世在法令中規定僅當殺人的指控或其他死刑犯罪祕密實施時，僅當存在不利於被告的推定且「他們不能被證人證明有罪」時方可允許決鬥。

經過一系列法理上的限制，中世紀末期的司法決鬥制度已經蔚為完善。日漸普及司法決鬥的熱衷也帶來了另一個副產品：各階層成員——尤其是貴族在法律之外也開始熱衷於通過決鬥解決爭端，社會上榮譽決鬥、愛情決鬥、政治決鬥開始氾濫起來。

其他形式的決鬥通常與法律權利無關，其減少勞動力進而影響社會經濟發展的弊端也顯而易見，於是關於決鬥的禁令開始出現。16 世紀，查理九世成為法國歷史上第一位下令禁止決鬥的君主，之後亨利四世對決鬥發出了當時最嚴苛的禁令，擅自決鬥者將因大逆不道罪、欺君罪、叛逆罪等處以死刑。然而，這些禁令幾乎形同虛設，1589 年至 1607 年，僅巴黎就有超過四千名紳士在「事關榮譽」的決鬥事件中喪生。在法律面前，貴族們明顯更青睞標榜勇氣的決鬥，莫泊桑在為德沃男爵《手槍射手》一書作序時曾寫道：「當法律無能、司法無能為力時，那麼決鬥就至少變得是可以理解的了。」這句話正是當時決鬥氾濫的表現。

俄國沙皇彼得一世改革後，俄國決鬥風氣日漸高漲，以至於俄國《軍人條例》中不利不明確規定：「軍中一旦發現有人參與決鬥，都將被處以死刑，並且要沒收他們的家產。」葉卡捷琳娜二世統治時期，甚至連決鬥的公證人都被認為犯有故意殺人罪，也要被處以死刑，其嚴懲態度，與日本明治維新後對「切腹」自殺中介錯人的態度相似，但這些法律依然還是沒能阻止普希金命喪於決鬥之中。

需要注意的是，查理九世等世俗君主所反對的更多是司法決鬥之外的決鬥，其中尤以榮耀決鬥為主。而面對司法決鬥，最堅定的反對者一直是教會。教皇指責司法決鬥在本質上違反了基督教非暴力與和平原則，是對上帝的蔑視，眾多神學家也認為司法決鬥憑藉武力決定勝負，對體力弱小者不可能是公平的司法程序。從這個角度來看，《決鬥》作為攻略書甚至是對上帝旨意的褻瀆，因為正義從此將取決於技巧而非真相。

早在 855 年召開的瓦倫西亞宗教會議已經宣佈在決鬥中死亡者被認為是自殺，而殺死他的對手則是謀殺者。不過當時的教會因為相對孱弱還沒有足夠的話語權，那 10 世紀以後天主教終於能夠憑藉其強大的力量樹起反對司法決鬥的大旗。教皇尼古拉一世及其繼位者不斷下令禁止在教會法院和神職人員中使用決鬥；英諾森二世 1140 年、安德烈四世於 1156 年分別下令禁止在主教和修道院院長主持的世俗法院使用決鬥。1215 年第四屆拉特蘭宗教大會明令嚴禁神職人員為世俗法庭主持神判，直至 1492 年，史威林宗教會議不但規定對參與決鬥的牧師的處罰細則，而且還禁止牧師為死於決鬥的基督徒舉行葬禮——雖然最後這一禁令在反映教會對決鬥深惡痛絕的同時，同樣表現出了決鬥禁令並沒有執行得非常徹底。

在一輪輪的禁令中，神職人員逐漸退出司法決鬥，但是因缺乏更為先進的審判手段，司法決鬥依然為世俗政權所青睞，直到陪審團制度、刑訊及宗教裁判所的興起為歐洲各國提供了新的審判方式，司法決鬥才漸漸退出歷史舞台。但是這些新興的制度，真的比司法決鬥更接近正義與真相嗎？

結語

公元 6 世紀初，司法決鬥從傳統神判法中走出時無疑代表着先進的法律思想。日漸細緻的決鬥規則、職業決鬥士的發展以及《決鬥》攻略書的出現，孕育着對抗制訴訟模式的雛形——正如帶有嚴酷色彩的宗教裁判所同樣發展了糾問式審訊技術一樣，司法決鬥這一件「看似愚蠢的事情」在法律史上的貢獻也不可否認，至少它曾讓人類從虛構的「神的理性」邁向真實的「人的感性」，對於死於決鬥的無辜者來説，這個結局至少不會比死於熱鐵、吞食神判更差。

Letter of Marque

私掠許可證

海盜的合法證書

海盜或許是人類歷史上最「矛盾」的職業之一了。一方面，海盜帶有極強的浪漫主義色彩，迪士尼電影《加勒比海盜》中的鬼神世界，史蒂文森小說《金銀島》中寶藏祕聞，甚至是日本漫畫《海賊王》中縱橫天下的「四皇」，都凝聚着後世對這一神祕羣體的詩意想像。

另一方面，海盜又是實至名歸的「全民公敵」。8 世紀末至 10 世紀劫掠了幾乎整個歐洲大陸的維京海盜、13 世紀以降滋擾着東亞漫長海岸線的「倭寇」、乃至於 21 世紀依然活躍在印度洋的索馬里海盜⋯⋯林林總總的海盜雖然穿行於不同的時空，但都用各自的方式在史書中留下了血腥殘忍的一頁。

文學與現實的雙重視角無疑給予了海盜獨特的「血色浪漫」。海盜生活是否真具備各類藝術作品所呈現的「浪漫」色彩很難下定論，但其為人類文明和社會秩序沾染的「血色」卻不言而喻。早在古羅馬時期，西塞羅便下了「海盜是人類公敵」的定論；1664 年，英國法學家奧林．詹金斯再次從國際法角度重申「海盜是全人類的公敵」；而 1864 年美國法院家惠頓在《萬國公法》中更直言「海盜則為萬國之仇敵，有能捕之、誅之者，自萬國所同願，故各國兵船在海上皆可捕拿」，這裏所體現出的道德譴責似乎尤在法律層面之上。

隨着國際公法體系的完善，大量國際條約和國內法都申明了對海盜活動的懲治權，如《關於海盜和海上暴力行為的示範國內法》《聯合國海洋法公約》等法律文件更羅列了海盜行為的種類。從法律層面來看，將海盜行為視為違法犯罪活動似乎理所當然；但從歷史層面來看，這種「理所當然」也是時間構築的幻像——海盜在其數千年歷史中的絕大多數時段裏多被視為「敵人」而非「罪人」，西塞羅口中的「人類公敵」側重於政治而非法律。更有甚者，在相當長的一段時間裏，歐洲甚至還出現了合法的海盜：國家在一定前提下會頒發私掠許可證，「持證上崗」的私掠者們滿足一定條件便可以襲擊、搶劫、消滅敵對國或是中立國的商船。劫掠成果豐富的船主不但不會被繩之以法，反而會被視為英雄甚至授予爵位成為貴族，將這些行徑稱為「奉命搶劫」或「奉旨搶劫」也不為過了。

站在 21 世紀向前回望會感到不可思議。為什麼危害大眾生命財產的海盜會反過來被大眾認可？為什麼會有國家鼓勵自己的臣民成

維京人定居冰島

為私掠者？海盜和私掠者的區別是什麼，他們在歷史上又曾分別扮演着什麼角色？

這些問題並不好回答，而曾經游走在國王與海盜手中的一份份私掠許可證，或許能提供足夠的參考。不僅如此，私掠許可證的誕生與取締，還同時折射出歐洲乃至世界文明的多個側面，從而進一步引發人們對法律邊界的深思。

海盜，一種生活方式的緣起

在人類文明初期，「海盜」一詞與犯罪無關，而只是一種生活方式。

海盜的源頭至少能上溯到古希臘荷馬時代，英語中的「海盜（Pirate）」一詞源於希臘語中的「peirates」，這是當時希臘人對下海求生計的男性的統稱。「peirates」詞根為「peira」，其意為「動機、經歷」，有「在海上撞大運」之的隱含義，從這一角度來看，希臘語中的海盜並無貶義，僅代表一種社會制度與生活方式，正如布魯達克所下的定義一樣——海盜是那些攻擊船隻以及沿海城市的人。

「強行捕獲船隻，再將奪得的戰利品作為生活物資分配」的模式似與盜賊無異，但直到公元前 4 世紀末，亞里士多德仍然將海盜行為與遊牧、農作、漁撈、狩獵並列為人類五種最基本的謀生手段，直到古羅馬時期，海盜才越來越多地作為邪惡和應受懲罰的對象出現於古典文獻中。

古羅馬時期的「海盜」一詞沾染上價值評判的意味，與當時羅馬帝國的政治形勢有緊密關係。羅馬人雖然將地中海打造成了內海，但地中海上橫行的西里西亞海盜等諸多海盜集團卻極為猖獗。這些海盜既強大到能夠幾乎完全阻斷愛琴海和地中海的商貿，又膽大妄為到敢於支持斯巴達克斯起義，當然不可避免地成為羅馬人的眼中釘肉中刺。公元前 67 年，羅馬元老院終於授權龐培作為統帥出兵進行打擊，並將該地區的所有島嶼贈與龐培。在此局面下，作為拒絕臣服於羅馬霸權的海盜由普通人向惡徒轉變，也就不足為奇了。

作為擁有完善法律體系的古文明，羅馬對待西里西亞海盜的態度頗為「曖昧」。依據羅馬法，戰爭必須經過正式宣戰程序才能展開，只有向羅馬宣戰和被羅馬宣戰者才是「敵人」，否則即是「罪人」。羅馬元老院未對西里西亞海盜宣戰既進行軍事活動，故這一仗的性質理當屬於鎮壓式的警察行動而非戰爭。然而，如果不將西里西亞海盜視為「敵人」，那同樣依據羅馬法，被抓獲的西里西亞海盜以及相關財產的法律地位便不應當發生改變，龐培也便不應依戰爭規則直接獲得相應島嶼這些「戰利品」的所有權。

如阿爾弗雷德・魯賓在其《海盜法》一書中所述：「海盜行為的古典意義並不意味着現代國際法規範下的犯罪或違法行為，它可能只是一種政治行為。」這一推論似乎也能折射出羅馬人面對海盜時的矛盾心理。而在聖・奧古斯丁的《上帝之城》中，一件歐洲版「竊鈎者誅，竊國者諸侯」的軼事同樣證明了海盜並非「不體面」的職業：亞歷山大大帝質問一名海盜如何看待自己在海上的劫掠行為，這名海盜帶着挑釁回覆道：「你自己要搶奪地球，但是因為我的戰船太小，所以你叫我海盜；因為你有巨大的戰船，所以為成統帥。」

羅馬帝國雖然一度肅清了地中海，但海盜並未銷聲匿跡。8 世紀至 12 世紀，北歐的維京人開始建立起他們的「海盜帝國」，其劫掠行徑遍及歐洲海岸，以至於這一時期也被後人冠名以「維京時期」。不過當時的歐洲人卻並不將維京人冠以海盜之名，而是直接以「維京（Vikings）」稱之，這一稱謂並無法律內涵，更多是指代一個特殊的種族與團體。

海洋文明的底色使得海洋在歐洲人心中成為天然的獵場，海盜需要遠離安全的聚居區，去人類世界的邊界征服一切已知與未知事物，這與陸地上的盜賊大多將刀口刺向弱者截然不同。在這樣的文化背景下，海盜雖然與盜賊相同以劫掠為生，卻能在大眾視野中享有相對平和的認知，便不足為奇了。

法外之地中的法外之人

作為古代歐洲的正當「從業者」，海盜的「合法性」部分源於其生活環境——蘊含着無限風險的海洋。在遠洋尚被「美人魚」「海蟲」「普里斯特」等「海怪」所統治的時候，海洋如同黑暗森林一般成為歐洲各國的法外之地，穿梭其中、以海為生的人們自然也無法適用任何一位國王或領主的律法。這一觀念一直影響着歐洲海域上的商務活動：直到中世紀後期，國王還會號召沿海各城鎮提供船隻和水手來護送貿易商船。這些船隻和水手所面對的有海盜也有敵國軍艦；而商船主們也儘可能地武裝自己以應對貿易中可能遇到的風險。

這一現實背後折射着海洋之上公權力的缺失。法外之地自然會滋養法外之人，所以海盜與敵國軍艦一樣，需要通過力量去對抗而非通過法律去約束。至 14 世紀，行駛上海上的商船已經面臨着非常嚴重的被劫掠的危險，如英王愛德華三世就曾禁止英國商船單獨出海。在這一時期，商船間在軍艦的護送下結隊而行，船主之間還會宣誓相互救援、共同作戰，並發展出一套相對完善的仲裁體系。而在 1711 年英國發生的一場仲裁案中，檢察官愛德華·諾西的聲明清晰表達了當時人們對相關事件的態度：「實施護航的目的是為了向需要被保護的國王的臣民們提供保護，而不是強迫臣民們必須接受這種保護。」

王國內部嚴格的封建制度，在海洋上被更自由化的契約精神代替了。商船主們完全有權不接受國王的保護，代價則是風險自擔；同時商船主也完全有權武裝自己，將船隻打造成「準軍艦」，甚至藉助強大的火力成為私掠船——在航海技術有限的時代裏，國王的權威無法無止境地拓展到遠洋，這樣的事情順理成章。

不過，國王有時也樂於看到商船主通過自力救濟的方式去劫掠。1295 年，一位英國船主遭到了葡萄牙船隻的掠奪，遂向英國國王申請去襲擊葡萄牙船隻，並得到了一份「報復許可證」。這份報復許可證申明：對於蒙受了他國損害的本國船主所進行的報復行為，即捕獲屬於加害國的財產，是被本國國王許可的。

可以看出，直到中世紀海盜依然是一種相對被認可的生活方式，而且與遠洋商人之間的分界並不明顯。一個商人為了保護自己的出行安全可能會將船隻改建成武裝商船，這些武裝商船可能會響應國王的號召成為海上巡邏隊，也可能會成為私掠船；如果私掠行為與報復相關並得到國王特許，那船主也就成了合法的海盜。

當然在特殊的時代背景下，私劫行為伴有濃濃的民族主義色彩。新航路開闢後西班牙成為世界上最強大的殖民帝國，而試圖反抗西班牙霸權的英國朝野上下自然將掠劫西班牙商船視為愛國行為。由於掠劫活動所獲頗豐，甚至王室和貴族也參與其中，如著名海盜德雷克便多次受到伊麗莎白一世的資助。

理查德·扎克斯的《西方文明的另類歷史》中認為「在新世界的殖民地確立以後頭一百年左右的時間裏，海盜、奴隸主、私營武裝船和海上巡邏隊之間的差別非常微妙，有時候彼此完全混淆不清」，大抵就是這一情況的再現。

1585 年，發生了一件海盜史上的重要事件。這一年 5 月，幾艘英國私掠船在西班牙港口捕獲，船員被投入監獄，貨物也被沒收；兩個月後，英國政府便對那些能證明自己蒙受損失的商人頒發了報復信函。這些報復信函，正是私掠許可證的原型：它允許私人武裝民船去掠奪西班牙船隻上運載的貨物以彌補自己的損失。

私掠許可證的出現不僅意味着之前介乎於法外與違法的私掠行為被合法化，同時也從法律層面宣告了私掠行為與海盜行為的分野。海盜行為在國家的正常管轄範圍之外，無所謂合法或違法；而私掠活動有着國家的授權，是合法行為 —— 雖然這一行為對於受害國來説明顯違法。

大航海時代的私掠戰爭

伊麗莎白一世對英國私掠活動極為熱忱，在其在位期間廣泛頒發私掠許可證。最早的私掠許可證，源於權利義務明確也相對公平的「報復信函」，但隨着私掠活動的普遍化，商人們漸漸不需要證明他們即將開展的報復行為源於因西班牙船隻的襲擊而遭受了損失，以至於這一時期英國的私掠活動幾乎成了「全民運動」。在這場「私掠戰爭」爆發之初，船主們還被要求證明他們所掠奪的戰利品屬於西班牙，顯然這一制度設計也在商人們的狂熱中被漸漸漠視——而作為代價，英國船員就難以取得他國的信任，從而影響了英國與歐洲大陸的正常貿易。

作為英國歷史上最偉大的君主之一，伊麗莎白一世為何對私掠活動如此熱衷，並不惜通過發放私掠許可證為這些私掠船主，或者說是海盜背書呢？

這源於英國當時的困頓局勢。一名樞密院官員曾如此形容伊麗莎白一世即位時的情形：「經濟拮据，王國耗盡財源，貴族貧窮沒落，軍隊缺少優秀官兵，民眾混亂，法紀廢弛，物價昂貴，酒肉和衣服滯銷。我們內部互相傾軋，對外同法國和蘇格蘭同時作戰，法國國王一隻腳站在加來，另一隻腳站在蘇格蘭，橫跨在我們的王國之上。我們在外只有不共戴天的敵人，沒有堅強忠實的盟友。」

這一段評價裏闡釋的敵對勢力，還沒算上因宗教矛盾而翻臉的、當時世界上最為強大的西班牙。孱弱的英國根本沒有實力與歐洲諸國相抗衡，依靠私掠船對西班牙等國的商船進行襲擾成為剛需，於是廣泛發放私掠許可證，將這些事實上的海盜行為上升為國家行為也就成了必然選擇。

從歷史的車輪來看，伊麗莎白一世的選擇對了。通過「私掠戰爭」，英國財富迅速增長，西班牙的「無敵艦隊」的供給也因此受到了影響，從而為其在對英戰爭中的失敗埋下了伏筆。多年之後，「日不落帝國」的名號終於從西班牙讓渡至英國，這其中私掠許可證可謂居功至偉。

私掠船如此有利可圖，自然也引起了其他國家的注意，這其中最明顯的就是英國的老對手法國。1668 年科爾伯被路易十四任命為海軍國務大臣後大力發展海軍，很快又制定了針對敵對國的「海上追逐戰」政策，開始大量向私人發放私掠許可證，授權這些船主在海上攻擊、劫掠敵國船隻。自 1692 年至 1763 年，法國僅登記在冊的私掠船便有 23201 艘，馬漢在《海權對歷史的影響》一書中評價道：「在 1693 年的大部分時間裏，英國與地中海的貿易幾乎全部中斷」，私掠船事實上已經成為法國海軍的重要力量，且戰果輝煌。

將視野轉移至新大陸，美國的私掠船活動同樣活躍。獨立戰爭期間，僅受大陸會議正式委任的私掠船就有 1697 艘，這些私掠船捕獲了英國 2208 艘商船，對英國貿易的破壞非常嚴重。而在南北戰爭時期，南方邦聯政府為了彌補在海軍力量上與北方聯邦的巨大差距，甚至開始向英國定購私掠船並頒發私掠許可證。雖然這些私掠船沒有改變戰局，但定購私掠船的行為本身就意味着私掠活動在當時的正當性與普遍性。

在特殊的時代背景下，私掠船主與海盜雖然存在理論上的區別，但因為各勢力戰事頻繁，多數國家還需要民間力量作為海軍的重要補充，所以私掠船主與海盜廣泛存在，且在事實上有較大重合。那麼，有沒有真正意義上被政府所禁止的海盜呢？

答案是肯定的。18 世紀早期，貿易衰退導致大批水手失業，加勒比海地區海盜盛行。這些海盜來自不同國家，在一定程度上無差別地攻擊各國商船，從而成為各國統治的公害，遇到嚴厲鎮壓。1719 年至 1722 年，加勒比海盜大約在 2000 人上下；至 1726 年，這一數字已下降到不足 200 人。相比於歐洲近海因捆綁了愛國主義而被國家所認可的私掠船主們，加勒比海盜的遭遇或許又是「竊鈎者誅，竊國者侯」的另一例證吧……

結語

在歐洲史上，海盜在大部分時間裏都不是貶義詞，這使得當歐洲各國投入大航海時代的爭霸戰時，可以理所當然地頒發私掠許可證，將商人武裝成合法的海盜。在特殊環境下，私掠許可證甚至可以會突破國內法範疇，如 1793 年 4 月，法國駐美國公使埃德蒙．熱內根據法國政府「利用美國領土作為進攻英國和西班牙的殖民地和商業的基地」的指令，在未徵得美國政府同意的情況下向私人船隻頒發私掠許可證，授權它們劫掠英國的船隻，這一行為導致法美兩國爆發了一場不公開宣戰的「準戰爭」；1879 年爆發的南太平洋戰爭

《特海德戰役》揚．亞伯拉罕斯

中，玻利維亞為彌補其海軍的空白也向所有願意為其而戰的外國船隻頒發私掠許可證 —— 當然這兩次頒發或多或少帶有一絲「一廂情願」的色彩。

對於海軍力量不足的國家來説，私掠活動是鞏固海防、增加稅收、培養軍官的有力方式，英國的崛起史幾乎就是一部「私掠戰爭」史。然而當一個國家海軍力量足夠強大時，私掠船就成了其他弱國反超的契機，而私掠制度本身造成的混亂與對法律的破壞也會漸漸突顯。所以，當英國、法國等強國的海防足夠穩固時，私掠船也自然落得「兔死狗烹」的結局。1856 年，英國、法國、奧地利等歐洲國家簽署《巴黎海戰宣言》正式廢除私掠船制度，只有西班牙、美國等少數國家沒有簽字。20 世紀之後，《制止海盜行為草案》《哈佛海盜行為研究草案》《尼翁協定》等眾多法律文件或出台或生效，私掠制度漸漸消亡，海盜成為單純的「罪人」，而私掠許可證也從此在歷史舞台消失。

回顧私掠許可證的誕生與消亡，再重新回味《上帝之城》中關於亞歷山大大帝的質問，或許有更多反思。私掠許可證披着法律的外衣，其內裏卻是十足的政治。海盜行為無疑是與法律精神背道而馳的，但在人類生存能力不足的情況下，它可以代表勇氣；在政治的裹挾下，它可以憑藉愛國之名通行於世；而當王權或是國家的力量已經將法律推向廣闊的海洋時，海盜最終失去了一切光環成為單純的「罪人」，僅留下文學作品中那林林總總的藝術形象，尚能勾起後人真假莫辨的幻想。

正義女神像
歐洲法律圖騰

相對於中國傳統法律文化中怒目圓睜的神獸獬豸或是「色如削瓜」的祖師皋陶，歐洲法律圖騰正義女神顯然更具美感。雖然西方歷史上以制定律法而聞名的君主，如摩奴、漢謨拉比、梭倫、優士丁尼等幾乎均為男性，但無論是埃及神話、希臘神話或羅馬神話，正義與法律的權柄似乎都牢牢地掌握在女神的手中 —— 這一源遠流長的法律傳統，最終浸透過漫長的中世紀，物化成了遍及歐美各國法院門前形態各異的正義女神雕像。

與正義女神形象一同被普及的，還有正義女神依仗的三件「神器」：雙手分別持有的天平和利劍，以及女神臉上帶着一條蒙眼布。不同的正義女神雕塑往往有着不同的服飾和配飾，但天平、利劍與蒙眼布這三種元素卻少有變動，成為正義女神最固定也最富標識性的配置。

縱然忽略文化差異，這三件「神器」的寓意也不難解讀：天平代表公正，利劍代表制裁，蒙眼布則代表不受外界干擾的理性與無私。然而如此複雜的形象顯然不可能是一朝一夕形成的：流行於歐美各國的正義女神，究竟是如何在歷史的長河中最終選中了這三種武器，並「一統」英美法系與大陸法系呢？

這是一個非常漫長的故事。

從冥界審判到奧林匹斯山

正義女神最直接的源頭是羅馬神話中的朱斯提提亞（Justitia），然而在朱斯提提亞背後還可以追溯到三位更為古老的神祇：埃及神話中的瑪特（Maat），以及希臘神話中的忒彌斯（Themis）和狄刻（Dice）。

瑪特是古埃及真理、正義女神，太陽神拉之女，其象徵是頭上所插的駝鳥羽毛。瑪特在杜阿特（Duat，冥界審判）中扮演着重要角色，在冥府執行審判時，死者的心臟將和她的羽毛一起置放在天秤的兩邊稱重，以確定死者靈魂是否純潔：天平平衡説明死者無罪愆，靈魂可以進入雅盧（Aaru，天國樂園）；如果天平向心臟的一連傾斜，則説明靈魂沾染上了罪惡，應當被阿米特（Ammit，鰐頭獅身河馬腿怪）吞噬。在埃及「地獄旅行指南」《亡靈書》中有這樣一段詩句詳細描繪了冥界審判的過程：

> 你的清晨和黃昏之舟都遇上好風；在你面前，瑪特高舉她決定命運的羽毛……當你被放在天秤中，用真理的羽毛來稱量時，不要使審判對我不利；不要讓法官在我面前呼喊：他曾遍行惡事，言而無信……

以天平為工具考量人類善惡的作法並非埃及神話所獨創，古印度的司法實踐中甚至將這一作法具化到了「天平審判」這一司法程序中：先令被告在特製天平的托盤中稱重，待被告走下托盤後，祭司會在一張紙上記下起訴內容並將紙綁在被告頭上，令被告重新到天平上稱重：如果這次比前次重，則判被告有罪；如果輕於上次，

正義女神壁畫

則判無罪；如果兩次相同，則必須再稱一次。

在希臘神話中，正義女神的面孔比較複雜。

希臘神話中扮演矛盾裁決者的是正義女神忒彌斯。忒彌斯是十二提坦巨神之一、天神宙斯的第二位妻子，她鐵面無私，擁有裁決是奧林匹斯山諸神之間矛盾的權力。不過，忒彌斯最初的形象卻與「三神器」無關：她左手持托盤，裏面盛着顯示神諭的聖水；右手則拿月桂枝，等待着神諭的詢問者。

忒彌斯統治着神界的正義，但「忒彌斯式」正義不包含暴力功能，亦不會主動實施懲戒，真正讓正義的懲戒性得以體現的，是忒彌斯的女兒之一狄刻（Dice），也即是希臘神話中的另一位正義女神。狄刻掌管着打開白晝和黑夜出入的大門的鑰匙，主宰着人間正義。她一手持天平以判定善惡，一手持利劍或束棒以斬除罪惡——

而那一副天平，最後便化成了天秤座。

據《希臘風土記》卷五中記載，在科任斯僭主庫普塞洛斯的匣子上便繪有狄刻抽打和扼殺「不公正」的圖案，由此看來相對於她的母親忒彌斯，狄刻的行事作風的確更剛毅凌厲。當然，「狄刻式」正義相對於「忒彌斯式」正義的延展性，從兩位女神所持有的器物中已經能夠分辨出來。

如果將狄刻視為忒彌斯的「進化」，那兩代正義女神所持的器物似乎也映射着人類法律文化的變遷。「忒彌斯式」正義淵源於神諭，背後體現着不證自明的宇宙秩序，這與人類史初期的判決、習慣相對應。而「狄刻式」正義已經出現了程序與懲罰色彩，狄刻本身也主要出現在人間的集會或法庭上，這又對應着較晚誕生的法律制度。

與眾文明的原始神話一樣，埃及、希臘神話的演進脈絡複雜，瑪特、忒彌斯和狄刻的形象都或多或少沾染上了後世藝術家的想像，所以只宜將這些古老的神話當做後世正義女神意象模糊的淵源。

朱斯提提亞與米迦勒的循環

如果說埃及和希臘神話都不能給予正義女神以確切的起源，那在古羅馬時代，正義女神的輪廓就相對清晰了起來。羅馬神話吸收了大量希臘神話，在這一過程中，忒彌斯與狄克的形象漸漸混同，取而代之的是羅馬正義與司法女神朱斯提提亞（Justitia）。

朱斯提提亞的形象更為具象化，體現之一就是朱斯提提亞像多次出現在羅馬貨幣上。存世最早的數提比瑞烏斯於 22 至 23 年發行的硬幣，其正面為朱斯提提亞側面頭像，周邊刻有「iustitia」的字樣。晚期羅馬硬幣上的女神像則多為坐姿，如哈德良時期（117-138年）的貨幣，端坐的女神左手拿着酒器，右手執權杖。通過對比可知這種貨幣的模板與奧古斯都時期的貨幣上的畫像模板相同，從中或許也能推出女神與君主在信仰上的混同。

在羅馬神話中，朱斯提提亞手握的不一定是酒器與權杖，也有可能是束棒與火把，前者象徵權威與力量，後者象徵正義與真理。那麼，天平這一重要元素為什麼缺席了呢？

因為這件「神器」被羅馬神話中另一位公平女神埃奎塔斯（Aequitas）佔據了。埃奎塔斯同樣也是羅馬貨幣上的「常客」，她右手抱着豐饒角或棕櫚葉，象徵富饒與和平；右手持天平，象徵着公平——當然，這裏的公平指的不是司法公正而是商業中的公平。

西羅馬帝國滅亡後，歐洲步入中世紀，在基督教文化的統治下，羅馬法律文化也走向斷層。不過在中世紀的基督教傳説中，依然有一個與朱斯提提亞頗為相似的形象：米迦勒（Michael）。米迦勒是最早與撒旦戰鬥的天使長，曾手持利劍斬殺古蛇與惡龍，代表了上帝的權威；同時，米迦勒也是末日審判時稱量人類靈魂、決定人類最終命運的天使。

米迦勒在油畫與雕塑中常以手持天平與利劍的形象出現，其中所代表的審判與制裁之意，與正義女神正可謂殊途同歸，1247年教皇克萊門斯二世的石棺上甚至已經出現了手持天平與寶劍的正義女神。

米迦勒在審判時的形象，既不完全等同於瑪特、忒彌斯、狄刻、朱斯提提亞、埃奎塔斯等神祇中的任何一位，又不可避免地沾染上了這些神祇的影子。中世紀末期神權漸漸衰落，15、16世紀連續爆發了文藝復興、宗教改革、羅馬法復興運動，在這一過程中，基督教色彩濃厚的米迦勒在世俗司法中逐步退出，正義女神的歸位也就順理成章了。

經過千餘年發展，人們已經接受了天平與利劍的設定，如《亨利四世》中國王賜予首席大法官的權柄，也是寶劍與天平。所以此時歸位的正義女神雖然打着羅馬法的旗號，但她早已昇華為為一種法律精神、一種回歸情結，其手持的器物自然也要依據時代精神「改良」。

於是在羅馬法復興運動中，一個身份模糊的正義女神帶着新的「神器」出現在歐洲各個城市的法院門前，雖然這一正義女神依然以朱斯提提亞為名，此時的朱斯提提亞與羅馬時代的朱斯提提亞，畢竟不是同一位神祇了。

未被認可的正義女神形象

至此，正義女神所持的「三神器」已有兩件定型，那蒙眼布又是如何出現的呢？這背後有一個令人啼笑皆非的「烏龍」。

1494 年，德國作家塞巴斯蒂安·勃蘭特（Sebastian Brant）曾寫過一部由 112 篇小故事組成的《愚人船》，在第 71 篇《紛爭不已法庭審理》中的配畫裏，正義女神的雙眼被一個小丑用布蒙住，以此來諷刺法官顛倒黑白、胡亂審判。在這幅插圖本刻畫中，蒙眼布代表的是對正義的愚弄與不公。正如文中的註解所說：「蒙住正義的雙眼，對法律進行玷污。」

蒙眼在傳統上總是和愚笨以及不理智相聯繫，羅馬神話中的愛神丘比特經常蒙眼無目的地亂射，背後也隱含着諷刺與無奈的成分。《愚人船》中正義女神被蒙眼的形象是針對 15 世紀大量城市司法權被貴族所壟斷的現象的嘲諷，蒙眼布本身的指代也完全是負面性的。

然而到了 1593 年，蒙眼布的含義卻來了個 180 度的大轉彎。意大利圖像學家利帕在其《圖像學》一書中對正義女神的形象進行了經典論述 —— 或者說是重構：

> 其形象為一蒙眼女性，白袍，金冠。左手提一天平，置膝上，右手舉一利劍，倚束棒。束棒纏一條蛇，腳下坐一隻狗，案頭放權杖一支、書籍若干及骷髏一個。白袍，象徵道德無瑕，剛直不阿；蒙眼，因為司法純靠理智，不靠誤人的感官印象；王冠，因為正義尊貴無比，榮耀第一；天平……比喻裁量公平，在正義面前人人皆得所值，不多不少；利劍，表示制裁嚴厲，絕不姑息，一如插着斧子的束棒，那古羅馬一切刑罰的化身。蛇與狗，分別代表仇恨與友情，兩者都不許影響裁判。權杖申威，書籍載法，骷髏指人的生命脆弱，跟正義恰好相反：正義屬於永恆……

利帕這一段文字可謂針對正義女神形象最全面也最經典的論述，不過它在多大程度上被各界創作者所認可就很難評判了。在以正義女神為描繪對象的藝術作品中，藝術家似乎更願意仔細刻畫正義女神的眼睛以表達其旨趣，如拉斐爾的《正義女神》中，女神高舉寶劍俯瞰塵世，目光炯炯；潘茨《正義女神》中，女神用雙眼非常仔細地盯着天平的平衡程度；德拉克洛瓦的《正義》中，女神的惺忪眼神則從反面傳遞出強烈的反諷效果。這些作品從 16 世紀至 19 世紀不等，通過眼神來刻畫正義女神的精神氣質縱然不是通例，也絕非個案。

甚至利帕為正義女神勾勒的其他裝束，也未必被廣泛接受。比如在很多以正義女神為題的畫作中，女神的衣着並非白袍，而出現了紅、藍、紫、綠、黑等多種配色，潘茨筆下甚至出現了裸體的正義女神。由此看來，《圖像學》中對正義女神的表述與其說是邏輯性的歸納，倒不如說是經驗性的列舉，其意只在表達正義女神在藝術中可能存在的各種表現手法，至於具體如何去展現，最終取決於創作者自身的選擇 —— 就比如束棒，當這一器物在 20 世紀被墨索里尼視為權力圖騰之後，再將其列為正義女神的武器，顯然容易引發誤解。

結語

如果簡單將正義女神進行圖像學意義上的解讀，完全可以將天平、利劍與蒙眼布與其匹配。但若將視線一步步深入，卻會發現後世法學家對這三件「神器」的解讀或多或少有些想當然。與其說是「因為天平、利劍和蒙眼布具備某種文化隱喻，所以成為正義女神的武器」，倒不如說是「因為正義女神有了這三種武器，所以人們開始尋找它們所可能具備的文化隱喻」。

這其中最具代表性的就是蒙眼布。在後世法學家中，蒙眼布淵源於基督教傳統的對人類的罪惡性和墮落性的「幽暗意識」以及權力所帶有的無法消解的惡性，即使是執掌司法權柄的正義女神，也免不了受利益誘惑和個人情感的影響，所以需要通過蒙眼的方式以達到公平正義，正如柯維爾所言：「蒙眼不是失明，是自我約束，是刻意選擇的一種姿態。」但如果認識到蒙眼布最初亮相是源於諷刺而非歌頌，將蒙眼視為自我約束的診斷恐怕就有些草率。而且，將蒙眼布引入正義女神的形象的確容易讓人困惑：正義女神已經手握天平與利劍的，一旦蒙蔽雙眼，又如何能看清手中的天平，如何保證其利劍不會誤傷無辜之人呢？於是在 19 世紀後期，拋棄蒙眼布的正義女神像越來越多 —— 以羅馬法為基準，這一潮流未嘗不是一種「復古主義」。

但這並不代表柯維爾的言論就是錯的，因為器物本身會隨着時代的變化而改變其內涵。蒙眼布以諷刺的身份出現，卻在 16 世紀末被人所認同 —— 可以發現這一時期正是市民社會及資本主義法律正義理念逐漸成型的時期，人們完全有理由賦予蒙眼布以新時代的精神，並用這一精神來改造正義女神的形象，正如羅馬法復興運動中歐洲人重新用天平和利劍武裝這樣曾手持酒具與權杖的古老神靈一樣。

所以，駝鳥羽毛也罷，托盤也罷，束棒也罷，《圖像學》中的白袍金冠書籍也罷，正義女神的形象永遠只代表「當下」的正義，故而她手中的器物不可能也不應當亘古不變，直到永遠。再向前延伸，將羅馬法復興運動之後正義女神視為古代任何一位正義女神都不恰當，因為「正義」一詞早已在歷史的流變中有了完全不同的內涵。相較於林林總總的「神器」，反而是正義女神像後常常鐫刻的一句法諺更有意義：「為實現正義，哪怕天崩地裂。」

正義女神銅像

熱水與烙鐵

神判道具

1966 年，美國首席大法官厄爾・沃倫在撰寫「米蘭達訴亞利桑那州案」的判決書時，寫出了一句日後被稱為「米蘭達警告」的經典法諺：「你有權保持沉默。否則你所說的一切都可以在法庭上作為指控你的不利證據。審問之前，你有權與律師談話、得到律師的幫助和建議。受審時，你也有權讓律師在場。如果你想聘請律師但負擔不起，法庭可遵照你的意願，為你指定一位律師。」

而在中世紀歐洲某一次神判現場，充當法官的教士面對雙方當事人，則悠悠唸誦出了這樣一段禱詞：「噢，上帝，公正的法官，你是和平的締造者，你作出公平的審判，我們謙卑地祈求你賜福，讓這塊熾熱的烙鐵彰顯神靈，憑它對未決的爭執進行公正的檢驗。倘若此人欲洗刷嫌疑，證明自己的清白，就親手拿起這塊熾熱的烙鐵，他會安然無恙；倘若他有罪，便讓你最公正的大能在其身上昭顯真相。邪惡壓不倒正義，謬誤永遠戰勝不了真理。阿門。」

這兩段言辭的高下不難分辨。「米蘭達警告」的出現是為了避免刑訊逼供以確保證詞的真實可信，因為犯罪嫌疑人在面對自己強大千萬倍的公權力時，很容易被迫去承認那些並非自己犯下的罪行；而中世紀的教士們居然「膽敢」用一塊烙鐵去判斷當事人是否有罪，在幾百年後的人們眼中這一行為實在難以理解。是什麼樣的時代背景，能讓當事人能夠接受用一塊烙鐵決定自身的善惡是非呢？

存在未必合理，但一定有緣由。在國家機器尚不能高效運轉的時代，司法機關想到尋找、分辨證據顯然異常困難，而當法官窮盡一切經驗與學識都無法尋找到真相，又不能拒絕審判的情況下，向神靈祈求幫助就成了各方「都不滿意但都能接受」的最終裁決方式。

神判漫長的歷史本身就證明了它的有效。在 20 世紀，「米蘭達警告」的出現無疑代表了人類文明的進步；若這一規則出現的時間提前一千年，人類文明很可能早已在此起彼伏的犯罪浪潮中消滅殆盡。洞悉真相從來不是一件易事，如果將歷史上依自證己罪的證言定案的案件全部駁回，古代司法史 —— 無論是東方還是西方 —— 中恐怕就剩不下幾個有效判決了。

羅馬法時代：名譽背後的三種訴訟方式

早在古羅馬時期，羅馬人就已經發展出了非常發達的訴訟體系。

古羅馬最初的訴訟被稱為「法律訴訟」。法律規定了五種執法官應當受理的案件類型：誓金之訴、請求給付之訴、請求指定仲裁性承審員之訴、拘禁之訴和扣押之訴，在這五種案件類型範圍內的，公民但凡起訴，執法官必須受理；反之，則執法官無權受理。

「法律訴訟」雖源於法定，但執法官的主要任務在於促成雙方達成和解協議，一旦和解不成，訴訟將由「法律審」環節過渡至「事實審」環節。在「事實審」環節，由雙方當事人請至法庭的陪審員將聽取雙方的「證訟」以作出判斷，並決定勝訴方與敗訴方；判決出具後，執行過程也由勝訴方自己處理，執法官全程不參與。

可以看出「法律訴訟」的私力救濟色彩極濃，而辨別證據的任務則完全交給了陪審員，公權力在這一環節完全缺席。這是一個純粹的「誰主張誰舉證」的時代，勝訴的概率完全取決於當事人證明自己訴求能力的大小。

「法律訴訟」管轄範圍極少，在社會生活日漸複雜的環境下自然難以為繼，於是羅馬共和國中期就出現了「程式訴訟」：當事人雙方的訴求經執法官審查認可即能夠成程式書狀啟動訴訟程序。這一極大拓展了法律適用範圍的訴訟模式很快得到了各階層的歡迎，頒佈於公元前 2 世紀的《阿布茲法》規定了「程式訴訟」針對「法律訴訟」的優先權，公元前 17 年，隨着《私人審判尤利法》和《公共審判尤利法》的頒佈，「法律訴訟」除了極個別情況下適用外，已幾乎被廢止。

「程式訴訟」同樣分為「法律審」和「事實審」兩個環節。「程式訴訟」時期，執法官公權力的界限有所擴張，但依然未觸及「證訟」的核心——「事實審」中的陪審員仍是由當事人雙方選定的私人陪審員。

隨着帝國時期的到來，國家公權力進一步擴張，羅馬帝國再一次發展出了「非常訴訟」，在這一制度下執法法成為推動訴訟的主角，全程參與「法律審」與「事實審」，並在作出判決後直接交付執行。在「非常訴訟」時期，執法官的自由裁量權已經得到突顯，但當事人「證訟」的過程比之於「法律訴訟」和「程式訴訟」時期卻並沒有得到根本性改變，只不過將作出判斷的主體從陪審員變成了執法官。

那麼問題來了：當事人要如何證明自己的訴求合理合法、合乎真相呢？整個古羅馬時期，最主流也是效力最高的證據，是證人與辯護人——證人用於證明特定事實，而辯護人用於證明當事人的人品。

因為證人常常是爭議案件的目擊者，所以羅馬法明文規定證人有出庭作證的義務。《十二銅表法》第二表第三條規定：「證人無法到場的，召喚者應每三日在證人的門前高聲呼喚。」如果證人拒絕作證，依第八表第二十二條規定將被認定為「『不名譽者』，從此喪失作證的資格，亦不得請他人為之作證」；如果證人作偽證，依第八表第二十三條規定，將「投於塔爾佩歐巖下摔死」。

通過「徵信機制」與嚴厲的偽證懲罰機制，羅馬法得以提高證人的出庭率及證言的真實性。但畢竟不是每一個案件都存在目擊者，面對沒有證人的案件，辯護人就成為有效的替代方式。根據辯護人的評價，當事人會被定義為法律意義上的「好人」與「壞人」，據奧盧斯・革利烏斯的《阿提卡之夜》中記載：「在沒有證據的情況下，應當首先評價當事人的品行，辨別當事人究竟是好人還是壞人，其次判決品行好的人勝訴。」可以看出，在羅馬法中名譽本身就是一種證據，在特殊情況下能夠決定案件的結果，這一「兜底條款」的存在間接決定了神判在羅馬法體系中的缺席。

相較於同時代的其他文明，羅馬法在法律程序的構建上幾乎可以被稱為盡善盡美，但囿於科技水平和審訊技術，即便是古羅馬最優秀的法學家和執法官，也無法找到更健全的取證方式，人證——包括證人和辯護人——自始至終都是最重要的證據來源。可想而知在這一環境下，一個「好人」想到侵犯「壞人」的利益是多麼容易，而無辜的「壞人」面對如此審判，內心又將何等無助。

神判時代：日耳曼習慣法與教會法的碰撞

羅馬法對證人的過分依賴有着先天不足，但在當時足以成為人類社會最先進的法律缺席。西羅馬帝國滅亡後，文明程度較低的日耳曼諸部落佔據了統治地位，西歐文明僅剩一點星星之火，那便是曾在羅馬崩塌的城垣中如風中殘燭一般搖曳的基督教會。

早在 325 年，第一次尼西亞公會議就確定了《尼西亞信經》這部教會法規。333 年，羅馬帝國賦予基督教會主教裁判權，並規定民事案件的原告有權選擇向主教或世俗法院起訴；刑事案件則一律先由教會審判，若教會認定為有罪，再在剝奪犯罪嫌疑人教籍後移送世俗法院，教會法的肇始由此拉開序幕。

在古羅馬文化的浸淫下，教會法吸收了大量羅馬法傳統，不過終羅馬帝國一世，主教裁判權多以調整宗教事務為主，極少擴張至世俗案件，故而羅馬帝國後期基本形成了二元管轄的格局。然而，西羅馬帝國的驟然滅亡打破了宗教與世俗的平衡：後繼的日耳曼諸國雖然有着強大的軍事力量，但在法制建設上卻相當蒼白。

日耳曼諸王國基本不存在法院和專門審理訴訟的法官，尤如古代中國「諸法合體、民刑不分」的衙門一樣，日耳曼的公共集會兼具着行政、軍政、和司法等事務，官吏同時兼任法官。查理大帝改制後，法蘭克王國出現了承審員一職，但其程序完善程度遠無法與古羅馬時期相比。

在這樣的大背景下，日耳曼諸王國的證據規則也相對雜亂與原始。其中西哥特王國受古羅馬文化影響較深，尚規定了證人、口供、書證等內容，不過這種規定也帶有濃濃的「蠻族」特色：在部分刑事案件中，可以通過拷問被告取得口供，但如果被告在遭拷問後仍不認罪的，判決將對被告有利，反之原告將遭到嚴厲的懲罰。法律程序，由此變成了一場赤裸裸的戰爭。

而其他「日耳曼色彩」較濃的王國和部落則多以發誓為主要證據，並且發展出了「輔助誓言人」制度，這一點與羅馬法中的辯護人相似。不過不一樣的來了：並誓言無法還原案件真相時，日耳曼人沒有將最後的裁決交給當事人的名譽，而是放諸於決鬥和神靈。前者於 501 年被勃艮第國王貢德鮑通過立法確認；後者則演化出了統治中世紀歐洲數百年的神判。

所謂神判，大致是指通過各種宗教化的方式取得神諭以辨別是非、尋找真相並以此對當事人定罪的審判方式。神判源於萬物有靈、神知曉一切這一樸素的泛靈論觀念，日耳曼傳統神判大致包括熱水神判、烙鐵神判、冷水神判、抽籤神判、吞食神判。

熱水神判使用最為廣泛：法官在鍋裏懸掛一塊石頭或烙鐵，受審者將其取出，然後對其手進行包紮並蓋上官員印章以示不得私自拆封。規定時間後，官員在公眾面前將傷口拆封，依傷口是否痊癒或受傷輕重判定受審者無辜或有罪。

烙鐵神判與之相似：受審者手持燒紅的烙鐵或赤腳在熾熱的犁刀上走一段路，根據其是否受傷確定罪行。

冷水神判是將受審者捆綁後置於河中，依其浮沉確定是否有罪。

抽籤神判的操作更為簡單：抽到有罪簽的人自然有罪。

以上神判法立足於以下邏輯：首先，神知曉一切；其次，神會通過某些方式向人們透露真相；最後，上述神判法都能體現出神的旨意，因為神不會讓無罪的人受灼傷，而純潔的水也拒絕接受有罪的人，故而未受傷或是沉入水中的受審人當然無辜。

相比之下，**吞食神判**在某種程度上符合心理學：受審需要者在規定時間內吃下麵包，如果受審者表情自如就是清白的；如果因緊張無法正常分泌唾液而導致麵包難以下嚥，自然是因為說謊。當然，這種「符合」也只是相對，因為一個富有經驗的罪犯完全比一個心理素質較弱的無辜者更容易通過吞食神判。

除了以上相對普及的方式，也不乏如**屍體出血神判**這樣立足於民間傳說的「怪力亂神」：在發現屍體的當日取下屍體的一個拇指並置於室內，如果在若干天之後拇指會出血，則說明被害人是他殺，可以對犯罪嫌疑人進行刑訊。「屍體出血」的傳說直至 1669 年才從學理上被 T · 基希邁爾所著的《屍體出血是他殺的偽證》一書證偽，而被學者著書駁斥一事本身也說明了這一傳說的根深蒂固。

必須強調的是，對於尚未接受基督教的日耳曼人，諸般神判中的「神」都是其原始神靈而非上帝。日耳曼人與教會的碰撞，不僅是兩個族羣之間的碰撞，更是兩種差距明顯的文化之間的碰撞。在深受先進羅馬法影響的教會在面對原始的神判法時，其牴觸心理是可想而知的。教會始終反對神判，但在中世紀初期，缺乏世俗政權保護的教會並沒有力量改變日耳曼傳統習慣法，而就算在丕平三世、查理大帝等人已經皈依基督教之後，法蘭克王國也沒有演化出足以支撐羅馬法運行的社會機制。羅馬教會很快選擇了另一條路：在無法取締神判的前提下，將日耳曼的「神」變成基督教的上帝。

在中世紀早期，羅馬教會的這類妥協並不少見，除了神判，一些無法根除的習慣、節慶、聖地等也曾被教會吸納，並在日後成為教會的文化組成部分 —— 萬聖節就是最典型的例子。這一政策也

《伽利略在宗教裁判所》

火刑

《最後的審判》壁畫　米開朗基羅

的確有效：當日耳曼人的信念轉移至上帝后，教士成為法官，教堂成為法院，神判的流程也充滿基督教色彩，神判中所用的熱水、石塊、烙鐵等物品也均需要由神職人員禱告後才擁有昭示上帝旨意的功效，於是也就有了教士所唸誦漫長禱詞。

教會反對神判，但神判卻的確推動了基督教的傳播。在北歐和中歐和部分地區，神判甚至是隨着基督教一併被引入的。神判的「基督教化」還締造了十字架神判這一新的神判法：雙方當事人在祈禱均雙手以十字形狀保持不動，誰的手先垂下就會被斷定有罪。不過歷史的車輪最終在世俗政權與教會的「合作共榮」下，駛向了另一個方向。

神判的消亡：經院哲學的奮力一擊

神判的流程決定了其審判結果往往取決於受審者的身體素質以及內心素質 —— 有時甚至是運氣而非案件真相，故而即便是日耳曼諸王國的法律也大多對其適用範圍有所限制，如神判通常適用於奴隸、累犯等沒有發誓資格或找不到足夠輔助誓言人的受審者，沒有經過主人同意擅自對奴隸進行神判的通常需支付一定賠償金等。不過，日耳曼習慣法中的「自我限制」以及神判法會基督教傳播度、權威化的「功勞」還是未能取得教會的真正認可，教會內部對神判的抨擊一個世紀比一個世紀更甚。

神判的不確定性，使其結果並不能總是符合教會權威，尤其是在教士本身就是當事人時。《法蘭克人史》的作者圖爾的格雷戈里就曾講述過這樣一個故事：一位天主教徒和一位阿里烏教派教徒曾以熱水神判解決爭議，結果視為被告的天主教徒因使用藥物治療燙傷而被阿里烏教派教徒認定為使用巫術，從引發了該審判是否有效的爭議。

9 世紀後，教會對神判的批判日益體系化，神學家們找到了充足的反對理由：神判缺乏《聖經》或是聖徒事跡的支持；神判是凡人對上帝的試探，而上帝是不可以被試探的；神判中可能存在巫術成分，而巫術會褻瀆上帝。此外，如果神判有效，那上帝將保護無辜的人，正在洪水中毀滅惡人卻拯救了義人挪亞那樣 —— 而在冷水神判中反而是無辜的人因沉入水中而遭受生命危險，這是與挪亞方舟的隱喻無疑是相違背的。

總體而言，教會對神判的理論質疑可以總結為缺乏依據、上帝不可試探、巫術嫌疑和邏輯矛盾。當然在社會習慣的影響下，教會中也有支持神判的呼聲，因為《舊約・民數記》中也的確記載了一種可稱為「苦水神判」的神判法，不過在教會最終認為這只是一個特例，正如同在特殊情況下離婚也會被允許一樣。

經院哲學的完善，將教會對神判的批評推向了極致。12 世紀的神學家對自然現象和超自然現象作了嚴格區分，超自然現象包括「奇跡（miraculous）」和「聖事（sacramental）」。神判顯然不是自然現象，如果將其納入「聖事」，則缺乏《聖經》依據；如果將其納入「奇跡」，那每一次神判都必須出現這種奇跡，這相當於凡人通過固定程序脅迫上帝，是瀆神之舉。

與此同時，神判不可避免的冤假錯案也給予了教會極大支持。在英格蘭，兩位基督徒前往聖地朝聖，其中一個先返鄉，另一個朝聖者的家屬便認為自己的親人已遭了這個基督徒的毒手。雙方採取了冷水神判，先返鄉的基督徒被有罪，然而就在他遭絞刑後的幾天，那個「慘遭毒手」的基督徒卻返鄉了。這樣的案例不多，但哪怕只有一個，也如黑天鵝一般足以成為教會反對神判的致使武器。

教會對神判的批判更多出於宗教信仰，但同時也有現實因素。在可能引發血案的訴訟中，教士不願意通過神判來決定受審者的生死，但在只有教士擁有神判權的時代，世俗政權往往會通過罰款甚至武力逼迫教士充當法官，這對教會無疑是一種威脅。此外，12 世紀後基督教的宗教禮儀逐步完善，教會認為懺悔可以滌除罪惡，那已經懺悔的人是否有義務接受神判？如果神判的結果有罪，那將反向證明懺悔的無用；如果懺悔有用，那神判的結果就只能是無罪。

中世紀初期，教會需要世俗政權的保護，所以「基督教化」的神判法得以發展；一旦教會在與世俗政權的鬥爭中佔有優勢地位，反對神判的時機也就成熟了。1215 年，第四次拉特朗大公會議上終於明確禁止神職人員參與任何形式的神判，而在神判必須有教士參與的前提下，神職人員的缺席無疑從理論上宣告了神判的死亡。

對在歐洲土地上流傳了近千年的神判法的絞殺，終於開始了。當然，這勢必是一場漫長的戰爭，因為正如羅馬人曾經用名譽作為訴訟的「兜底條款」一樣，日耳曼人的神判也是在缺乏普通證據的前提下，不得以而為之的辦法 —— 雖然在實踐中神判法有所擴張。神判出現的根本原因在於人們缺乏辨明是非、尋求真相的更好辦法，在古羅馬「法律訴訟」時期，執法官有權因案由不在管轄範圍而拒絕審判，但這顯然沒有真正解決爭議。

所以第四次拉特朗大公會議之後歐洲各國神判的退出也步調不一，其中尤以德意志最為緩慢，直到 14 世紀末期萊茵蘭還存在神判的記載。真正讓神判銷聲匿跡的，是新的審判方式的出現。大致在同時，歐洲除了長期存在的發誓和決鬥制度外，還漸漸發展完善了陪審制和刑訊審判，而這兩項制度尤如歐洲法制史的「劍宗」與「氣宗」，分別成為日後海洋法系與大陸法系的核心特色。

結語

21 世紀的人無法接受神判，並不代表神判在中世紀也不合理。孟德斯鳩對此的評價可謂公允：「法律和风俗在那个以決鬥、灼熱的铁块和沸水作為取證手段的年代起到了相輔相成的作用。法律或許不夠公正，但它結出的果实大多是公正的，結果比原因更好，公正受損的情况比權利重，法律並不殘酷，儘管它有悖於感情。」

相對古老的羅馬法，中世紀的神判有倒退但並不黑暗。神判有堅持，有操守，有妥協，司法制度在神判被陪審制和刑訊審判取代的那一刻，歷史發展的方向也未必是絕對的進化。烙鐵的升溫與冷卻都是歐洲司法領域理性化進程的一部分，神判的出現和廢除也必須被放在司法程序理性化進程的大背景中加以考察才有意義——至少對於眾多被宏觀歷史遺忘的時代片斷來說，取而代之的制度不一定更好，尤其是個案中因為新制度而蒙受不公的普通當事人。

跑步機
古代刑具

一百年後，當都市男女在健身房或家中的跑步機上揮汗如雨時，恐怕很難想到這樣一件燃脂利器，最早是作為刑具出現在英格蘭監獄中的。

從大眾文化的視角來看，「養生」與「健身」似乎也是中西方文明之間林林總總的不同點之一。中國人重養浩然之氣，廟堂的朝臣，世外的仙道，總是一身大襟長袍將身形包裹得分毫不露；而歐洲人重「健身」，城堡的騎士，林間的俠盜，去了盔甲頭巾總能抖出一身結實的肌肉。以此為基礎，跑步機誕生於西方「健身文化」的薰陶下似乎也理所當然：希臘時代流傳下來的眾多雕塑不就是如此線條清晰、輪廓分明麼？

這一文化認知背後，隱藏着兩個誤讀。

誤讀之一，是希臘文明雖然注重體能訓練，但是這一健身風氣並沒有在漫長的歐洲歷史中扎根。羅馬時代，羅馬人認為古希臘健身運動是對「橄欖油的浪費」，「結果是使社會中的青年人喪失了戰鬥能力，成為了靈巧的運動員、聰明的摔跤手，而不是勇猛的騎士和步兵」；中世紀，羅馬教皇及眾多主教頻頻提出人的身體是「邪惡的、是腐朽的、是不可救藥的」，最終導致在歷史的大部分時期中，歐洲的普通大眾幾乎完全喪失了鍛煉身體的習慣。

誤讀之二，是縱然在崇尚健身的古希臘時代，人們所熱衷的也不是跑步，而是舞蹈和摔跤：前者旨在保持身體的體態和自由度，後者旨在提高身體的靈敏度以及四肢和軀幹的健壯程度。跑步機，這個日後在健身房中扮演重要角色的健身器材，完全是在 20 世紀之後才從法律行當「轉行」至運動界的。因此，藉助跑步機進行跑步訓練，既有些「誤打誤撞」，也有些「殊途同歸」。

英格蘭監獄裏的刑事踏車

跑步機的英文單詞為「treadmill」，除「跑步機」外還有「踏車」之意；除「踏車」外還有「枯燥的工作」之意。從詞義發展的過程來看，「跑步機」只是偶然結的果，「踏車」和「枯燥的工作」才是「treadmill」的本義和引申義。

跑步機的歷史很短，但踏車的歷史至少能追溯到公元前 —— 當時的希臘人和羅馬人就已經開始使用一種名為「踏輪（treadwheel）」的機械裝置了。踏輪可以用水力或人力驅動，可以用於碾磨穀物、提起重物，在中世紀眾多教堂的修築過程中，踏輪更是功不可沒。

「treadmill」與「treadwheel」均為複合詞，前者中的「mill」有「磨坊」之意，後者中的「wheel」意為「輪子」。考慮到踏輪的主要用途之一便是為磨坊服務，將「treadwheel」稱為「treadmill」倒也在情理之中。不過，這一條邏輯鏈還不足以從定義上昇華「treadmill」，真正讓這一古老裝置變成枯燥工作代名詞的，是生活在英國喬治王時期晚期一位「天才」的工程師：威廉．庫比特爵士（Sir William Cubitt）。

威廉・庫比特在 66 歲的時候成為水晶宮的首席工程師，但他年輕時就已經是一名富有創造力的發明家，並成為了一家公司的合夥人。當時商人僱傭在監獄中服刑的囚犯作為廉價勞動力是一種普遍現象，威廉・庫比特便僱傭了部分囚犯操作踏輪為他的工作提供動力。不過，當威廉・庫比特發現囚犯們在完成工作之餘有些無所事事時，「通過教育囚犯使其養成習慣來達到改造目的」的念頭便在這位熱心公共事務的紳士腦海中誕生了。

1818 年，威廉・庫比特對踏輪進行了改造，世界上第一台專門用於懲治囚犯的踏車誕生了。這台踏車是一個裝在鐵架上的大型空心木圓柱，圓柱直徑約 6 英尺（1.8 米），圓柱外部有約 20 個相距 7.5

倫敦布里克斯頓監獄的跑步機

英吋（19 厘米）的木製台階。當囚犯藉助自身重量踩下前一個台階時，為保持平衡將不得不繼續踩至後一個台階，由此無限循環。圓柱較長，可以同時供多名囚犯踩踏，但囚犯之間均被一個木製隔板隔開，無法通過聊天打發漫長的刑罰 —— 在這座永恆的樓梯上，囚犯們不得不每天沉默地走十幾個小時，直到筋疲力盡。

如果說利用人力驅動踏輪從事勞作尚有些經濟價值，那威廉·庫比特發明的踏車則純粹為懲罰而生，因此又被稱為「刑事踏車（penal treadmill）」。這種刑具是否能實現改造罪犯的目的不得而知，但這一新鮮的發明卻立刻得到了英國政府的賞識與推廣，整個英格蘭有 44 座監獄引用了刑事踏車，為了加強囚犯的體力支出，甚至有監獄將刑事踏車與巨型風扇相連以加大裝置的阻力。

英國《格洛斯特日報》曾對囚犯們使用刑事踏車的狀況進行過報告：「一些人在抓緊方向盤時，另一些人則被召集在院子裏疲憊地走着，以躲避寒冷、伸展腿部……一個工人離開踏車，另一個步行者就會補到踏車上，因此輪子一直在轉動……勞動不會得到獎賞，也不會減輕……」

縱然是針對囚犯，這樣的刑罰也實在讓人感到絕望。一個世紀之後跑步機上的健身愛好者感到單調乏味時至少可以按一下停止按鈕，但 19 世紀的英國囚犯卻沒有停止的權利。

《雷丁監獄之歌》背後的殘酷歲月

刑事踏車的流行與監獄的現實需求相關。當時眾多監獄的管理人員發現，為被判強迫勞役的囚犯 —— 尤其是男性囚犯尋找合適工作是一種非常困難的事情。女性囚犯可以被安排在洗衣店工作或修理其他囚犯的衣服，但即便將粉刷，打掃，清潔和園藝等盡數用盡，還是無法實現男性囚犯的「再就業」問題，刑事踏車的出現也算得上恰逢其時了。隨着1865年英國《監獄法》的實施，給刑事踏車合適的阻力也漸漸制度化、標準化。踏車的部件中被注滿礫石，囚犯必須在6個小時的工作中進行8000或10000轉，這些數字被記錄在錶盤上供監獄管理人員檢查。

不過，讓英國監獄運轉有序的刑事踏車最終在19世紀末鬧出了新聞：1894年11月，一名犯罪嫌疑人因盜竊罪被判處14天有期徒刑，被送至格洛斯特監獄服刑。這名盜竊犯身材健壯，在接受體驗後被安排到刑事踏車上工作，結果突然暈倒當場死亡。當事人的死因未必與刑事踏車有直接關係，但依然引發了一場不小的輿論風波。考慮到格洛斯特事件只是新聞界中眾多關於刑事踏車事故報道中的一件，公眾有理由提出疑問：刑事踏車是不是已經成為酷刑了？

很明顯，公眾對刑罰的認知會隨着時代的變遷而變化。刑事踏車剛剛問世的時候，英國人認為這一刑罰比吊刑或是流放到海外殖民地更人性化，而且勞動本身承載着一定的教化功能，至少在理論上能夠讓囚犯獲得身體與精神上的鍛煉，並得以在服刑期滿後順利重返家庭與社會。不過在實踐中，很多個案似乎提供了反證，最著名的例子大約要數英國著名作家、被譽為「童話王子」的奧斯卡·王爾德。

王爾德是一名同性戀，在當時的時代背景下，這一性取向讓王爾德背上了「雞姦者」的污名。1895年，王爾德因此以「嚴重猥褻罪」為名被判強迫勞役兩年——在他的名作《雷丁監獄之歌》中，這兩年在刑事踏車上度過的恐怖時光被描繪得淋漓盡致：

「我們縫合了麻袋，砸碎了石塊，我們把佈滿灰塵的鑽頭打開。我們猛敲着錫罐，吟唱着讚美詩，我們汗流浹背踩踏着輪子：但是在每個人心裏，恐怖依然停滯。（We sewed the sacks, we broke the stones, We turned the dusty drill: We banged the tins, and bawled the hymns, And sweated on the mill: But in the heart of every man Terror was lying still.）」

兩年時光不算特別漫長，但王爾德最終未能從殘酷的刑罰中恢復過來，他獲釋三年後去世，享年 46 歲。

作為刑事踏車的發明者，威廉．庫比特本人奉行着英諺「no pain, no gain」的哲學。加入風車、礫石的踏車顯然提高了囚犯的痛苦，但卻未必能給社會帶來收益——至少，在機械技術日漸發展的時代裏，人力早已不再是生產商品的最有效方式，刑事踏車的經濟價值日漸萎縮，最終變成用途單一的刑具。格洛斯特事件後，刑事踏車越來越遭到英國朝野的反感。1895 年的英國監獄中尚有 39 台刑事踏車，至 1901 年已減少到 13 台；1902 年，刑事踏車終於被正式廢除。84 年的發展史不算漫長，但足以帶給生命線恰好與其重合的人們重擊。

大西洋彼岸的引進與堅守

除了在英國本土的短暫足跡外，刑事踏車還曾跨越大西洋登陸美國。19 世紀 20 年代初，這項新發明在英國引發的熱烈報道引起了美國新聞界的注意，1822 年，美國紐約州貝爾維尤（Bellevue）監獄率先引進了這個「舶來品」，囚犯們從此過上了每天在踏車上踩踏 10 個小時的苦日子。

貝爾維尤監獄的刑事踏車聯結着磨坊，囚犯們的勞作可以轉化成他們自己和周圍居民的食物。獄警們顯然對刑事踏車非常滿意，甚至宣稱刑事踏車是「最成功的發明之一」：囚犯在踏車時幾乎不説話，在休息時也因疲勞而沉默寡言。刑事踏車為監獄帶來了「有序而順從」的秩序，減少了獄警們的監督成本——刑事踏車和單獨監禁相結合「是寬大的法律所承認的最有益的懲罰，也是對犯罪的最有力的損害」。

官方的宣揚引起了美國公眾的廣泛興趣，貝爾維尤監獄因此專門建造了供觀眾們觀看囚犯們勞作的觀景房。作為刑事踏車的操作員之一，獄警詹姆斯・哈迪（James Hardie）甚至專門寫了一本《踏車的歷史》。不過，公眾對刑事踏車的熱情並沒有讓它們在美國監獄中被廣泛採用。包括貝爾維尤監獄的內，美國只有四所監獄使用過刑事踏車，而且其中三所監獄在引進的幾年後便將其廢棄。雖然出場華麗，但刑事踏車最終如同流星一般劃過美國司法史的星空，沒有留下更多印跡。

為什麼美國人拒絕了這個「最成功的發明」呢？直接原因源於經濟層面。刑事踏車的優點在於能夠精確地調節囚犯的工作量和工作時長，同時它不需要操作有任何特殊技能就能將人力轉化為動力，產生經濟價值。然而這也意味着囚犯無法通過操作刑事踏車掌握任何技能，囚犯永遠不可能通過這一方式成為生產工人，在其出獄後依然難以融入社會。美國的囚犯大部分時間都被關在牢房裏從事手工藝品製作，附帶技術的勞力顯然比單純的勞力更有價值，從這個角度看，將一羣生產工人「降級」成勞力完全是在浪費生產力。

更深層次的原因則與十九世紀初的思潮有關。當時美國的改革派開始尋求啟蒙哲學，以期從根本上解決犯罪，相對於體罰和死刑，長期監禁刑能夠讓囚犯花時間反思自己的不良行為並與「好人」（即神職人員和監獄工作人員）互動。從這一邏輯出發，刑事踏車的確只是純粹的公權報復工具，對教化犯罪幾乎沒有任何助益。

事實上，類似的呼聲在英國同樣存在，英國最具影響力的期刊《愛丁堡評論》用極其華麗的筆觸抨擊了刑事踏車的「原罪」:「刑事踏車的工作令人討厭，沉悶，單調。一個人看不到自己的工作，不知道自己在做什麼。沒有任何藝術性，創造力和高超技巧存在的空間……農夫能夠看到耕地逐漸規整，鐵匠能夠將鐵塊打成富有思想的形狀並賦予其作用，裁縫將用布料量體裁衣……但是踏步者除了踏步外什麼也做不了。他看不到物體的變化，欣賞不到機械工作的規律，不能賦予物質新的品質，即使他這樣做了也不會看到和知道……」

顯然，刑事踏車與改造犯罪的意願並不相符，只是這個過程在美國來得比英國更快而已。

結語

從法律或是刑具角度來看，刑事踏車僅僅存續了不足一個世紀的時間。不過，去掉「刑事」的元素，踏車終究只是一種原理簡單、實用性強的機械裝置。1913 年，也就是刑事踏車被英國廢除後的第十年，一台與刑事踏車原理相同，但專用於跑步訓練的「訓練機」

專利在美國申請成功，刑事踏車也漸漸以跑步機的身份出現在大眾視野中。半個世紀之後，人們漸漸淡忘了「treadmill」原本的含義，體育層面上的跑步機終於完全取代了法律層面上的刑事踏車，成為健身房中一道高麗的風景線。

1895 年，英國的一座監獄，犯人們輪流踩圓筒踏車用於發電

Guillotine

斷頭台

古代死刑刑具

羅馬雄辯家塞內加曾有一句並不「人道」的論斷：「刑罰越是公開，就越能對其他人起到更大的改造效果。」作為極刑，死刑無疑處於刑罰金字塔的頂端。雖然不同的死刑執行方式均指向唯一一種最終結果——即受刑人的死亡，但絞殺與斬首、鴆殺與車裂、槍決與注射給受刑人的痛苦及恥辱程度，以及給旁觀者的視覺衝擊卻不可同日而語。

死刑不僅僅是一種懲罰，更是一場演出；也因此死刑刑具自誕生伊始便沾染上了功能各異的隱喻。

絞刑更適合在公眾場合展示以樹立法律權威，受刑者如二戰的一眾主要戰犯；而火刑更適合用於滌清「罪惡」，受刑者如反抗「地心說」的研究者布魯諾。英國式的「具五刑」表達了王權對叛國者的痛恨，蘇格蘭獨立領袖威廉姆·華萊士便在遭受絞、抽腸、火燒等酷刑後被斬首；而相對乾脆利落的斬刑則帶有一絲慈悲，如歐洲中世紀眾多觸犯死罪的貴族。

在不同時代、不同民族、不同文化背景下，這些林林總總的刑具表達着同一種殘忍。不過在血跡斑斑的歐洲法制史中，有一種刑具的戲劇性比其殘酷性更引人注目：

它出於人道主義，為了減少受刑者的痛苦而提高了行刑的速度和成功率，却也此化身為高效率的殺人機器；

它因為葬送了國王與王國而成為新時代革命精神的標志，却又在特殊的時代背景下很快淪為暴力工具；

它在種種爭議與指責中結束了短暫的歷史，却因其留下了深刻印跡成為死亡的代名詞……

這個特殊的刑具，就是斷頭台。

斷頭台是刑具，但又遠不只是刑具這麼簡單——它在斬斷無數個頭顱的同時，也為後世留下了一份珍貴而詳盡的歷史斷面。

前斷頭台時代

在英文中，斷頭台最常用的稱謂是「guillotine」和「scaffold」兩種。「guillotine」得名於 18 世紀末的一名法國醫生約瑟夫·伊尼亞斯·吉約坦（Dr. Guillotin），他也是大衆文化中斷頭台的發明者；「scaffold」則另有「絞刑架」之意。如果說以發明者命名器物順理成章，那作為典型斬刑刑具的斷頭台為何會與絞刑刑具相混？

在斷頭台被發明之前，歐洲針對普通民衆最常見的死刑就是絞刑。在律法逐漸森嚴、死刑逐漸常見的時代，需要有便於製作、使用並能保證效果的刑具以滿足行刑需求，操作簡單、造價低廉的絞刑架遂成了首選。

絞刑執行的方式是以繩索勒住人的脖子，以阻斷受刑者的頸部大動脈和椎骨動脈，導致大腦缺血死亡。這種情況下，犯人的死亡漫長而痛苦。為了在保證死亡結果的同時儘量減輕犯人痛楚，英國漸漸發展出了一種「長距墜落」（long drop）的絞刑法：利用犯人猛

斷頭台 guillotine

然下墜時產生的重量把頸椎扭斷，令大腦瞬間失去血氧供應，此時犯人已經不會有任何知覺，之後的死亡過程也便相對安詳。

這種「長距墜落」需要絞刑師根據犯人的身高體重計算出合適的繩索長度，讓犯人在一定的下墜空間內達到足夠的下墜，以恰好將頸椎扭斷——絞刑架之所以非常高，一方面固然是便於示衆，另一方面也是為了「服務」於體型各异的犯人。

「長距墜落」在人道主義層面已經有了明顯的進化，不過這一死刑執行的操作需要極高的專業性，如果繩子偏短，犯人將被慢慢勒死；如果繩子偏長，犯人可能會因為下墜速度過快而身首异處。歷史上用時最短的絞刑記錄為 7 秒半，行刑人是英國富有傳奇色彩的絞刑師阿爾伯特．皮埃爾伯恩特（Albert Pierrepoint）；他的父親亨利．皮埃爾伯恩特以 13 秒的成績緊隨其後。不過技術如皮埃爾伯恩特父子一般嫻熟的絞刑師畢竟是少數，在水平參差不齊的絞刑師面前，「長距墜落」在多大程度上實現人道主義就要打個問號了。

作為死刑刑具，絞刑架的發揮並不算穩定，所以在某些地方也會出現替代方式，就比如在歷史片斷中零星出現的斷頭台。

早在 13 世紀，英格蘭西約克郡哈利法克斯鎮就已經出現了類似斷頭台的「哈利法克斯刑架」（Halifax Gibbet）——「Gibbet」是絞刑架的另一個稱呼，「哈利法克斯刑架」即是「在哈利法克斯鎮使用的（特殊）絞刑架」。這種木質刑架高數米，兩端柱子中有凹槽，中間架一可上下滑動的橫樑，斧頭便裝在橫樑下方，事實上已經具備了斷頭台的雛形。直到 1650 年，「哈利法克斯刑架」一直投入使用，可以說是歐洲斷頭台的鼻祖。

1307 年，愛爾蘭也出現了類似的刑具，行刑的一幕被記錄在一幅名為《在愛爾蘭默頓附近處决默科德巴拉》（<The execution of MurcodBallagh near to Merton in Ireland 1307>）的版畫中。1564 年，蘇格蘭伯爵默頓受到「哈利法克斯刑架」的啟發，下令在愛丁堡製造了一個形制相似的刑具，並命名為「蘇格蘭少女」（Scottish Maiden）。「哈利法克斯刑架」、處决默科德巴拉的刑具以及「蘇格蘭少女」形制均大同小异——可以說，早在吉約坦之前的數百年，這些類似斷頭台的刑具就已經在英倫三島零星出現了。

從理論上來看，斷頭台應當比絞刑架操作更為簡單，但畢竟只是「理論上」——這些木質斷頭台的橫樑和柱子之間的摩擦力會減緩甚至停止刀刃的下落，導致其行刑結果甚至比絞刑更不穩定，這或許也是斷頭台雖然歷史悠久却影響不大，甚至未能贏得一個獨立名稱的原因。

「路易塞特」與「吉約坦」

作為主要針對普通民衆實施的死刑，絞刑及「哈利法克斯式」斬刑沾染上濃烈的折磨色彩似乎也映射了等級社會冰冷面孔，那針對貴族的死刑是否會多一絲慈悲呢？制度設計上或許如此，但實際結果却不儘然。古代歐洲針對貴族最常見的死刑是斬刑，也即由劊子手執斧或劍對犯人實施斬首。然而正如絞刑需要一個專業的絞刑師一樣，斬刑的效果也取决於劊子手的專業程度。想要一刀斬斷脖頸，需要精確地讓刀刃砍過骨頭毗連處，劊子手的不專業或是故意，均會導致這一本應迅速的死刑變成漫長而折磨，最著名的「意外」莫過於蘇格蘭瑪麗一世被砍了三斧才宣告身亡，這給受刑者本人和圍觀者帶來的生理和心理折磨可想而知。

值得一提的是，中世紀的歐洲流傳著被砍之頭人的血能夠治療癲癇的傳說，因此就出現了癲癇患者圍在斷頭台四周，等着從屍體中盛一杯鮮血的魔幻景象。

在機械工藝得到足夠發展之前，絞刑還是斬刑同樣因為不可控而變得恐怖，相比之下機器比人更不可控 —— 直到法國大革命的出現改變了這一切。

1789 年 7 月 14 日，法國國王路易十六在日記中寫下「今日無事」。就在同一天，手持武器的巴黎市民攻佔了巴士底獄，拉開了法國大革命的序幕。一個多月後，制憲國民會議頒佈了《人權宣言》，其第八條明確規定：「法律只應設立確實必要和明顯必要的刑罰。」

對於在啟蒙運動浸淫已久的法國人來說，廢除殘酷死刑、設立不分階級而具有人道主義精神的刑罰是革命精神的「剛需」。作為《人權宣言》的起草人之一，吉約坦在 1789 年 10 月召開的國民議會中提出，死刑應當不分貴賤，統一採用「乾脆而迅速」的斬首方式。巧合的是，法國劊子手世家桑松家族也在同時提出了用機器代替人工砍頭的建議，原因之一是當幾個死刑犯在同時被處決時，「血漿四濺的恐怖景象會使最勇敢的劊子手感到恐懼」。

很快，另一位醫生安托萬．路易（Antoine Louis）和一位德國工程師托拜厄斯．施密特（Tobias Schmidt）對傳統斷頭台諸多細節進行改良的基礎上製造了新式斷頭台的原型。與傳統的「哈利法克斯刑架」相似，斷頭台由高高的架子與沉重的刀片組成，刀片用繩索懸挂在頂部，執行死刑時刀片垂直墜落將頭顱截斷。

在新時代機械技術的加持下，改良後的斷頭台穩定而高效，從時代精神來看，完全契合了《人權宣言》中儘量減小受刑者所受痛苦的人道主義關懷。1792 年 3 月，議會决定將以斷頭台為基礎的斬刑作為死刑執行的唯一方式；同年 4 月，斷頭台正式開始運作，强盜尼古拉斯．雅克．佩萊捷（Nicholas-Jacques Pelletier）成為這台高效殺人機器下的第一個亡魂。

為紀念其發明者——準確來說是改良者安托萬．路易，斷頭台最初被法國人稱為「路易塞特（louisette）」；但很快，斷頭台的名字變成了在國民議會上力挺「路易塞特」的吉約坦。這並不是一項榮耀，因為「路易塞特」剛剛發明時並未得到廣泛認可，法國人將吉約坦與這種新式殺人機器相聯繫更多出於諷刺與嘲笑。顯然吉約坦並不希望斷頭台以自己的姓氏為名，其後人甚至因此更改了姓氏，但吉約坦與斷頭台的「緣份」却由此在大眾文化中扎根，以至於衍生出吉約坦為斷頭台發明者、最後又死於斷頭台上的「都市傳說」。事實上吉約坦於 1814 年病逝，與斷頭台毫無關係。

關於斷頭台的故事至此似乎已經接近尾聲：隨着機械技術的發展與人道主義的普及，人們終於在 18 世紀末找到了一個能讓受刑者有尊嚴、無痛苦死去的方式。然而，斷頭台畢竟是在法國大革命的洪流中被製造出來的，當它與革命相聯的那一刻起，就注定要走上一條轟轟烈烈的道路。

就在斷頭台在巴黎架起後的第五個月，路易十六被國民議會廢黜。1792 年 9 月 22 日，也即路易走下王位的第二天，法蘭西第一共和國成立了。

從國王到「革命的敵人」

新式斷頭台的第一個名字是「路易塞特」，這幾乎成了一個隱喻：因為很快斷頭台就要迎來一個最為特殊的受刑者：路易十六。

從 1792 年 10 月法制委員會受命研究審判路易十六開始到 1793 年 1 月路易十六在斷頭台上執行死刑之間只有短短三個月的時間，但這三個月對於新生的共和國來說，對於共和國的領袖來說却顯得尤為漫長，因為審判路易十六本身就是一個無解的難題。

將《人權宣言》作為序言的法國 1791 年《憲法》，明確規定了

「法律權力至上，國王只能根據法律來治理國家，只有根據法律才得要求服從」，這與路易十四宣稱的「朕即國家」已有明顯不同。然而這一部憲法依然決定了君主制，並規定公民需要宣誓「忠於國家、法律和國王」、「國王人身神聖不可侵犯」等條款。這一制度框架衍生出了一系列問題：國王是否能夠被審判？如果能，又有哪個機構擁有審判國王的資格？就算能夠順利審判，就憲法而言國王承擔的最高處罰即為放棄王位，那又如何為這樣的國王定罪量刑？

層層推導下來，作為原國王的路易十六似乎無論如何也不會與斷頭台扯上聯繫。不過，以上推理都只是建立在法律邏輯的基礎之上，而在特殊的時代背景下，處死路易十六 —— 甚至不是審判 —— 早已成為一個關乎於新生共和國命運的政治事件。共和國雅各賓派領袖羅伯斯庇爾為此在國民議會上發表了一段堪稱法國大革命中最著名的演講：「路易十六曾經是國王，而共和國也建立了。此一事實，解決了問題。路易是被他本身的罪行推翻，他密謀對共和國不利，如果他不被定罪，共和國就永不會被釋放。主張審訊路易十六的人，是在質疑革命。如果他受審，就有可能開釋，他就有可能無辜。但如果他無辜，革命又是什麼呢？如果他無辜，我們豈不都成了誹謗？國王必須死，因為共和國必須生！」

理性來説，國王不必死，共和國也能夠生；路易十六是純潔的，人民也未必就是罪惡的。但羅伯斯庇爾和聖鞠特們的呼聲在當時無疑極具影響力與傳播性。在審判路易十六並對其判以死刑本身成為任務的背景下，立法委員會提出了這樣一個理論：路易十六應該受審判，廢黜王位不能視為刑罰，而只是政權的更變；路易十六應依刑事法中關於叛國和謀反罪的法律受審判；最後，路易十六應由國民公會加以審判，而無須遵從其他法庭的審理程序，因為國民公會代表人民，人民代表着一切利益，一切利益就是正義，國民法庭是不可能違反正義的，它也就無須拘泥於那些形式。

路易十六或許有罪，但這些罪行與審判本身已經沒有必然聯繫了。1793 年 1 月 16 日，國民公會對路易十六進行了量刑表決，以 387 票贊成對 334 票反對的結果通過了針對路易十六的死刑判决。1793 年 1 月 21 日，路易十六踏上協和廣場的斷頭台，留下人生中最後一句話：「我清白死去，我寬恕所有送我走向死亡的同胞，但願我的血能平息上帝的怒火。」

路易十六的血是否能平息上帝的怒火不得而知，但他的血不但沒有平息時代的怒火，反而將其越燒越旺。

路易十六之死是一個富有代表性的時間節點，斷頭台所斬斷的已經不僅僅是一個國王的頭顱，而是一個時代、一種制度。如果歷史的進程到此為止，斷頭台一定能以其人道主義精神名垂青史，因為它給上至國王下至强盜帶來了平等、迅速而體面的死亡。然而，大革命時期的法國空氣太過氣熾熱，人們漸漸無法控制局勢的發展，而斷頭台的人道主義關懷也將在狂暴的歲月中蛻變成殺人機器。

隨着「恐怖統治」的到來，越來越多的人被定性為「革命的敵人」，在「無須拘泥於那些形式」的過程中被推向斷頭台，這些人裏有不少革命者，其中更包括一手挑起「恐怖統治」的羅伯斯庇爾本人。羅伯斯庇爾死後，巴黎市民將「過路的人，不要為我的死感到悲傷，如果我不死，你們都會死」這句極具諷刺意味的話當做這位革命領袖的「墓志銘」，個中的憤怒與憎惡不言而喻。至 1794 年，法國有超過 6 萬人成為斷頭台的刀下亡魂。觀看公開處刑甚至成了

哈利法克斯刑架

路易十六在「革命廣場」（如今的協和廣場）被處決

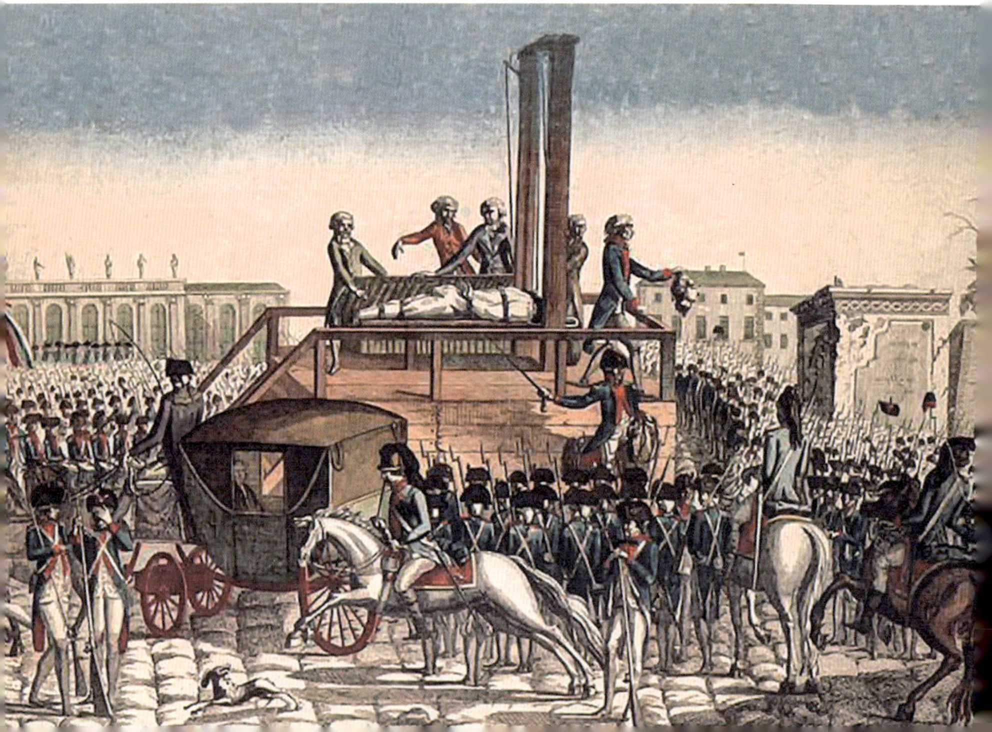

當時巴黎的一項熱門活動，這份「戰績」讓斷頭台得到了「紅色劇場」「人民復仇者」「國家剃刀」等種種「雅號」。

結語

從死刑刑具的發展歷程來看，斷頭台相比傳統刑具無疑最大限度體現了人道主義關懷。但因為其與法國大革命糾纏至深的命運，不可避免地沾染上了時代的血色。當吉約坦在國民議會上力推斷頭台時，他只猜到了開始，却沒猜到結局。

1793 年 11 月 8 日，當羅蘭夫人走上斷頭台時，留下了一句振聾發聵的名言：「自由，多少罪惡假汝之名以行！」在這樣的血色時代下，斷頭台給世人的血色印象，自然難以改變了。法國小說家雨果在其《九三年》一書中對斷頭台做了如此論斷：

> 初看上去，這個東西給人的印象是一件無用之物。它聳立在開花的歐石南叢中。你會暗自納悶兒，不知道那玩意兒是幹什麼用的。等再仔細一看，你就禁不住打一個寒噤。那是一個架子樣的東西，有四根木樁撐着。架子的一頭，筆直地聳立著兩根高高的柱子，它們的頂端由一根橫梁連接，上面高高地吊着一個三角形的東西，在清晨的藍色天空中那個東西看上去黑乎乎的……把兩塊嵌板鑲接起來，中間就出現一個圓洞，大小正和一個人的脖子相仿……這個怪物漆成紅色，全部都用木頭造成，只有那個三角形東西是鐵的。它那麼難看，那麼鄙俗，那麼平庸，使人覺得它是由人造出來的；可它的樣子又那麼龐

> 大，使人覺得應該是由神靈搬到這兒來的。一座建築代表一種教義，一架機器代表一種觀念。拉圖爾格凝聚了一千五百年的歷史，包括中世紀，藩屬時代、采邑時代、封建制度；斷頭台只包含了九三年一年的歷史；而這個十二月却絲毫不亞於那一千五百年。拉圖爾格就是君主制度，斷頭台就是大革命。

雨果的「斷頭台就是大革命」這句話，與羅伯斯庇爾的「國王必須死，因為共和國必須生」形成奇妙響應。只是路易死得乾脆，但共和國依舊生得艱難，這背後的啟承轉合，却又難以言喻了。

1977 年 9 月，法國人最後一次使用斷頭台行刑。1981 年，法國總統密特朗簽署了廢除由斷頭台執行死刑的法令，斷頭台從此被送進了歷史博物館。不過這一切已經無法抹去斷頭台身上的法國印跡，在美國電影《加勒比海盜 5》中，主角杰克・斯帕羅面對斷頭台時說了一句略帶調侃台詞 :「斷頭台（吉約坦）? 聽着像法國貨。我喜歡法國貨。」

中國篇

璽、符、節

皇帝天命權利證書

前 206 年，當劉邦率領義軍兵不血刃地進入秦朝都城咸陽時，秦朝末代君主子嬰已經將自己用繩索綁住，在軹道旁恭候多時了。《史記．高祖本紀》中如此記載：「秦王子嬰素車白馬，繫頸以組，封皇帝璽符節，降軹道旁。」，子嬰手中所持的器物卻更令人在意。璽符節是什麼？它們為何能代表皇帝的身份，以至於子嬰需要用它們來表達自己歸降的誠意？

璽符節可以拆分為三個詞：璽、符、節。璽即傳國玉璽，可以說是古往今來皇權的第一張名刺：東漢末年，袁術就是因為得到玉璽便相信自己「天命加身」，急不可待地登基稱帝，進而走向滅亡的。而符和節則是分別是證明身份和調兵的憑證的統稱，通常由一整塊物體中剖為二，使用時雙方各執一半，合併以驗真假。

可見，璽符節實質上是一份頂級權力證書，子嬰將璽符節獻出，言下之意即是：「秦朝的大權我已經交出來了，剩下看你的了。」

璽符節雖然一同被交出，但彼此之間也存在着較大的差異：玉璽更直接地代表了君權的合法性來源，而符和節則是在皇帝繼位之後對君權的拆分與授予。君權來之於天，獨一無二，因此千年來玉璽僅此一枚；而符和節則形式多變，時而在蘇武手中成為出使外邦的「外交護照」，時而在安祿山手中成為分疆裂土的兵符。璽符節都是皇帝的名刺，但其故事卻各有其曲折。

玉璽：天命的「無記名式權利證書」

璽即「印信」之意。《史記》載，秦朝之前百姓均以金玉為印，所以璽算不上是稀罕物，直到秦王嬴政統一六國之後，「天子獨以印稱璽，又獨以玉，羣臣莫敢用」，玉璽這才成了君權的指代物，被視為天命的象徵。秦朝滅亡時，子嬰將玉璽獻給劉邦，從此獻璽這一儀式被後繼王朝開國君主所接受，之後王莽篡漢也是以逼迫皇太后交出玉璽為標誌；東漢建立後，玉璽為漢光武帝劉秀獲得，一直傳至漢靈帝手中。到此時，經過秦、西漢、新、玄漢、東漢數朝四百餘年的層層加持，玉璽的象徵性被無限擴大。

那麼，為什麼這枚小小的玉器能夠盛載起一整個王朝的天命呢？這就要將視線回歸到「天命」二字上了。

夏朝開國君主啟開創了「家天下」的模式，被神化的大禹就成了法統的基礎。在啟的家族中，王位可以通過血統順利過渡，但一旦王族變遷、朝代更迭，來自於其他家族的新君主就只有另闢蹊徑來解釋自身的合法性——也就是天命了。

夏朝君主的名刺是禹鼎。這是啟的父親禹用各地方伯進貢的青銅鑄成，一共九尊，代表九州。後來商湯滅夏、周武王又滅了商，禹鼎依然是天命的代表。春秋時期，周朝衰弱，楚莊王熊旅便開始問禹鼎的大小輕重，這便是「楚王問鼎」的典故由來。當時的王使王孫滿用「周德雖衰，天命未改，鼎之輕重，未可問也」勸退了楚王，但這十六個字從邏輯上卻明白地傳達出一個道理：天命的可能政的，禹鼎的輕重也是可以問的。換句話説，禹鼎代表的是事實上是天下的法統，這種法統是可以從夏轉移到商和周，當然也可以跟着禹鼎再轉移給後人。

這個後人就是秦始皇嬴政，只是嬴政將注意力轉移到了玉璽上，清代史學家趙翼云：「三代以上以禹鼎為重，六朝以上以秦璽為重，蓋風尚如此。」由此可見，玉璽與禹鼎雖然形制大異其趣，但內蘊則一脈相承。當然，僅有嬴政的一廂情願還不夠，直到秦王子嬰跪獻玉璽時，劉邦挾帶着將在未來成立的漢朝，玉璽「無記名式權利證書」的地位終於確立。

有了秦漢兩代帝王的玉璽交接，後續歷朝歷代的玉璽傳承就順理成章。初始元年（8 年），王莽逼迫王政君交出玉璽，同時接受漢帝禪位並建立新朝。新朝很快陷入混亂，玉璽先是被獻於更始帝劉玄，之後又易主至光武帝劉秀。東漢末期，袁術獲得玉璽後稱仲氏皇帝。《北史》中載：「二漢相傳，又歷魏、晉；晉懷帝敗，沒於劉聰；聰敗，沒於石氏；石氏敗，晉穆帝永和中，濮陽太守戴僧施得之，遣督護何融送於建業；歷宋、齊、梁；梁敗，侯景得之；景敗，侍中趙思賢以璽投景南袞州刺史郭元建，送於術，故術以進焉。」

隋朝滅亡後，蕭後攜玉璽逃入突厥，至唐朝時，唐太宗李世民因未尋到玉璽，還刻了數方「受命寶」「定命寶」等「玉璽」聊以自慰，直到玉璽復歸於中原才免於「白板天子」的尷尬局面。之後玉璽又經後梁傳至後唐，最終隨着後唐末帝李從珂的自焚而滅失。之後各朝雖然常有玉璽復出的消息，但早已真偽莫辨，反倒是玉璽所代表的「天命」，長久流傳於世人心中。

不難看出，玉璽被歷代君主所吹捧的原因在於，它在「家天下」

之外成功開拓了一條通向法統之路，為各朝提供了天命的邏輯起點。玉璽是一項權利證書，它意味着皇權可以突破血統與世系，在新的君主身上扎根，從而開創新的時代。世人越相信天命，那承載着天命的「無記名式權利證書」就越具備着不容質疑的權威。

玉璽　碧玉盤龍紐「皇帝奉天之寶」

皇后之璽玉印

節：功能複雜的身份證明書

相較與玉璽，符和節的內涵更為豐富，其中以節尤為複雜。《尚書·康誥》·中的「惟厥正人，越小臣諸節」一句，是早關於節的文獻記錄，這意味着節的歷史至少能夠追溯至西周時期。考慮到節常見於《周禮》《禮記》《呂氏春秋》等典籍，這種追溯略為保守，節很可能出現得更早，到西周時已經頗為常見。唐代孔穎達在《尚書正義》中註道：「諸有符節之臣，若為官行文書而有符，今之印章者也。」按這一解釋，節就是官員行文時使用的符，相當於唐人所用的印章。

其實周節的功用遠非印章可以概括。《周禮·地官·掌節》中有對節形制、用途的詳盡分類：「守邦國者用玉節，守都鄙者用角節；凡邦國之使節，山國用虎節，土國用人節，澤國用龍節，皆金也，以英盪輔之；門關用符節，貨賄用璽節，道路用旌節，皆有期以反節。凡通達於天下者，必有節，以傳輔之。無節者，有幾則不達。」《周禮注疏》中的內容與此相呼應：「達天下之六節。山國用虎節，土國用人節，澤國用龍節，皆以金為之。道路用旌節，門關用符節，都鄙用管節，皆為竹為之。」

唐代距周已經逾千年，風土民情、社會制度大不相同，孔穎達的解釋難免有以偏概全。通過《周禮》等古籍可知，節是指諸侯、採邑主所派使者所用的身份憑證，在諸侯國內或採邑內通行的使者，分別使用玉和獸角製成的節。西周時期交通尚不便利，各諸侯派遣晉見天子的使者分別使用虎形節、人形節和龍形節，大約也有標榜各國地理特徵、物產人文的意圖。當然，虎形節與人形節指向的是實物，龍形節指向的只是是傳說。這三種節均為銅製，春秋戰國前稱銅為金，「皆金也」就是「皆銅也」的意思。出入城門和關門用符節，運輸貨物用璽節，通行道路用旌節。六種節都規定了有效日期以便按期返還，在周朝，通行天下必須持有節，否則將無法通過檢查。

這些節要同時滿足身份查驗和便於攜帶的目的，當然不會選擇過於沉重的材質，但旌節卻比較特殊。對於旌，《說文解字》、《爾雅·釋天》和郭璞的註分別解釋為「析羽注旄首，所以精進士卒」「注旄首曰旌」和「載旄於竿頭，如今之幢，亦有旒」，旄即牦牛尾，可見旌即是竿頭有牦牛尾的旗子，體型較大，這應該是考慮到旌節作為道路通行證需要以醒目為第一要務。縱向比較，漢代蘇武出使匈奴時所持的節與旌節相似，可以推測漢代使者採用的節與西周已經有所區別。

總體而言，周節用途多樣且呈現出制度化的傾向，不同的節分別包含了君權、外交與行政審查傾向。不過，三代時期各諸侯國獨立性較強，君權尚未能與秦後相比，使節一類更多帶有象徵意義，用於道路、關門、都鄙、貨賄的竹節反而更具實用意義，這種功能上的區別，也為日後節的演變埋下的伏筆。

秦代之後，節的功能有所縮減，已經失去了周朝時尚具備的行政審查功能，專指為周節中的旌節。鄭玄在《周禮·地官·掌節》中對「道路用旌節」所做的註釋為「今使者所擁節是也」，顯然已經明確，漢節既是周代的旌節。

周節中的旌節在秦代之後漸漸發展成熟，形制也漸漸統一。虎節、人節和龍節就此成為傳說，而符節、璽節、管節等器物則漸漸轉化、互融入了符、傳、綮、繻、過所等諸多形式，承擔着相應的職能。《漢書·文帝紀》《史記·酷吏傳》中分別有「除關，無用傳」「詐刻傳出關歸家」的記載，這説明西漢出入關口所用者已為傳而非節。

不過，傳的使用方式確實與節有相似之處。《漢書·文帝紀》中記載：「兩行書繒帛分持其一，出入關，合之乃得過。」這和節的使用方式如出一轍，至晚在戰國時期，已經出現了通過「合節」判定節真偽的方法，如南唐徐鍇所撰《説文繫傳》中言：「守國者，其節半在內，半在外。」因此，將傳視為節的繼承物應該沒有問題。

符：混同於節的調兵權憑證

通過「合節」方式發揮功用的還有一種重要器物：符。春秋戰國時期，兵符作為征調兵遣將的憑證出現，其形為虎，故又被稱為虎符。兵符於脊上刻字後剖為兩部，使用時和節一樣，也需要左右合契。兵符直接與調兵權相關，其基礎當然來自於君權授予。所謂「兵者，國之大事」，戰國時期的將軍平時並無調兵權，只有接到君王授權並取得兵符後才能調動軍隊，因此兵符從某種層面來看等同於君主親臨。

符與節雖然並稱，但在秦代並非同一物，符專門對應調兵權。《漢書·韓信傳》記載：「張耳、韓信未起，即其臥，奪其印符，麾如諸將易置之。」這一故事一則體現了大小將領認符不認人，二也體現了調兵權在符不在節。漢代以降，皇帝往往通過授節於官員加強對朝廷和地方的治理，尤其是在黃巾之亂後，朝廷內外軍事情形

漢代蘇武出使西域所持的節

虎符

日益嚴峻，為加強將軍統兵作戰時的領導地位，將軍假節制度應運而生。假的意思是「權以給之，不常與」：本沒有資格，暫且給其資格，故假節的書面意義即是暫時持節。將軍假節大多同時開府，而開府就意味着可以建立府署並自選僚屬，也就進而更便於發展私人力量；而當將軍假節成為普遍現象，調兵權自然在很大程度上被整合進了節，如曹操拜曹仁為征南大將軍時、劉備拜張飛為右將軍時、孫權拜丁奉為徐州牧時，均授以假節。

久而久之，假節便日益包容了「授予兵符」的意義。不過這並非歷史的必然：東漢之後的節與傳統漢節的不同之處，在於其與調兵權乃至於軍權的緊密聯繫，這背後體現了皇權的衰弱；而當中央集權再次加強時，節也漸漸從將軍手中交還。南北朝時期，南朝宋孝武帝劉駿連續下詔對節的權力進行節制；而北朝北魏做得更徹底，皇帝本來就不給假節官員調兵權，其徵調兵將的憑證是璽印、傳符、齊庫刀等⋯⋯這似乎又回到到秦朝璽節符各司其職的制度構建。

隋朝統一後，分裂動盪數百年的九州終於再度合而為一，強大的朝廷自然容不下將軍假節這一事實的存在。隋代各州的總管刺史雖然仍使持節、持節，但早已是有名無實；這一時期真正與軍權相關的是開皇七年（587 年）所頒的青龍、騶虞、朱雀、玄武四符，以及開皇九年（589 年）所頒的木魚符。唐朝建立後，唐高祖李淵在邊地設置總管，加號使持節，這一職務相當於東漢的刺史；武德元年，改郡為州，改太守為刺史，加號持節。直到後來，使持節演變為使持節諸軍事，但節只是個稱呼而無對應的實物，進行頒發的其實是銅魚符。

從秦漢至隋唐的發展歷程可以看出，中央集權強大時，節的功能收縮，而調兵權往往通過獨立於節的兵符體現；中央集權衰弱時，地方將領則往往集軍政大權於一身，這也使得節能夠有更大的外延。隋唐初期，朝廷強勢，兵制以府兵制為主，調兵權高度集中於皇帝，將軍需通過皇帝授予兵符調動府兵，兵符的重要性不言而喻。至中唐以後，朝政傾頹，府兵制過渡為募兵制，手握軍權的節度制日益坐大，不奉朝命，兵符也就形同虛設了。恰恰在這一時期，各地的封疆大吏又以節度使為名，這與三國時期的將軍假節又形成了歷史性的偶合。

當然，此時對於節度使來說，無論是節還是兵符，都已然不值一提了。唐末皇帝封節度使時賜雙旌雙節，與其說是授權，倒不如說是對既成事實無奈的追認⋯⋯

結語

前 206 年秦王子嬰在軹道那一次獻寶，對於秦朝的君主而言可謂威嚴掃地，但對於璽符節這幾樣法律器物而言，卻不啻為高光時刻 —— 自此之後，玉璽、節和符背後的君權象徵，都能與那個遙遠而崢嶸的王朝相勾連了。

玉璽作為中國歷史上重要的天命權利證書，代表的不僅僅是王朝的更迭史，更是中國政治制度的發達史。

節與符，則有着更多樣的面孔。周代的節更近於一類功能齊備的文書憑證；秦代、西漢的節開始單一化，成為君權的象徵；東漢、三國、兩晉時期，節因為軍閥勢力的興起而融入了調兵權；南北至隋唐初節又因為中央集權的強盛而更具象徵意義，直到在唐末節度使手中愈加弱化……

璽符節表面上看是秦王子嬰的名刺，但實際上更是中國法制文化的名刺。這當然是因為，古代中國包括法律在內的各種學科、文化、領域都如萬川歸海一般匯入到君權，皇帝手中的器物自然也就成為萬千法律文化共同的源頭。

尚方劍
法定專殺權

1994 年周星馳主演的電影《九品芝麻官之白面包青天》中，有一個經典的名場面：主角包龍星在斷案時欲用尚方寶劍斬殺嫌犯常威，卻被坐在旁聽席上的、常威的乾爺爺李連英阻止，於是就發生了以下一場戲劇性的對話 ——

包龍星：「公公請讓開，我這寶劍上斬昏君、下斬佞臣，斬到你我可就不好意思了！」

李連英：「本朝開國以來就沒聽說過有尚方寶劍，這是什麼劍？」

包龍星：「尚方寶劍這種高級貨你們當然不認識了！」

包有為：「奶奶快告訴他們是哪個皇帝賜給我們包家的。」

包龍星母親：「是前朝崇禎皇帝。」

李連英：「你用前朝的劍來斬本朝的官？」

……

前朝的尚方寶劍當然斬不了本朝的官，劇中包龍星無奈之下通過將尚方寶劍吞到肚子裏化解了一場危機。那麼，如果包龍星用的是本朝的尚方寶劍，是否就能隨意斬殺犯人了呢？先不論歷史真相如何，類似的橋段在中國傳統戲曲中並不少見 —— 這種由皇帝親賜、能夠「先斬後奏」的神兵利器常和金牌一道出現，合稱「勢劍金牌」。關漢卿的《望江亭》、曾瑞的《留鞋記》、凌蒙初《紅拂記》等，都曾出現過它的身影。這些戲曲中的劇情有些落入窠臼，大多是無辜主人公為奸人所害，經歷磨難後終於找到了持有勢劍的欽差，最終藉此劍斬殺奸人使沉冤得雪。在文學創作的敍事中，通常意義上的司法制度往往陷入失靈，而勢劍作為傳統社會對抗森嚴等級的最後武器，一方面代表了以皇帝為首的最終審判權，另一方面則承擔着為無辜百姓實現公平正義的最終使命。

這種勢劍真的存在嗎？歷史上，勢劍的確有其歷史原型，那就是尚方劍——也就是《九品芝麻官之白面包青天》中所謂的尚方寶劍。但是，萬萬不能將真實的尚方劍和戲曲中的形象劃上等號。尚方劍本就源於皇帝親授，就算皇帝允許欽差斬殺佞臣，又如何能容忍他人上斬昏君自己？因此「上斬昏君、下斬佞臣」這八個字從權力運行的邏輯角度來看就不成立。至於「先斬後奏」四字倒不能說是全錯，只是這種權力的運作要遠比戲曲中的情節複雜得多，遠非欽差只要手執尚方劍便能為民除害、大殺四方這麼簡單。

願賜尚方劍：幻想出來的先斬後奏權

尚方劍的得名，源於一個名為「尚方」的官署。尚方於秦代創設，為少府的屬官之一。漢代的少府與太常、光祿、鴻臚等同列為九卿，地位頗高。《漢書・百官公卿表》載：「少府，秦官，掌山海池澤之稅以給供養」，可見少府的職責主要是徵課山海池澤之稅，並負責宮廷衣食起居、游獵玩好等需求，而其中的尚方專門負責製作

「御刀劍諸好器物」——「紙聖」蔡倫便曾兼任尚令，並在其任上「監作祕劍及諸器械，因其精良，為後世法」。

尚方劍便是由尚方令督造之劍，因其御用，有「御劍」之名；又因其製作精良，鋒可斬馬，往往又稱為「斬馬劍」或「尚方斬馬劍」。漢代的皇家侍衛可以使用尚方劍，如《漢書·王莽傳》中便有「（王莽）使虎賁以斬馬劍挫（董）忠」的記載。推而廣之，皇帝所賜、出自內府的劍都可以視為尚方劍，無論此劍是出於職務所需還是源於帝王恩寵獲得。

尚方劍雖為皇室專用，但在其誕生之初並不具備特殊的法律意義，下不能斬佞臣，上當然更斬不了昏君。尚方劍和專殺權最早的關聯，源於一個直臣的性情語錄。西漢時，朱雲曾經當廷彈劾當朝丞相張禹，《漢書·朱雲傳》記載道：「（朱）雲曰：『今朝廷大臣上不能匡主，下亡以益民，皆尸位素餐。臣願賜尚方斬馬劍，斷佞臣一人以厲其餘。』上問：『誰也？』對曰：『安昌侯張禹。』上大怒，曰:『小臣居下訕上，廷辱師傅，罪死不赦』御史將雲下，雲攀殿檻，檻折。」

張禹是漢成帝劉驁的老師，朱雲向皇帝請賜尚方斬馬劍一事當然引得皇帝震怒，之後朱雲據理力爭，緊抱殿前欄杆以至於欄杆折斷，幸得左將軍辛慶忌仗義執言才獲赦免。這件事在後世被傳為「朱雲折檻」的美談，朱雲也由此成為萬世諍臣的楷模。

漢代律法並未賦予尚方劍專殺的權利，朱雲欲請尚方劍，當然是因為尚方劍為內府用劍，代表着至高皇權。但是，尚方中「御刀劍諸好器物」眾多，朱雲為何單單請的是劍呢？這就不得不將視線轉向劍文化。

劍自春秋時代便是等級的標誌。《考式記．桃氏》記載：「身長五其莖長，重九鋝，謂之上制，上士服之。身長四其莖長，重七鋝，謂之中制，中士服之。身長三其莖長，重五鋝，謂之下制，下士服之。」《史記》中說「春秋官吏各得帶劍」，同時提及秦國「簡公六年，令吏初帶劍」「簡公七年，百姓初帶劍」，可知先秦時期佩劍為官員特權，直到後來才隨着時代變遷而向下拓展。

秦始皇統一天下後，「收天下之兵，聚之咸陽，銷鋒鏑，鑄以為金人十二」，佩劍再次成為官吏特權。漢高祖劉邦憑藉三尺劍斬白蛇起義而有天下，遂「捨三代之佩玉而佩秦之劍」。漢人尚劍，朝臣最大的尊榮之一便是「劍履上殿」——劍雖只是眾多兵器中的一種，但其在漢代的文化影響力但遠非刀槍棍棒能夠媲美。朱雲不請其他兵器，實在是因為尚方劍一出，誰與爭鋒了。

在這之後，請尚方劍斬殺奸佞便成為士大夫常用的典故。比如，晉代段灼上疏提及「朱雲抗節求尚方斬馬劍，欲以斬禹，以戒其餘，可謂忠矣」；唐代名臣狄仁傑與張光輔爭執時大罵「如得尚方斬馬劍加於君頸，雖死如歸」；唐代詩人王翰《飛燕篇》中感慨「古來賢聖歎狐裘，一國荒淫萬國羞。安得上方斷馬劍，斬取朱門公子頭」⋯⋯尚方劍未能在法律層面取得任何專屬權利，但在文化層面上卻有了專殺不請的意象，尤其是狄仁傑和王翰時期，在引用尚方劍的典故時並未提及朱雲，可見尚方劍在唐代已經具有了獨立的文化生命。

歷代朝臣希望藉代表皇權的尚方劍以正朝綱，從現代法律角度來看，這些尚方劍被賦予的其實是司法程序中的便宜行事權。那麼歷史上的尚方劍被賦予過這樣的權利嗎？

這個問題並不好回答。尚方劍從未在歷代司法程序中扮演重要角色，但它的確被賦予過便宜行事權——只不過不是在司法程序。又或者說，古代中國其實有兩把尚方劍，一把是士大夫心目中用於征惡鋤奸的尚方劍，但這柄劍從未真實存在過；另一把則是被賦予了一定權利、能夠用於斬殺罪臣的尚方劍——但這柄劍的使用範圍和前提都非常特殊，與朱雲等人想借用的尚方劍並非同一物。

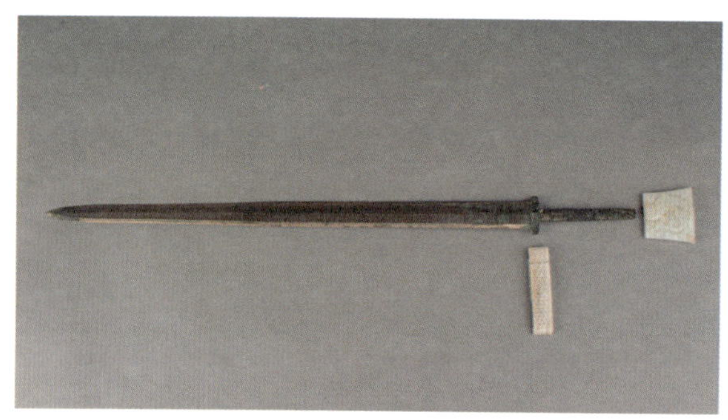

漢劍

漆鞘鐵刃漢劍

便宜行事權：從斧鉞到尚方劍

另一柄尚方劍不僅有便宜行事權，甚至還有專殺不請權——也就是先斬後奏權。但是這些權利只能在戰爭時期的在行伍之中使用，因此不從屬於司法權而從屬於軍權。它雖然同樣名為「尚方劍」，但其淵源卻是另一種武器與禮器：鉞。

鉞本是兵器，形制與斧相似，東漢許慎在《説文解字》提到：「大者稱鉞，小者稱斧。」因為形體笨重，鉞在漸漸脱離戰場而轉化為專門的禮器。不同的是，這一禮器代表的不僅僅是榮耀，更是實權。《禮記》中有「賜斧鉞然後專殺」之語，《淮南子》中描述得更詳細：「凡命將，主親授鉞曰：『從此上至天，將軍制之』」，又説「鉞，斧也，以黃金飾之，所以戮人」，可見鉞是專殺權的證明。

鉞的專殺權，主要在戰時或與軍事相關的情況下由皇帝賦予。比如，淮南王劉安謀反失敗後漢武帝劉徹派呂步舒治獄，便通過授鉞賦予其「專殺不請」的權力；漢末劉備拜關羽為前將軍時假節鉞，同樣是出於「將在外君命有所不受」的考慮，通過「假」以鉞來提高關羽鎮守荊州的便宜行事權。

節鉞的使用在兩晉時期制度化，而在隋唐時期日趨式微。隋煬帝楊廣因楊善會平叛有功而拜其為清河通守時「賜以尚方甲槊弓劍」，此處完全沒有無鉞的蹤跡。到了唐代，又出現了一個關於尚方劍和專殺不請權的有趣案例——據《舊唐書‧裴度傳》載：「上欲盡誅元濟舊將，封二劍以授梁守謙，使往蔡州。度回至郾城遇之，乃復與守謙入蔡州，量罪加刑，不盡如詔。守謙固以詔止，度先以疏陳，乃徑赴闕下。」在這裏，梁守謙授尚方劍後看似擁有了「盡誅元濟舊將」的權利，其實這裏只有「殺」權而無「不殺」權，當裴度未以死刑處置元濟舊將時，梁守謙還要因為「不盡如詔」而「固以詔止」。

從法律層面來看，節鉞已經離開了歷史舞台，它會迎來新的繼承人嗎？答案是肯定的。兩宋時期，尚方劍在一定程度上取得了曾經鉞擁有的便宜行事權。北宋曾公亮、丁度《武經總要》中載：「本朝之制，大將每出討皆給御劍自隨，有犯令者聽其專殺。」《宋史·李重貴傳》還記載了相關案例：「以重貴為麟府州濁輪寨路都部署……太宗善之，出御劍以賜，又纍遣使撫勞。」《宋史·田敏傳》中更點明了尚方劍的便宜從事權：「田敏自魚台北悉驅南徙，凡七百餘戶，送定州。遷北平寨總管，賜御劍，聽以便宜從事。」可見依宋代律法，出征將領執尚方劍即擁有專殺不請權，這意味着該將領面對違反軍令者可殺也可以不殺，與梁守謙手中半柄尚方劍相比實現了質的飛躍。

為什麼節鉞的「重任」最終落到了劍身上呢？如同朱雲請尚方劍一樣，這也是歷史的偶然。宋朝之初有帶御器械之職，《宋史·職官志六》載：「宋初，選三班以上武幹親信者佩櫜鞬、御劍，或以內臣為之，止名『御帶』。」櫜鞬即盛放弓箭之物，佩帶尚方櫜鞬、劍者均為皇帝的親信，這一部分人又與帶兵將領高度重疊，於是將領「假禁近之名，為軍旅之重」而帶尚方器械出征的情況也逐漸增多。在節鉞空缺的情況下，尚方劍成為宋代皇帝與將領的新寵就自然而然了。

雖說宋代的執尚方劍的將領「有犯令者聽其專殺」，但這種專殺不請權有較大限制。北宋慶曆年間，權御史中丞賈昌朝上備邊六事，提及「馭將帥」時，舉曹彬、李漢瓊討江南為例，言：「太祖召彬至前，立漢瓊等於後，授以劍曰：『副將以下，不用命者得專戮之。』」賈昌朝所推的「便宜從事」，局限於「偏裨有不聽令者以軍法論」，可見宋代尚方劍的專殺不請權僅在戰時針對低階軍官有效。

遼、金兩代甚至之後的元代亦有賜劍專殺之制。《遼史》中有「復遣東京留守耶律抹只以大軍繼進，賜劍專殺」「仁先為西北路招討使，賜鷹紐印及劍。上諭曰『卿去朝廷遠，每俟奏行，恐失機會，可便宜從事』」的記載；《金史》中有「上將御船，賜白撒劍，得便宜從事，決東平之策」的記載；《元史》中的記載更具情節性：「面賜錦衣、玉帶，弘範不受，以劍甲為請。帝出武庫劍甲，聽其自擇，且諭之曰：『劍，汝之副也，不用令者，以此處之。』」可見，尚方劍已經完成「繼承」了節鉞的「衣缽」，成為戰時便宜行事權的證明。

亞丑鉞

悉以尚方劍：尚方劍制度的定型與消亡

如果說節鉞制度成熟於兩晉，那尚方劍制度便定型於明代。

《明史》中尚方劍始見於「萬曆三大征」之一的寧夏之役。萬曆二十年（1592 年），寧夏爆發哱拜之亂，明神宗朱翊鈞「用尚書（石）星言，賜（總督陝西、延、寧、甘肅軍務魏）學曾尚方劍督戰」。因魏學曾授劍後「惑於招撫」，朱翊鈞又以甘肅巡撫葉夢熊代魏學曾，「亦賜尚方劍」。葉夢熊持尚方劍督戰後很快「盡誅拜黨及降人二千」，哱拜之子被綁赴京師，明廷賜尚方劍之制自此頻繁起來。

與歷代相同，明代賜尚方劍也主要針對戰時，尤其是在明末遼東戰事吃緊時，賜尚方劍愈加頻繁，李化龍、楊鎬、熊廷弼、袁應泰、孫承宗、馬世龍等人均授賜過尚方劍。崇禎年間，明朝已然風雨飄搖，明思宗朱由檢在內憂外患之中特別依重尚方劍，因此在貴州、川陝、遼東等處的戰場上，幾乎都有尚方劍的身影。崇禎一朝，尚方劍制度日漸完善，持尚方劍的將領如遇升遷，還可能引發再賜之禮，如名將盧象升甚至三度受賜尚方劍。

不過，尚方劍制度的完善過程同樣也是其瓦解過程，這其中不得不提的便是袁崇煥斬殺毛文龍一案。崇禎元年（1628 年），袁崇煥督師薊遼，兼督登、萊、天津軍務，朱由檢賜尚方劍，「假之便宜」，並「賜崇煥酒饌而出」。令朱由檢意想不到的是，袁崇煥到遼東後不久便因江總兵毛文龍違令而將其斬首。

袁崇煥斬殺毛文龍，是明代自萬曆年間尚方劍制度確立以降最特殊的一個案例。正如宋代尚方劍只能專殺副將以下不用命者，明代尚方劍的專殺權也有明確的限制，如《明史・楊嗣昌傳》中載：「巡撫不用命，立解其兵柄，簡一監司代之；總兵不用命，立奪其帥印，簡一副將代之；監司、副將以下，悉以尚方劍從事。」《明史．楊鎬傳》中同樣寫道：「詔賜鎬尚方劍，得斬總兵以下官。」

可見，明朝尚方劍的專殺權最高至總兵以下，而毛文龍早已是總兵，按詔，袁崇煥只能扣其帥印，並無專殺不請權。更為重要的是，毛文龍本身「累加至左都督，掛將軍印，賜尚方劍」，也就是說毛文龍的便宜從事權並不在袁崇煥之下，用尚方劍斬殺擁有尚方劍的將領，顯然已經超出了尚方劍的授權。所以，袁崇煥斬殺毛文龍與其說是突顯了尚方劍的權威，更不如說是宣告了尚方劍制度的死亡。

而到了崇禎十七年（1644 年）——也就是明朝存續的最後一年，尚方劍已是徒具形骸。當時李自成率領的大順起義軍攻勢如風，東閣大學士李建泰提出以「私財餉軍，不煩官帑，請提師以西」。李建泰的請命成為朱由檢最後一根救命稻草，他當即令李建泰督師山西，加兵部尚書，賜尚方劍，便宜從事。

《明史．李建泰傳》中詳細記載了這一次前無古人亦後無來者的授劍儀式：「帝御正陽門樓，衛士東西列，自午門抵城外，旌旗甲仗甚設。內閣五府六部都察院掌印官及京營文武大臣侍立，鴻臚贊禮，御史糾儀。建泰前致辭，帝獎勞有加，賜之宴。御席居中，諸臣陪侍，酒七行，帝手金卮親酌建泰者三，即以賜之，乃出手敕曰『代朕親征』。宴畢，內臣為披紅簪花，用鼓樂導尚方劍而出。建泰頓首謝，且辭行，帝目送之。」

這一次授劍與其說是為李建泰踐行，更不如說是為明朝祭奠。麾下只有五百人的李建泰持尚方劍「西征」，很快家「資盡沒，驚怛而病。日行三十里，士卒多道亡」，明朝這最後一柄尚方劍，連一兵一卒也調用不動了。明亡之後，南明朝廷繼續沿用尚方劍制度，然而此時的尚方劍更已隨着國家的破敗而失去了威信。明朝滅亡後，尚方劍制度隨之消亡。《九品芝麻官之白面包青天》雖然是喜劇，但李連英那句「本朝開國以來就沒聽説過有尚方寶劍」，倒也算符合史實了。

結語

尚方劍的身世，確實複雜。「尚方」是皇室的代名詞，尚方劍即御劍，而是皇權統治一切的情況下，御劍自然會囊括眾多的文化、法律、社會、政治含義，而戲曲與電影中的尚方寶劍，正是在一系列傳承與誤讀後混合而成的半虛構形象。古代中國民刑不分、諸法合體，司法權與軍權均從屬於皇權，因此朝臣也好、百姓也罷，都容易將行伍中的專殺不請權套用到司法程序中；而當這種誤會與賞良鋤惡的美好願望相結合後，自然就孕育了出欽差執尚方劍「上斬昏君、下斬佞臣」的虛構情節。

尚方劍雖是一個名詞，卻有兩個分身。第一個分身，存在於歷代朝臣的詩文和奏章中，存在於各類小説、戲曲和影視作品中，它深深鑲嵌於古代司法制度中，卻又完全全流於假想。第二個分身，存在於行伍之中，對應着規定繁複但卻貨真價實的便宜行事權，它切實存在，卻與司法制度沒有真實聯繫。當然，這完全是以當代法律思維為基礎的分析方式，古代中國的法律器物從來不能脱離君權而獨立存在，刀槍劍戟，斧鉞鈎叉，這看似江湖風度的兵器，終究還是擺脱不了廟堂氣息。

丹書鐵券

法定免死權

中國古代有一樣器物，能帶給人不死的權利——這就是俗稱「免死金牌」的丹書鐵券。

丹書鐵券由皇帝賜予，僅現身於功臣勛貴之家，但《水滸傳》却讓這一神秘的器物家喻戶曉。柴進出場時，書中用了一首《西江月》描述其身世之高中：「累代金枝玉葉，先朝鳳子龍孫。丹書鐵券護家門，萬里招賢名振。待客一團和氣，揮金滿面陽春。能文會武孟嘗君，小旋風聰明柴進。」上闕裏便提到了丹書鐵券。

柴進為何會有丹書鐵券？《水滸傳》藉柴進之口做了解釋：「家間祖上有陳橋讓位之功，先朝曾敕賜丹書鐵券。」「陳橋讓位」指的是發生於後周顯德七年（960年）的陳橋兵變。當時後周世宗柴榮駕崩、遼與北漢聯合南侵，趙匡胤臨危受命禦敵，大軍行至陳橋驛時便發動兵變稱帝。趙匡胤軍權在握，當時後周恭帝柴宗訓只好下詔讓位稱「人心已去，國命有歸」，決定「應天順人，法堯禪舜，如釋重負，予其作賓」。

柴氏禪位給了趙匡胤天命的合法性來源，作為回報，趙匡胤尊柴氏一族為「國賓」。這並非虛名——自周代後，歷朝多奉行「八議」制度，其中一條便是「議賓」，列為國賓之人除「十惡」等不赦的重罪外，擁有減免刑罰的特別審議權。不過，趙匡胤並賜柴氏丹書鐵券一事並無記載，《水滸傳》中之所以如此設計，大抵是丹書鐵券較之於「八議」有更强的可識別性，因此更適合運用於通俗小說中。其實，丹書鐵券的法律功效要比「八議」更為强大，權利也更為明晰。

券即契約，早期券文多是用丹砂填寫，因此丹書鐵券其實就是皇帝與執券人雙方定下的合同。在家天下的背景下，皇帝個人意志會上升為國家意志，因此這份合同就成了國家與執券人的合同，而其中所承載的權利義務，自然就能觸及通常情況下法律所觸及不了的領域了——而其中含金量最高的，當然就是依法免死的權利。

黃河如帶，泰山若礪，國以永存，爰及苗裔

漢代之前無丹書鐵券，最早關於丹書鐵券的記載見於漢高祖十二年（195 年）。據《漢書．高帝紀》載，劉邦平定天下後「與功臣剖符作誓，丹書鐵契，金匱石室，藏之宗廟」；而「剖符作誓，丹書鐵契」的內容，則是「使黃河如帶，泰山若礪，國以永存，爰及苗裔」十七個字。從契約的角度來看，這十七個字的權利義務關係並不明確，但卻成為了後世丹書鐵券最遙遠的源頭。

劉邦「懲戒亡秦孤立之敗」，一方面在劉氏內部明確「非劉氏不得王」，另一方面則試圖通過與功臣之間的契約分配權力，謀求國家的長治久安。《後漢書．祭遵傳》載：「昔高祖大聖，深見遠慮，班爵割地，與下分功，著錄勛臣，頌其德美。生則寵以殊禮，奏事不名，入門不趨；死則疇其爵邑，世無絕嗣，丹書鐵券，傳之無窮。」皇帝通過丹書鐵券「與下分功」，執券者則享受爵位與封地的優渥待遇並將之傳於後世。

「剖符作誓」之禮自古有之。依《周禮》，先秦時期盟誓記於簡冊、竹符之上並剖分為二，遇事時拼到一起進行勘驗，這就是「諸所合節以為『契』者也」。《周禮》同時又有「大約劑書於宗彝」的表述，可見重要的契約還是要銘刻在青銅酒器之下。劉邦以亭長起家，立國之初正是需要向臣下申明契約內容河山帶礪、永不更改之時，將契約的載體定為金屬就順理成章了。

那麼，漢代的丹書鐵券是否能被視為「免死金牌」呢？要回答這個問題，不妨將視線回歸到合同文本。依據約定，漢代的執券者「生則寵以殊禮」「死則疇其爵邑」，但並不具備任何司法層面的免死權。

「司法實踐」中也是如此，執券者無論多勞苦功高，都會因為觸犯刑律而被問罪懲戒。「漢初三傑」之一的蕭何可謂漢朝開國第一功臣，僅因「強賤買民田宅」「多受賈人財物」等小罪便入獄險遭不測。執券者本人已然如此，其後人就更無免死免罪特權。周勃、陳平均有丹書鐵券，周勃的長子周勝之因殺人獲罪而剝奪封國，次子周亞夫有平定「七王之亂」的大功，同樣被逼得「不食五日，嘔血而死」，最終還是被剝奪封國。陳平的曾孫陳何因掠人妻子，也落得「棄市，國除」的下場。細究起來，丹書鐵券固然沒有約定執券者免死的權利，但就算是明確約定的「國以永存，爰及苗裔」八個字，其實也沒有真正被落實。

進一步說，漢代持券者「國以永存」者少，反而是「以事失侯」者多。《史記．高祖功臣侯者年表》中記載：「漢興，功臣受封者百有餘人。至太初百年之間，見侯五，餘皆坐法殞命亡國。」《漢書．高惠高後文功臣表》中感歎：「子孫驕逸，忘其先祖之艱難，多陷法禁，隕命亡國，或亡子孫。訖於孝武后元之年，靡有孑遺，耗矣。」

趙翼在《廿二史札記・漢初布衣將相之局》中也評價道，漢代諸侯王「惟得食租衣税，又多以事失侯」。至太初年間，持券功臣們的後裔，封國仍存的已經所剩無已，漢代丹書鐵券的法律效力，由此可見一斑。

丹書鐵券中約定的內容無法履行，根源在於締約雙方並非真正平等的民事主體。劉邦立國時賜丹書鐵契是為了拉攏這些「跡漢功臣」之心，乃至於「勸戒後人，用命之臣，死而無悔也」，而非鼓勵眾人成為法外權貴。一旦執券者無自知之明，恃寵而驕大行違法亂紀之事，試問哪個皇帝心甘情願為罪臣搭建容身之處呢？丹書鐵券名為「契約」，但實質上是以皇權為基礎的榮譽證書。

自劉邦之後，漢代乃至於三國、西晉帝王均未再賜丹書鐵券，但這一器物的文化影響力却早已參透民間。《後漢書・桓帝紀》所載，延熹八年（165 年）蓋登稱太上皇帝，自製的御用器物中便有鐵券；《晉書・張昌傳》載，西晉太安二年（303 年）張昌、劉尼起事，也將鐵券現世視為和「雲鳳皇降」一樣的祥兆。

東晉大興四年（321 年），丹書鐵券一度再現。東晉元帝司馬睿拜鮮卑慕容部首領慕容廆監平州諸軍事、安北將軍、平州刺史等職，同時賜「丹書鐵券，承制海東」。不過司馬睿的所作所為明顯是出於安撫羈縻的意圖，這裏的丹書鐵券不宜視為專有名詞，只應當看做是丹砂所書、金屬為質的特別契約。

到了南北朝，丹書鐵券終於迎來復興，並正式升級為貨真價實的「免死金牌」。北魏時期，「臣下任事者得以出入帷幄，而賞賜無度，盈積私家，金書鐵券，不死之詔頻以許人」。西魏時期大將李穆冒死救宇文泰，宇文泰感激之餘「特賜以鐵券，恕其十死」。南朝同樣如此：北魏叛將嚴始欣向南朝梁投降，梁武帝蕭衍便遣使以詔書、鐵券衣冠等賜之」。

為何丹書鐵券會突然增加免死之權呢？這與南北朝時期的分裂局面有關。亂世之中，忠誠讓位於實力，掌握軍權的將領多有叛變之舉，而新「東家」許以包括不死在內的各種條件當然就成了投誠的前提。叛將與皇帝之前有締約的相對平等地位和現實需求，而丹書鐵券當然就成了最適合的契約形式。南北朝時期的帝王特別善用丹書鐵券招降，鐵券中的內容也因時、因事而異，從封王到世襲權，不一而足。

凡疑人臣反，則賜券

南北朝時期的丹書鐵券在內容上有了極大的拓展，但對於鐵券的賜予者皇帝來說，這份契約終究是權宜之計，因此丹書鐵券在其向「免死金牌」過渡之初就埋下了不信任的種子。在這一背景下，執券者的命運就很難預測了。

南北朝統一於隋。隋末，越王楊侗稱帝，段達等七人因擁立之功賜金書鐵券——得益於冶金技術不斷發展，隋人已能夠用金銀填嵌於鐵券上，因此丹書升級成了金書。當然，無論是丹書還是金書都沒能讓段達善終，秦王李世民攻破洛陽後，這位「身長八尺，美鬚髯，便弓馬」的名將於長安處斬。

後人常將漢唐並稱，唐高祖李淵也的確與漢高祖劉邦一樣，在建國後「與下分功」。《唐大詔令集》中收錄了一道《褒勛臣詔》:「朕起義晉陽，遂登皇極，經綸天下，實仗群材。尚書令秦王世民、尚書右僕射裴寂等，或合契元謀，或同心運始，並蹈義輕生，捐家殉節，艱辛備履，金石不移。論此忠勤，特宜優异。官爵之榮，抑惟舊典；勛賢之議，宜有別恩。其罪非叛逆，可聽恕一死。其太原元謀勛效者，宜以名聞。」

《褒勛臣詔》和劉邦與漢初功臣盟誓的做法極為相似。雖然詔令中未提及丹書鐵券，但這一封詔書被歸入「功臣・鐵券」篇，因為可以納入丹書鐵券。《褒勛臣詔》中不僅明確了執券者「恕一死」的具體權利，而且將賜予權利的理由也寫得更為充分，不僅漢代丹書鐵券的內容那般原則化。日後唐代丹書鐵券的誓詞以此為範式，最終發展出完備的格式：賜券日期、受賜者的姓名、官爵、邑地受賜者的功勛業績；冊封內容與賦予特權；對受賜者的訓誡，臣子須忠於朝廷以「長襲寵榮，克保富貴」「永將延祚子孫」；最後則是皇帝之誓，如果皇帝不能履行承諾，將「天不蓋，地不載，國祚傾危」。

唐代錢鏐鐵券

行文的格式化背後，是唐代君主對丹書鐵券這一形式的重視。

一旦涉及到免死權，丹書鐵券就直接與律法產生了對抗，而從統治層面來看，所有對律法的違背都不可避免地帶來皇權的削弱，因為在家天下的制度建構下，律法才是皇權最極致、最全面的表達。那為什麼唐代帝王還如此重視丹書鐵券呢？答案很簡單：即便的高高在上的皇權也有不穩固的時候，而當皇帝缺乏安全感的時候，契約就顯得尤為重要了。

最著名的例子莫過於武則天。武則天晚年知道國政遲早將復歸於李氏，「慮身後太子與諸武不相容，壬寅命太子、相王、太平公主與武攸暨等為誓文告天地於明堂，銘之鐵券，藏於史館」。武則天知道她的天命將隨生命的消亡而散去，只能將保護家庭的希望寄托在丹書鐵券上。只是，武則天生前只謀權術，死後又怎能依賴鏡花水月一般的契約精神呢？所謂「其人存，則其政舉；其人亡，則其政息」，一旦武則天這個靠山沒有了，武氏後人的未來也就可想而知了。

李氏又何嘗不是如此。有唐一朝，尤其是高宗、中宗、睿宗時期，皇室內部權利爭奪極為劇烈，每發生一次「奪門」之變，新登基的皇帝就急於賜予功臣丹書鐵券，如楊元琰定張易之、張昌宗後，甚至獲「賜鐵券，恕十死」。到了晚唐，尤其是安史之亂後，藩鎮割據日益嚴重，朝廷面對眾多強藩悍將根本無力掌控，於是愈加依賴於丹書鐵券，試圖通過銘記於一張鐵皮上的浩蕩皇恩換取將領們的忠誠。唐代宗對李寶臣、李懷仙、薛嵩、田承嗣「皆賜鐵券，誓以不死」；唐德宗面對王武俊、朱滔、田悅、李納等悍將僭號稱王之舉不僅賜予鐵券，還在券文中順便罪已曰「萬方有罪，罪在朕躬」。到了僖宗、昭宗二朝，朝廷已經衰弱到帝王被亂兵所逼頻頻出幸，丹書鐵券更成為手無實權的皇帝們唯一能抓住的救命稻草。只是，丹書鐵券的權利原本源於皇權，當皇權穩固裏，執券者無法指望皇帝履約；而皇權敗落時，皇帝又如何能期待執券者重諾呢？於是唐代帝王在惶恐之下，只能一步一步抬高丹書鐵券的價碼。唐末眾多受券的「功臣」未必有功，丹書鐵券上所載的權利却日益加强，動輒「恕十死」且能惠及子孫。

丹書鐵券雖然是契約，但歷代皇帝與執券者的契約精神從未建立，有唐一朝，受賜鐵券者中犯下死罪而能真能免死者實在屈指可數。唐初期如功臣劉文靜、裴寂一被誣殺，一被流放而病逝；唐中期如桓彥範、敬輝、袁恕己等被殺於流放途中；唐晚期如杜讓能受賜自盡，如此種種，不一而足。唐末强藩悍將曾發出「凡疑人臣反，則賜券」的呼聲，可謂一語中的。

現存最古老的一枚丹書鐵券實物正誕生於唐末。乾寧二年（895年），義勝軍節度使董昌於越州稱帝，其將錢鏐不肯相附，奉唐昭宗李曄之命平叛並取得勝利。李曄為表達感激，拜錢鏐為鎮海、鎮東兩鎮節度使，賜丹書鐵券，約定「卿恕九死，子孫三死」「或犯常刑，有司不得加責」，由此觀之，「免死金牌」在它面前也相形見絀了。錢鏐受賜的丹書鐵券被後世稱為「錢鏐鐵券」，其價值不在於榮耀錢氏一族，而在於它跨越數百年影響了日後明代丹書鐵券的形制，當然這又是後話了。

帝王心存大信，故不必刻之金石也

五代繼承了唐代的丹書鐵券，也繼承了丹書鐵券的「違約傳統」。後唐莊宗李存勖賜朱友謙「賜之鐵券，恕死罪」，後又將朱友謙及其家族二百餘口一併斬殺。友謙妻張氏臨刑前拿出鐵券言「此皇帝所賜也」亦是徒然。後晉高祖石敬瑭賜范延光鐵券「許之不死」，然而范延光隨即被楊承勛逼殺，石敬瑭亦未對楊承勛問責。

後唐君臣之間的一席話，將丹書鐵券的實質描繪得淋漓盡致。據《資治通鑒．後唐紀》載，後唐明宗李嗣源曾面對受賜鐵券者皆族滅的慘劇「歎息久之」，而大臣趙鳳只回了一句話：「帝王心存大信，故不必刻之金石也。」的確如此，人若無信，刻之金石又有何用呢？

宋代君臣對於丹書鐵券的態度並不積極。這期間或許有鑒於丹書鐵券名不符實之故，但更深層的原因是，宋代以科舉制度為核心的官僚政治形態全面取代門閥士族政治形態、中央集權進一步加强，因此規定法外特權的丹書鐵券自然大受非議，反而是遼、金兩朝吸收了丹書鐵券制度。元代未建立丹書鐵券制度，倒是設有「答刺罕」封號，受封者可以享受「九罪弗罰」的特權。

如果說南北朝迎來了丹書鐵券的第一次復興，那第二次復興就出現在明代。與劉邦、李淵一樣，明朝開國皇帝明太祖朱元璋為「保恤功臣」並使功臣之後「報德明功，勤勤懇懇」，决心恢復丹書鐵券。然而隨著宋元兩朝的斷檔，朱元璋早已不知丹書鐵券的形制，因此特意遣使請錢鏐後人進獻丹書鐵券，依其形制改良出了明代的丹書鐵券。

據《萬曆野獲編》所載，明代丹書鐵券「形如覆瓦，面刻制詞，底刻身及子孫免死次數，質如綠玉，不類凡鐵，其字皆用金填，券有左右二通，一付本爵收貯，一付藏內府印綬監備照」。明代丹書鐵券在質地、券文內容等方面均有創新，不過最大的變化在於朱元璋試圖將丹書鐵券制度化——或者說法制化的努力。

明代丹書鐵券規定的免死權與功勞、官階成正比，而且相對保守，不會動輒「恕十死」。大將軍徐達在明初號稱戰功第一，被封魏國公，然依其鐵券，徐達只能免死三次，其子免死二次。又如丞相、太師、位列百官之首的李善長，依其鐵券亦僅「免二死，子免一死」。免死一至二次，成為明朝鐵券的「標配」。

朱元璋如此思量，當然是不希望功臣恃券而驕成為法外狂徒，然而不受制約的權力一定會被濫用。朱元璋在位時期，持券功臣「多恃鐵券犯法」便已成為大患。如藍玉便「私其珍寶駝馬無算」，且又「佔東昌民田，民訟之，御史按問，玉執御史，捶而逐之」；如郭英橫行不法，因小事而「擅殺男女五人」。洪武一朝，各路持券功臣「強佔官民山場、湖泊、茶園、蘆蕩及金銀銅場鐵冶」或「倚恃權豪，欺壓良善，虛錢實契，侵奪人田地房產」者愈眾，甚至連功臣的奴僕家僮也狐假虎威，「多倚勢冒法，淩暴鄉里，而諸勛臣亦不禁戢」，明朝丹書鐵券制度剛剛恢復不久，就掀開了人性中最醜惡的一面。

面對如此亂象，朱元璋不得不「詔工部作鐵榜，戒以保全終始之道」，而這部「鐵榜」所書，正是丹書鐵券權利的但書和抵罪的實施細則。持券功臣或其家人僕人有相應罪行尚需「鐫其過於券」，於是丹書鐵券本身又成了功臣們的罪行書與履歷表。

當然，即使如此，丹書鐵券與鐵榜上銘刻的金字在無上的皇權面前依然微不足道。朱元璋對功臣的殺戮幾乎成為歷朝之冠，尤其在「胡惟庸案」後，這位平民出身的皇帝常以「莫須有」的罪名剪除功臣，馮勝、藍玉、傅友德等均未能幸免。尤其處死李善長時，朱元璋竟因為「星變，其占當移大臣，遂併其妻女弟侄家口七十餘人誅之」，終明一朝，丹書鐵券可謂有「免死金牌」之名，却無「免死金牌」之實了。

結語

自劉邦下令製作丹書鐵券後，這一器物在歷朝更迭中幾經起伏，最終在民間與「免死金牌」劃上了等號。《水滸傳》中藉丹書鐵券烘托柴進的身世雖為虛構，但大抵符合歷史邏輯 —— 事實上，宋朝立國之初的確有不少將領，如李重進、盧絳、陳洪、王審琦受賜丹書鐵券，只是賜券一事未能成制。當然，歷史上的丹書鐵券往往徒有虛名，柴進持丹書鐵券却落得逼上梁山的下場，反而更為真實。

丹書鐵券「不堪大用」，一方面源於「人主不能廢法而曲全之」，另一方面更源於丹書鐵券基礎的脆弱。《皇明功臣封爵考》中有一段經典論述，足以詮釋丹書鐵券的內核：「治稍下衰，而誓誥興，信不足，有不信。夏後作誓，而民始叛。殷人作誥，而下益惑。蓋自結繩而為書契，自書契而為誓誥，利害相摩，機械相直。君父而臣子也，君有不得於其臣，臣有不得於其君，天理之存者，曾不毫髮，況又自誓誥而為鐵券。」

説到底，丹書鐵券這份契約，完全立足於皇權對於律法的淩駕之上，帶有濃濃的權術色彩。如果皇帝單方面不履約，其上的免死條款非但不能免死，更有可能變成催命符 —— 當然，這一推論只在皇權穩固的時候成立。

缿筩

匿名舉報箱

「缿筩」兩字都有些生僻。「缿」即撲滿、存錢罐，許慎《說文解字》云：「缿，受錢器也。古以瓦，今以竹。」「筩」通「筒」，因此「缿筩」又可稱為「缿筒」。「缿」與「筩」各自成義，但兩字相組就成了一個專有名詞：缿筩。這個專有名詞，通常被認為是中國古代最早的舉報箱。

將缿筩視為舉報箱當然沒錯，但最好將其更精確地定位於匿名舉報箱。之所以要做這樣的細分，是因為實名舉報和匿名舉報箱雖然都是舉報，但兩者的形式、目的、性質都有很大差異。實名舉報在明，其舉報人需要為言論承擔法律後果；匿名舉報在暗，有司衙門無法按圖索驥找到負責人。實名舉報者主張的大多為正當的法律權益，而匿名舉報的訴求則不不拘泥於律法，利用其黨同伐異的亦大有人在。

因此，歷朝歷代對這兩種行動採取的態度和手段截然不同：實名舉報作為法律體系所認可的正當權利，有相對完善的啟動和受理程序；而匿名舉報往往原則上被法律禁止，但同時又作為非常方案，在非常時間、非常事件中作為非常手段被使用。如果說實名舉報是光明正大的證據對壘，一旦舉報人坐實誣告要付出相應代價，那匿名舉報則往往指向人性中最幽暗的一面，有時甚至可能引發出一系

缿筩形制類似
古代儲錢器物「撲滿」

列的冤案與悲劇。

如果匿名舉報自古以來就被視為誣告之源，為何還會有缿筩這樣的匿名舉報箱出現呢？一個討巧的回答是:因為匿名舉報信的存在。

投書：「勿發，見輒燔之」

如果說有人的地方就有江湖，那有紛爭的地方就有匿名舉報。匿名舉報行為出現的時間不能確定，但能夠確定的是，中國自古以來就將禁止匿名舉報當作法律的重要組成部分，「投匿名文書告人罪」最早可上溯到中國第一個大一統王朝：秦朝。

這一罪名的回溯並不容易，直到 1975 年睡虎地秦墓竹簡出土後，後人才有幸通過竹簡中的記載一睹秦代法律制度的側影。《法律答問》記載 :「有投書，勿發，見輒燔之；能捕者購臣妾二人，毄（系）投書者鞫審讞之。所謂者，見書而投者不得，燔書，勿發；投者（得），書不燔，鞫審讞之之謂殹（也）。」

「投書」即匿名舉報信。本段整理者所作的譯文為：「有投匿名信的，不得拆看，見後應立即燒毀；能把投信人捕獲的，獎給男女奴隸二人，將投信人囚禁，審訊定罪。律文的意思是，看到匿名信而沒有拿獲投信人，應將信燒毀，不得開看；已拿獲投信人，信不要燒毀，將投信者審訊定罪。」

這一段法律條文雖然不長，但體現出來的法律原則很明確：一是否定匿名舉報信的法律效力，二是嚴懲匿名舉報人。《尚書．呂刑》曰：「兩造具備，師聽五辭。」兩造即訴訟雙方當事人，師指有司判官。這意味着，自周代以降，原被告雙方當事人出庭對質就已經成為審訊的基本要求。以當代法律視角來論，這也符合權利義務相符的原則：匿名舉報中，原告因主體缺失又無法承擔義務，這既剝奪了被告獲得公平審判的機會，更進一步對訴訟制度造成了破壞。秦律對「投書」可謂嫉惡如仇，一個「輒」字就把要將匿名舉報信立刻燒毀的急迫性表現得淋漓盡致。捕獲匿名舉報人的獎賞豐厚到男女奴隸二人，可以推測對匿名舉報人的懲罰只會更高。

漢律中的「投匿名文書告人罪」，流傳於後世的記載極少。張家山漢簡《二年律令．具律》規定較為明確：「毋敢以投書者言繫治人。不從律者，以鞫獄故不直論。」大意是有司不能根據匿名舉報信的內容來抓捕、審理被告；否則以鞫獄故不直罪名論處。此外，據《晉書．刑法志》記載，曹魏曾改革漢律，其中一條就是「改投書棄市之科，所以輕刑」，可推知漢代投書罪對應的是死刑。其實西漢已經針對肉刑進行過幾次輕刑改革，《漢書．景帝紀》記載，中元二年（前 148 年）「改磔曰棄市」，考慮到漢延秦律的大背景，匿名舉報者在兩漢四百年間犯下的都是重罪，尤其是在漢初還要受到分裂肢體的酷刑。

秦漢律法在嚴苛之餘，也奠定了之後歷朝對待匿名舉報的基本章法。到了唐代，刑罰從整體上較秦漢時期有所減輕，但投匿名文書告人罪依然是流放二千里的重罪。《唐律・鬥訟・投匿名文書告人罪》規定：「諸投匿名書告人罪者，流二千里。謂絕匿姓名及假人姓名，以避已作者。棄置、懸之俱是。得書者，皆即焚之，若將送官司者，徒一年。官司受而為理者，加二等。被告者，不坐。輒上聞者，徒三年。」《唐律疏議》中補充道：「匿名之書，不合檢校，得者即須焚之，以絕欺詭之路。得書不焚，以送官府者，合徒一年。」可見唐距秦雖近千年，但唐律與秦律針對該罪的法律精神卻是一脈相承。

《宋刑統》幾乎完全沿襲《唐律》，遼、金、元諸朝亦然。《遼史・聖宗紀》《金史・章宗紀》分別記載，遼聖宗耶律隆緒、金章宗完顏璟分別下詔「禁匿名書」「制投匿名書者，徒四年」，《元史・世祖紀》中亦有元世祖忽必烈因「投匿名書言斥乘輿」誅殺程思彬的事例。明清時期，法律規定愈加嚴厲，《大明律》《大清律例》中的「投匿名文書告人罪」均規定「凡投隱匿姓名文書、告言人罪者、絞。見者即便燒毀。」

從秦代的「見輒燔之」到清代的「見者即便燒毀」，中國已然走過了兩千年的漫漫長路。歷史在此似乎正應了譚嗣同說「二千年來之政，秦政也」那句名言，針對匿名舉報信，歷朝歷代態度出奇地一致 —— 以「用塞誣告之源，以杜奸欺之路」為目標，古往今來立法者們不假思索地將匿名舉報信投入烈火，如同歐洲中世紀的人們將女巫綁上火刑架一樣堅定。

時過境遷，1911 年頒佈的《大清新刑律》終於正式廢除了投匿名書告人罪，但此時的中華法系在西風東漸的思潮中已經支離破碎，不復當年氣象。

缿筩：「吏民相告奸」

歷代律法對匿名舉報嫉惡如仇，在這樣的環境下，為何還會孕育出缿筩這樣違反中華法系基本準則的產物呢？一言以蔽之：有非常之人，然後有非常之事，有非常之事，然後立非常之功。不過在展開這一論述之前，有必要先回答另一個更為基礎性的問題：中國最早的舉報箱誕生於何時？

一個流傳較廣的説法是，「法家始祖」李悝所發明的「蔽竹」是中國最古老的舉報箱。戰國時代，魏文侯魏斯任用李悝為相，率先進行變法改革。李悝主張選賢任能、廢止世襲特權的一系列主張深深刺痛了貴州階層，阻力頗大。為推動變法，鼓勵百姓舉奸揭兇，李悝決定在偏僻的巷道中設置蔽竹 —— 這是一個圓柱形的竹筒，上留小口，民眾可以將寫有檢舉內容的竹簡投入其中。一旦查證確實，官府將「嚴律治之」。後李悝制定《法經》，便將蔽竹記錄於其中。

此説大可探討。最早提到《法經》一書的史料是三國時期的《晉書·刑法志》所引的《魏律·序》，此時距戰國已經過去六百年；而明代董説《七國考》引用的桓譚《新論》對《法經》有相對細緻的論述，但《新論》在南宋時就已散佚。因此，《法經》是否真實存在這個問題本身就曾引發過爭議，何勤華提出「對於流傳下來的文獻史料，只要沒有明確的證據證明其是偽造的，一般都應認可其真實性。對《法經》亦應如此」。只能說，通過後世文獻對《法經》隻言片語式的概括，確實無法百分百肯定蔽竹就是中國最早的舉報箱。

歷史的車輪繼續前進。秦代設公車司馬令，職責之一便是轉達吏民上章；漢代建立「詣闕上書」的制度，但這些官職和制度指向的都是公開實名舉報。真正有文獻支撐且具備舉報箱功能的，要數西漢宣帝時期趙廣漢發明的缿筩。《漢書・趙廣漢傳》載，趙廣漢擔任穎川太守時為打擊豪強，「教吏為缿缿筒，及得投書，削其主名，而託以為豪傑大姓子弟所言。其後強宗大族家家結為仇仇，奸黨散落，風俗大改。吏民相告奸，廣漢得以為耳目，盜賊以故不發，發又輒得」。

這一段的疏註詳細解釋了缿筒的形制：「缿音？，如瓶，可受投書」「筒，竹筒也，如今官受密事筒也」「缿，若今盛錢臧瓶，為小孔，可入而不可出。或缿或筒，皆為此制，而用受書，令投於其中也。筩音同」。從中可以看出，缿筒有些像儲錢罐，只能往裏面放東西卻不同輕易取出；而趙廣漢拿到這些檢舉材料後又「削其主名」，並偽稱是豪傑大姓子弟提交的情報。有了這樣的保密性，「吏民相告奸」現象的出現也就不奇怪了。

趙廣漢作為一名清官被後世廣為傳頌，但從法律角度來看，趙廣漢既違背了古代中國的治理邏輯，偽造舉報人身份的作為也顯然不容於當代法制精神，因此只能將其所作所為視為「非常之人」的「非常之事」。不過從細節中可以發現，缿筩所收舉報信應當都有署名，因此趙廣漢才需要「削其主名」，即削去舉報人的姓名——缿筩本是普通的舉報箱，卻在趙廣漢的「運籌」下變成了匿名甚至是假名舉報箱，着實令人唏噓。反過來說，在主政官員一反常理鼓勵舉報的「非常之時」，眾多舉報人依然還要留下姓名，漢代人對投匿名書信的排斥或者說恐懼可想而知。

趙廣漢也因此名聲大振，不久升遷為京兆尹。據《資治通鑒》記載：「京兆政清，吏民稱不容口。」之後趙廣漢因上書告發丞相魏相，被蕭望之彈劾，最終被處以腰斬。據《漢書・趙廣漢傳》載，趙廣漢行刑時「吏民守闕號泣者數萬人」，甚至有人「願代趙京兆死」，其得民心之深、下場之慘，着實令人唏噓。只能說，先驗地將趙廣漢作為好人和清官是不合適的。趙廣漢有清廉硬派的一面，也有酷吏妄為的一面，他所告發的魏相、彈劾他的蕭望之，也各自有着「持重守正」「名節並隆」的美名，孰是孰非，恐怕歷史也無法作答。

疏註中的「如今官受密事筒也」一句，為三國時期孟康所書，可知三國時期亦有舉報箱的建制。三國時期曹魏與孫吳均在傳統監察機構之外設有校事，其職能類似於明朝的廠衞，故有密事筒也不足為奇。

匭函：天下之壅蔽所由通也

匿名舉報箱出現重大發展，是在唐代。唐律嚴禁止匿名舉報，但集大成的匿名舉報制度也偏偏出現在唐代，這當然又源於「非常之時」和「非常之人」。「非常之時」是指武周革命，而「非常之人」正是武則天。

武則天本為唐高宗李治的皇后，李治駕崩後，武則天以皇太后身份臨朝稱制，並最終於天授元年（690 年）改唐為周，遷都洛陽。武則天以女主臨朝，成為中國歷史上唯一正統的女皇帝，這一事跡本身便堪稱奇跡；但伴隨奇跡而來的更有無盡的危機與挑戰。李氏的擁護者甚眾，門閥世家的勢力亦尾大不掉。武則天對自己強搶而來的天命明顯有些底氣不足，所以終其一朝都大開告密之門。為了加強耳目，武則天於垂拱二年（686 年）於朝堂東西南北四面分置了青、丹、白、黑色四個銅匭，以收集各路情報。

這四個銅匭包含着告密的功能，但其意義卻遠遠不足於告密，而是帶有「申天下之冤滯，達萬人之情狀」的目標。對於它們的敍述，以《唐會要》最為詳盡：

> 置匭四枚，共為一室，列於廟堂。東方木位，主春，其色青，配仁。仁者以亭育為本，宜以青匭置之於東。有能告朕以養人及勸農之事者，可投書於青匭，名之曰「延恩匭」。南方火位，主夏，其色赤，配信。信者風化之本，宜以丹匭置之於南。有能正諫論時政之得失者，可投書於丹匭名之曰「招諫匭」。西方金位，主秋，其色白，配義。義者以決斷為本，宜以素匭置之於西。有欲自陳屈抑者，可投書於素匭，名之曰「申冤匭」。北方水位，主冬，其色玄，配智。智者謀慮之本，宜以玄匭置之於北，有能告朕以謀智者，可投書於玄匭。名之曰「通玄匭」。

四匭的形制與命名正合陰陽五行思想，同時也突顯了武則天的個人審美與政治權威；而論其功能則不僅僅局限於告密，更有勸農之事、諫論時政之得失、自陳屈抑、告以謀智等。《資治通鑒》對四匭的解釋更為簡潔明瞭：「延恩匭」為求仕進者投之，「招諫匭」為言朝政得失者投之，「申冤匭」為有冤抑者投之；「通玄匭」為言天

銅匭青銅器

銅匭復原圖

象災變及軍機祕計者投之——由此看來，四匭已然是各路民情政事直達天庭的信息中樞。

銅匭設在光順門內，武則天設置了專門的知匭使院，其中知匭使進行分揀，理匭使負責進一步的審閱。文書中關係重大的直接交予武則天本人，普通事務則轉發到宰相或者其他的有關部門處理，再上奏武則天決斷。

四匭雖然顏色各異，但其基本形制均是「以受表疏，可入不可出」，以保護投書者的隱私。從政治角度來看，匭函制度或許與武則天的「酷吏政治」相得益彰，使得告密行為愈加盛行；但從法制角度來看，其設立的確承擔了大量「通冤滯」「知民情」的職責，功效十分顯著。比如名臣狄仁傑，在被來俊臣誣陷謀反後，正是通過申冤匭進行了平反；著名詩人陳子昂，也正是通過延恩匭進呈《諫靈駕入京書》而授麟台正字。

對於匭函制度，唐人自己也頗有矛盾。支持者當然大有人在，如韓愈在其《贈唐衢》一詩中便寫到「當今天子急賢良，匭函朝出開明光」，白居易更認為「匭使之職舉，則天下之壅蔽所由通也」，對其「通壅滯」「達下情」給予了極高的評價。但正如《資治通鑒》所言，當時洛陽一派「四方告密者蜂起，人皆重足屏息」的亂象，這使得很多士人開始了深刻反思，其中之一正是被武則天提拔的陳子昂。陳子昂認為當時出現的告密狂潮已經嚴重影響到了國計民生，以至於上疏道：「伏見諸方告密，囚累百千輩，乃其究竟，百無一實。陛下仁恕，又屈法容之，遂使奸惡之黨快意相仇，睚眦之嫌即稱有密，一人被訟，百人滿獄，使者推捕，冠蓋如市。」這一只識律法不識政治的逆耳忠言，當然沒有得到武則天的採納。

唐朝滅亡後，匭函制度依然常見於五代諸國。後唐、後晉、後漢、後周，均有設匭函的記載。宋初效法於唐，繼續推行匭函制度，直到雍熙元年（984 年）宋太宗趙炅改匭院為登聞院，匭函才變成了檢匣。檢與匭形制相似、功效相同，也重在「可入不可出」，《資治通鑒長編》載「東延恩匭為崇仁檢，南招諫匭為思諫檢，西申冤匭為申明檢，北通元匭為招賢檢」，匭與檢一字之差，內核相同。

元滅南宋後，檢函制度也隨之消失在歷史舞台上。明清兩朝依然有迎駕、密奏、叩閽等制度，但由南朝梁至南宋通行七百餘年的匭函制度，卻再也沒有出現。清代極富特色的密摺，也只是針對小部分高級官員量身訂製的實名密件，與匿名舉報制度並不相干。

結語

對匿名舉報的排斥不僅局限於東方，孟德斯鳩《論法的精神》第十二章論及君主國家對匿名信的態度問題時，也曾有一段極為經典的論述，可以作為參照：

「如果有人為着公共的利益而控告他人，如果控告人不願意使法律施行於他和被告人之間，那就證明他有原因懼怕法律。我們所可能給他的最低限度的處罰，就是完全不相信他。除了案情急迫，無法忍受普通裁判程序的延宕並且與君主福利攸關的場合之外，人們是不應理睬這種控告的。在理睬的場合，我們可以認為控告者是極不得已才不保持沉默而說了話的。但是在其他場合，我們就應該和君士坦丁帝一樣地說：『一個人有仇敵，而沒有人出面控告他，這個人是不應該受到我們懷疑的。』」

誠哉斯言。

登聞鼓
直訴程序啟動工具

古代中國的縣衙門口，往往會放置一面一人多高的大鼓。在不少中國歷史題材的影視劇作品中，這面鼓可是個名角：老百姓打官司，少不了要先跑到衙門口擊鼓，提醒縣官民間有冤情、需要升堂斷案了——這便是所謂的「擊鼓鳴冤」：擊鼓是提起訴訟的「前置程序」，正如後世的當事人到法院提起訴訟需要交起訴狀一樣。

通過擊鼓來啟動訴訟程序，大多出於後人浪漫主義的猜想。其實，古人與今人一樣，起訴也需要先呈上訴狀，知縣收到之後會擇時升堂審理。朝廷對上訴狀的格式要求絕不算低，清代甚至出現了「官代書」制度：所謂「官代書」，是指通過官府考試、獲准代寫訴狀的人員，百姓的上訴狀必須經由這些人代書，才能交得到衙門裏去。

至於縣衙的鼓，倒也確有其事，而且有兩面：一面設在縣衙大堂，知縣若要審案，升堂、退堂時分別會以升堂鼓、退堂鼓為號——「打退堂鼓」這一俗語便來源於此。另一面設在縣衙門口，最早並非為鳴冤而設，而是作擊鼓聚眾、集合官差之用，緊急情況當然也可以擊鼓警戒，因此其適用範圍並沒有嚴格邊界。晚近之世，百姓遇到緊急狀況下可以不呈訴狀直接擊鼓，當然，這已經屬於特殊程序。晚清吳趼人在其《二十年目睹之怪現狀》寫到「（李壯）飛奔到縣裏去擊鼓鳴冤，說夏作人殺人」，出現命案便是得以啟動特殊程序的緊急狀況。至於百姓平日那些鄰里紛爭、家長里短的小矛盾當然是不能擊鼓的，否則知縣們就是有三頭六臂，案件也辦不過來。

不過「擊鼓鳴冤」四個字倒也沒錯，只不過這裏擊的「另有其鼓」，那就是登聞鼓。這面登聞鼓只設在京城，而非普通縣衙，鳴冤者求助的對象乃是天子，而非尋常知縣。可想而知，這面登聞鼓擊起來絕非易事，能成功擊鼓之人通常生活在京畿地區，或者富裕到能夠支撐其千里進京。而登聞鼓聲一旦響起，啟動的也絕非一般訴訟程序，而是理冤釋滯的司法救濟程序。

登聞鼓勾連的是底層民眾和最高統治者而非普通官僚，這從登聞鼓的名稱中也能看出一二。「登」意為向上，郭璞在《爾雅》註疏曰：「登，升也。」「聞」意為聽見，《說文》曰：「聞，知聲也。」登聞二字相連，自然是要使聲音直達天聽，讓天子知曉民間冤情。什麼樣的冤情需要直接向皇帝求助呢？很可能是官員在辦案中貪贓枉法，百姓通過一般程序無法實現個案正義，所以才會萬里迢迢來擊鼓鳴冤。因此，和縣衙門口那面鼓相比，登聞鼓非但不是下班的福音，反而要驚起官員們的一身冷汗了。

從「五音聽治」到路鼓肺石

「登聞鼓」之名最早在《晉書》中才首次出現，但其雛形早在先秦時期就已存在。《史記》中記載：「古之治天下，朝有進善之旌，誹謗之木，所以通治道而來諫者。」應劭解釋道：「旌，幡也。堯設之五達之道，令民進善也」。可見在堯統治時期，朝廷就設置了「進善旌」「誹謗木」廣開言路，以便百姓對其進行批評建議。如果說「進善旌」「誹謗木」與鼓還有些距離，那宋代高承編撰的《事物紀原》則更直接解釋了登聞鼓的起源：「昔堯設敢諫之鼓即其始也，用下達上而施與朝，故曰登聞」。

「進善旌」「誹謗木」「敢諫鼓」三者缺乏更多詳細記載，具體形制難以探究。到了大禹統治時期，鼓的身影正式出現了。《管子．桓公問》記載：「禹立鼓於朝。」這裏的鼓指路鼓，《容成氏》22號簡中有更詳細的記載：「禹乃建鼓於廷，以為民之有訟告者鼓焉。鼓，禹必速出，冬不敢以蒼辭，夏不敢以暑辭。」若有百姓因爭訟撞鼓，大禹便會無懼寒暑及時辦理案件，可見至晚在夏代初期，路鼓制度已經出現，而且與訴訟制度明確相關。

不過，訴訟只是路鼓制度的職能之一。《淮南子》中記載了大禹「五音聽治」的典故：「（禹）懸鐘、鼓、磬、鐸，置鞀……教寡人以道者擊鼓，諭寡人以義者擊鐘，告寡人以事者振鐸，語寡人以憂者擊磬，有獄訟者搖鞀。」也就是說大禹用鐘、鼓、磬、鐸、鞀五種樂器作為處理政務的信號，「擊鼓」匹配的是「教道」，「搖鞀」對應的才是「獄訟」。鞀通鞀，就是撥浪鼓。五種樂器中的四種都用於言諫，訴訟反倒只佔了五分之一。究其原因，「五音聽治」的最初目的，是為了打通最高統治者與底層社會的溝通渠道，而在法律從屬於君權的時代，獄訟與其他言諫類型並沒有本質上的區別。「五音聽治」的重點不在於百姓能夠傳遞出什麼信息，而在於大禹能夠保有直接越過各級官僚直接獲取信息的能力，因此以當代法律視角去審視古代中國法律制度，就很容易出現誤讀。

西周時期，路鼓制度已經基本成熟，而且還出現了相配套的肺石制度。《周禮》分別有「建路鼓於大寢之門外而掌其政，以待達窮者與遽令」和「以肺石達窮民。凡遠近煢獨、老幼之欲有復於上而其長弗達者，立於肺石三日，士聽其辭，以告於上，而罪其長」的記載。路鼓為「達窮」而設，即將困窮之情上達於天子，因此採用了「四面鼓」的形制，寓意着「四方無所不達」。肺石則是專門為煢獨、老幼之人準備的「綠色通道」。路鼓和和肺石均為「達窮」所設在職能上似有重複，為此後世學者也給出了解釋。所謂肺石，具體來說，跟古代衙门口的鳴冤鼓作用差不多。百姓欲申訴冤屈，便要在肺石上站立三天，然后由朝士听其所述內容，以報告朝廷，繼而為民做主，可謂史料典籍之上對民众「告御狀」最早的記載。

東漢鄭玄注《周禮》時認為：「達窮者，謂司寇之屬朝士，掌以肺石達窮民，聽其辭以告於王。」同時又引用了鄭眾之論作為佐證：「窮謂窮冤失職，則來擊此鼓，以達於王，若今時上變事擊鼓矣。」鄭玄與鄭眾均為首屈一指的經學家，後世合稱二人為「兩鄭」，可見「兩鄭」針對路鼓、肺石達成了一致意見：路鼓針對的是冤屈失職的貴族、官吏，而肺石才真正面向着平民百姓。針對「兩鄭」的意

堯殿前的誹謗木

見，唐代賈公彥又進一步在註疏中考據道：「窮民先在肺石，朝士達之，乃得擊鼓。」此處的「朝士」應是指掌管刑獄的官員，也就是說，普通百姓不能直接啟動路鼓制度，而是需要肺石制度作為前置程序，等待官員認可之後才有權敲擊路鼓。

將肺石置於路鼓之前，古今視角各異，可以得出全然不同的結論。從古代君權的角度出發，官員可以直接通過路鼓向皇帝申冤，而普通民眾首先要符合「煢獨」「老幼」的條件，其次還要經過官員的覆核，才可能擁有相同的申訴權，這無疑體現了官民分治的理念。而從當代法制角度來看，立法體系本應當以一般程序為主，只有在一般程度不足以實現個案正義時，才需要引入特別程序加以衡平。先有肺石這一般程序，再由相應官員來判斷是否啟動路鼓作為補充，無疑又是合理的。

如何評價暫且不論，路鼓肺石作為後世登聞鼓的濫觴這一點，則是不容置疑的。

登聞鼓的出場與法制化

登聞鼓與路鼓肺石之間的傳承關係，北宋沈括在其《夢溪筆談·器用》中便做了定論：「（肺石）原其義，乃伸冤者擊之立其下，然後士聽其辭，如今之撾『登聞鼓』也。」

雖然周朝還沒有登聞鼓一說，但在宋人眼中，路鼓肺石無疑是登聞鼓的前身，因為三者蘊含的「達窮」精神是一脈相承的。饒有趣味的是，沈括還分析了「肺石」之名的文化內涵：「所以肺形者，便於垂。又肺主聲，聲所以達其冤也。」在中醫理論中，肺「主聲」，因此能夠申明冤情，這其中的喻意與鼓可謂不謀而合——古人取皮製鼓，不也是為了聲聞於外嗎？

需要申明的是，皇帝通過路鼓肺石聽取的從來不限於法律事宜，但這並不妨礙後人將路鼓肺石制度視為訴訟制度的組成部分。在古代中國，訴訟權利這一概念從來沒有君權體系中獨立出來，因此將直接向最高統治者陳訴案情的訴訟制度視為言諫制度中的一部分也未嘗不可。後人按照後世的法律體系去回顧古代的制度與器物時，切不可強求一一對應，只要百姓有可能通過路鼓肺石取得向皇帝申訴冤情的機會，那將其視為訴訟制度就是可以被接受的。

到了西晉，登聞鼓終於正式出場。《晉書．武帝紀》記載，泰始五年，「西平人麴路伐登聞鼓，言多妖謗，有司奏棄市。帝曰：『朕之過也。』捨而不問。」泰始為晉武帝司馬炎年號，泰始五年便是269年，離孫吳滅亡尚有十一年，所以登聞鼓制度最晚在三國時期就已經正式誕生了。這則故事雖然簡單，但能提煉出兩個細節：一是西晉時期百姓敲登聞鼓並不能直達天聽，而是需要經過朝士商議，因此才會出現有司向皇帝奏請將麴路斬首示眾的情節。二是登聞鼓接受的範圍很廣，如果僅僅受理獄訟相關事件，麴路也不可能藉機「言多妖謗」。可見，登聞鼓與前朝的路鼓肺石乃至於「五音聽治」都是一脈相承的。

南北朝時期延續了登聞鼓制度。據《魏書．刑法志》記載，北魏延和元年（432年）於「闕左懸登聞鼓，人有窮冤則撾鼓，公車上表其奏」。與此同時，南朝梁出現了專門負責言諫職能的「謗木函」和「肺石函」。據唐代封演《封氏聞見記》載：「梁武帝詔，於謗木、肺石旁各置一函，橫議者投謗木函，求達者投肺石函。」兩函的名稱雖然明顯傳承於誹謗木和肺石，但能看出兩者與登聞鼓的職能已經出現了明顯分化：曾經在大禹「五音聽治」中混同的言諫與訴訟，在南北朝時期已經逐漸由登聞鼓和兩函分別負責。

隋代登聞鼓的言諫職能已經基本剝離，登聞鼓制度成為專門的司法救濟程序，其前置程序的規定也日益嚴格。《隋書．刑法志》對登聞鼓的規定非常詳細：「有枉屈縣不理者，令以次經郡及州，至省仍不理，乃詣闕申訴。有所未愜，聽撾登聞鼓，有司錄狀奏之。」這一段文字至少表明了三個層面的含義：一、登聞鼓制度受理的是「枉屈」之案；二、百姓需依一般程序逐級上告；三、只有當一般程序無法奏效、縣郡州省各級官吏均惰於行使審理權時，才能允許撾登聞鼓，並專門負責的官吏記錄下來上奏朝廷。

唐代在隋代的基礎上大有增益，日臻完備。據清代黃本驥《歷代職官表》載：「唐代於東西朝堂分置肺石及登聞鼓，有冤不能自伸者，立肺石之上，或撾登聞鼓。立石者左監門衛奏聞，撾鼓者右監門衛奏聞。」唐代同時在東西朝堂設立了肺石與登聞鼓為鳴冤者服務，同時還嚴格規定了撾登聞鼓案件的程序，從監門衛奏聞開始，經尚書省左右丞、三司可直至皇帝本人。為了保證登聞鼓案件不被官員壓制，《唐律疏議》中規定「主司不即受者，加罪一等」；同時為了保證登聞鼓制度不被濫用，唐律對「撾鼓以求上聞」而不實者要受到「杖八十」的懲罰。至此，登聞鼓制度已經頗為健全。因登聞鼓旁有武士把守，百姓最初多不敢上前，武則天當政時遂下令「不須設防」。在登聞鼓之外，武則天還設置了四枚銅匭，基本分擔了「謗木函」和「肺石函」的言諫職能，這也令登聞鼓的訴訟職能愈加純粹。

言諫與訴訟的最終分離

歷經魏晉的成形、隋唐的發展，登聞鼓制度到了宋代愈加複雜。北宋一方面新設了鼓司，另一方面將武則天設置的匭使院進行了大換血，「改匭院成登聞院，東延恩匭為崇仁檢院，南招諫匭為思諫檢院，西申冤匭為申明檢院，北通玄匭為招賢檢院」。後鼓司改為登聞鼓院，景德四年又將登聞院改為「登聞檢院」，負責接受登聞鼓院應當受理而不受理的案件 —— 其職能與後世的檢察院已經非常相近。

與唐代層層上訴的制度不同，宋代登聞鼓院雖負責百官及百姓向皇帝上奏啟事，但並不參與審理，登聞鼓案件的審理者往往是皇帝本人。值得注意的是，在隋唐時期一度被剝離的言諫職能在此時又出現了「回流」，登聞鼓院的受理範圍或謂無所不包，「言朝政得失、公私利害、軍期機密、陳乞恩賞、理雪冤濫及奇方異術、改換問資、改正過名」均在其中，獄訟之事又成了其中的一小部分。言諫職能與訴訟職能的分與合並無本質區別，但從當代法制視角來看，兩者的混同確實像是一種倒退 —— 以今例古的誤區在法律史研究中的確很容易出現。

遼、金效宋制，前者設置鐘院以達民冤，後改鐘院為登聞鼓院；後者更全盤接受了登聞鼓院和登聞檢院的建制，並規定其官員女真、漢人各一名，以平衡民族矛盾。元朝同樣承襲宋制設立登聞鼓院和登聞鼓，但其焦點依然向冤無所訴的案件回歸，言諫職能並不明顯。正如《元史．世祖本紀》中記載：「諸事赴台、省訴之，理決不平者，許詣登聞鼓院擊鼓以聞。」

應當說，即使是在古代中國，言諫與訴訟相分離的制度設計也是大趨勢。時代洪武元年，明太祖朱元璋在午門外設登聞鼓，「凡民間詞訟皆自下而上，或府州縣省官及按察使不為伸理，及由冤抑重事不能自達者，許擊登聞鼓，監察御史隨即引奏，敢沮告者死。其戶婚、田土細事歸有司，不許擊鼓。」從這一規定來看，洪武時期的登聞鼓制度只針對訴訟生效，而且是在「自下而上」的一般程序不奏效的前提下，才能啟動登聞鼓這一特別司法救助程序。而且，登聞鼓制度只針對於重大案件，至於戶婚、田土等「細事」則歸各級有司衙門，禁止百姓擅自敲擊登聞鼓，這也保證了登聞鼓制度不被過分濫用。

不過，皇帝如何構想是一回事，臣民如何使用又是另一回事。明代的言官品秩不高但權位頗重，上到規諫皇帝、左右言路，下到彈劾百司、按察吏治無一不可為，看似已經足以承載起言諫的職能，但藉登聞鼓制度行言諫之事的官員依然不絕於史。其中最暴烈的要數「屍諫」。比如，青文勝為民請命，「擊登聞鼓以進，遂自經於鼓下」；許天賜彈劾劉瑾，「夜具登聞鼓狀」，之後亦自經——自經就是自縊。這兩次屍諫背後，也突顯了登聞鼓千百年間所積累的巨大政治影響力。

值得一提的是，武則天曾擔心百姓懼怕有司暗中監督而不敢擊鼓，這一擔憂到了明代依然存在。宣德年間，明宣宗朱瞻基下詔將登聞鼓從午門搬到了更偏遠的長安右門，由六科給事中和錦衣衛輪流值班互相監督，接收擊鼓申訴上奏的案件——在明代，錦衣衛可謂是令官員聞風喪膽的存在，派來保護擊鼓人那真是再適合不過了。

明清易代後，清承明舊制，於順治年間置登聞鼓，最初設在都察院，之後同樣改設至右長安門外。在清代，登聞鼓制度中的言諫職進一步被剝離，其職能緊緊收攏在針對「冤抑之事」「衙門不理」「審斷不公」的情形的鳴冤申訴中，「擊鼓鳴冤」一詞終於「實至名歸」了起來。清朝國祚綿長，在近三百年的文化薰陶中，登聞鼓的意象與千百年來的傳說軼事逐漸交融，最終在文化層面孕育出了一個獨特的羣體性誤解：通過擊鼓來提起訴訟程序。

結語

從大禹開始，歷代君主置登聞鼓等器物，為的便是「廣言納諫，下情達上」，至於後人眼中的司法救濟職能，只是在君權自我加固的過程中順帶被實現的。因此，登聞鼓制度自始便綜合了言諫與申訴兩方面職能，經歷代而有所損益，並不能單單以司法程序視之。而且，皇帝直接與涉案百姓取得聯繫的做法，事實上違反了司法程序中級別管轄的規定，因此反而容易被朝臣視為干涉司法。唐代裴諝曾有一論斷，頗具代表性：「夫諫鼓謗木之設，所以達幽枉，延直言。今輕猾之人，援桴鳴鼓，始動天聽，竟因纖微。若然者，安用吏理乎。」

裴諝之意大致為，登聞鼓的設置原本是為了洗冤納諫，可是現在卻成了狡猾之人隨意使用的工具，其所爭的也都是瑣碎之事，這樣要各級官吏有什麼用呢？裴諝之辭的背景，源於唐德宗時期出現了「好訟」「健訟」之風。以唐代為中心，向前看，登聞鼓一詞首次出現，就源於西晉麴路藉其「言多妖謗」的事實；向後看，明清兩朝的登聞鼓制度，在一定程度上也的確激發了一部分「健訟」團體的誕生，這些顯然並非登聞鼓設立者所願意看到的。

從宏觀上來看，登聞鼓制度打通了普通百姓與最高統治者的溝通渠道，對於監督官員司法、減小錯案冤獄起到了積極作用。但也一定會有所謂「訟棍」，其所追求的非合情合理的利益，而只是通過登聞鼓攫取超額的回報，這就只能見仁見智了。

登聞鼓

鳴冤鼓

路引

古代通行證

中國自古以來幅員遼闊，這一點一向容易引發後人的迷思。漢代鑿空西域，令人想到張騫縱橫大漠；盛唐橫掃瀚海，令人想到李白仗劍去國；大明國威遠播，令人想到鄭和破浪乘風。在不盡鐵馬兵戈、貿遷有無中劃下的漫長疆界裏，似乎每一寸土地、每一座山巒、每一道河灣，都曾在某段歷史中被某一位旅行者認真鐫刻下一道足跡。

然而事實證明，這一切都只是後人對古代田園牧歌般的生活一廂情願的幻想。其實在絕大多數時間裏，古代中國絕大多數老百姓一輩子甚至沒有出過小小的縣城。相對原始的交通水平和自然環境當然是阻礙，但更重要的是，歷朝歷代嚴苛的關防與通行制度一層一層地將百姓束縛在家鄉，森嚴的律法限制着每個普通人的活動半徑。如果説針對官吏，朝廷還會積極配備牒文、驛站等「軟硬件」設施支持其公幹，那針對百姓，不允許出行就成為了顛簸不破的原則。如果百姓需要探親、訪友、就醫甚至是趕考，只能依照嚴格的程序申請特別的「通行證」，而無論事態有多緊急，這份通行證都不一定能申請下來——雖然中國自古廣袤，但卻容不下太多行客。

個中原因不言而喻。在傳統的中央集權制農業帝國中，百姓不是做為「人」而是作為「人力資源」存在的。朝廷需要想盡一切辦法將個體束縛在土地上，這樣既利於管理，又利於創造社會財富。因此，傳統中國以重家抑商為底色，民間文化以安土重遷為主流，從而將社會推向一種嚴格意義上內捲化的靜止狀態。

但再靜止的社會也勢必存在交流的需求，路既然存在便不可能永久阻斷。因此，引人行路的路引出現了。

關傳：通達於天下，有節以傳輔

「路引」，顧名思義，是引路之物，也即通行證。中國最古老的通行證是節，據《周禮》所載，當時除了玉節、角節、璽節等類型，針對各邦國的使節，區分出虎節、人節、龍節等金屬或竹子製作的憑證：「凡通達於天下者，必有節以傳輔之，無節者，有幾則不達。」當時通行天下必須持節，並用傳輔助，否則遇到關津檢查就無法通行。

西周已經顯示出對人口流動的嚴格管制傾向。除了出使外，遷徙也需要節。《周禮》規定：「徙於國中及郊，則從而授之。若徙於他，則為之旌節而行之。若無授無節，則唯圜土內之。」可見遷徙所需的是旌節，如果沒有旌節自行遷徙，將被押往圜土——也就是監獄。

節的內涵非常廣。唐代孔穎達在《尚書正義》中將周代的符節類比為唐代的印章，其實這句話要做擴大解釋。因為，印章代表的其實是具體的權利，尤其是在授權者不能親臨的情況下，不容易偽造的印章就比口述的方式更適合用來證明授權事項，將通行權容納在節這一器物中，是再合理不過的。但形制相對簡單的節顯然無法應對人口流動時複雜的現實需求，因此通行者還需要用傳作為輔助，用於記載更詳盡的信息。

傳雖是輔助，但在具體實踐中應該比節更管用，《史記·孟嘗君列傳》中記載孟嘗君為逃離秦國，「更封傳，變姓名出關」。《韓非子·說林上》又有：「田成子去齊，走而之燕，鴟夷子皮負傳而從。」陳奇猷作註道：「傳，信也，以增帛為之，出入關合信。」可以推測傳的製作材料中有絲綢，上面記載了通行者的姓名，因此孟嘗君才能通過修改傳蒙混出關。

為何叫「傳」呢？劉熙《釋名》云：「傳，轉也，轉移所在，執以為信也。」因主要在關津使用，被稱為「關傳」。

戰國時期關傳一直盛行。秦國建立大一統王朝後，秦直道縱橫、關津錯落，官吏對關傳細節性的要求進一步加強。到了漢代，關傳多以木製，上面記載相關信息再加蓋御史大夫的印章。這樣雖然有防偽的功效，但製作繁瑣，在流動人口較多的邊關使用頗為不便，於是便誕生了「簡易版」的傳信：繻。《前書音義》中詳細解釋了繻的由來：「舊出人關皆用傳，傳煩，因裂繻帛分持後復出，合之以為符信。」言下之意便是守關的官吏嫌傳信用起來太麻煩，於是將帛撕開當證物，「兩相堪合」時只要對比一下撕裂口便能確定真偽。雖然少了幾分儀式感，但無疑更為便攜。

相較於木質的關傳，帛製的繻固然方便，但存在不正式、容易損壞、難以留檔等缺點，整個西漢吏民通過關津依然主要使用關傳，直到新的通行證載體——過所出現。

過所最初與關傳搭配使用，功能類似通關通知。依據疏勒河流域出土的漢簡，其 385 號云：「玉門候畸移過所。」435 號云：「酒泉玉門都尉護眾，候畸兼行丞事。謂天□以次馬駕，當舍傳舍，詣行在所。夜□傳行從事如律令。」大意為，玉門候畸發過所通知所到地方的驛舍提供住宿，而驛站接到過所通知後，還要先依法驗證關傳才能接待。

「過所」二字，比關傳更直截了當：「過」即經過，「所」即處所，經過處所，見字知義。當時通行者申請過所的大致流程如下：先是當鄉嗇夫審查申請者是否完成賦稅、服滿徭役且無違法行為，審查通過後上報郡縣。郡縣掾吏核實並擬過所文後，郡太守、縣令丞簽發並鈐印。正本稱正過所，發給申請人隨身攜帶使用；掾吏再抄錄一份副本稱副過所備案。

疏勒河漢簡使用於西漢元鼎年間（前 116 至前 111 年），當時過所還只是偶見於史；至魏晉時期，過所已經取代關傳成為正式的通行證。《太平御覽》引《晉令》言：「諸渡關及乘舟筏上下經津者，皆有（過）所，寫一通，付關吏。」又《三國志．倉慈傳》載，曹魏敦煌太守倉慈與少數民族雜胡和睦，雜胡商人「欲詣洛者，為封過所，欲從郡還者，官為平取，輒以府見物與共交市，使吏民護送道路。」自東漢蔡倫改進造紙術後，魏晉時期竹簡與紙已經並行，但此處明確對過所採用封泥，可見當時過所作為法律文書依然用的是竹簡。

雖然通行證形制有變，但歷朝嚴守關防是一以貫之的，通行者經過關津，關傳、過所相合者方可放行，不合者便屬偷渡關津，需依律治罪。《魏略》中記載了一個案例：「趙禮詣雒治病，博士弟子張策、門人李臧賫過所詣洛。還，責禮冒名渡津。平裴諒議禮一歲半刑，策半歲刑。」趙禮為去呂洛陽治病而冒用張策等人的過氣，回鄉之後被判處一年半徒刑，連借過所的張策也被判了半年，其律法之嚴苛可見一斑。

過所：狀同此，正准給，符到奉行

過所制度不斷發展，到了唐代已經相對完善，並形成了頗為周密的制度。《唐律疏議》明確尚書省刑部為過所主管部門並制定全國州縣過所墶本《過所式》，同時對勘發過規定了嚴密的辦法，如《唐六典》所言：「凡度關者，先經本部本司請過所；在京，則省給之；在外，州給之。雖非所部，有來文者，所在給之」

唐代申請過所的流程與前朝大致相同。申請人需要按照說明各種有關的信息，如外出原因、人數、身份乃至於隨行奴婢來源、牲畜毛色、人口外出以後家中戶徭承擔情況等，並附證件。除去申請時審查官吏要嚴格核實，申請人領到過所後在途中也要接受嚴格檢

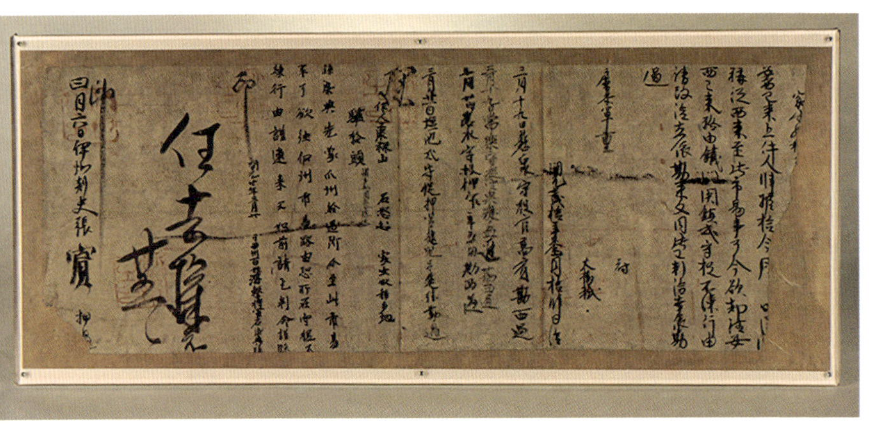

石染典過所（唐代 吐魯番阿斯塔那墓出土）

查，比如申請人是否為「兵募逃戶等色者」。至於過所的形制也與漢代大同小異。過所需繕寫二通，正過所加蓋官印後發給申請人；副

關傳（漢　錯金銘文銅虎節）

過所形式相同，也都要經過相應官員簽名，作為檔案保存。

唐代過所格式未見流傳，所幸日本園城寺保留了唐代僧人智證大師圓珍大中九年（公元 855 年）的過所原件，使後人得睹其真面目：「福壽寺僧院珍，年四十；參行者丁滿，年五十，並隨身衣道具功德等。韶廣兩浙已來關防主者，上件人二，今□月□日得萬年縣中稱，今欲歸本貫覲省，並往諸道州。府巡禮名山祖塔，恐所在關津守捉，不練行由，請給過所者，准狀勘責，狀同此，正准給，符到奉行。

恰如過所誕生於關傳流行之時，在過所制度盛行時，另一種通行證發展起來，那就是公驗。公驗是個大概念——廣義的公驗包含所有官府開具的證明文書，作為通行證的公驗則取其狹義。其實在唐代，狹義公驗與過所經常混用，細較二者區別，無非是簽發機構不同，使用方式略有差別：過所對路線要求較嚴，而公驗一般不可跨境。相比之下，公驗使用範圍廣、形式靈活、審批簽發也相對簡單，因此在司法實踐中漸漸壓縮了具有嚴格形式要求的過所。

過所消亡於五代時期，至後漢時，公驗已經基本取代了過所，成為通行證新的正式稱謂。令人頗有些訝異的是，過所傳承千年之久，到了宋代便銷聲匿跡，幾乎不為人所知。南宋洪邁《容齋四筆》言：「『過所』二字，讀者多不曉，蓋若今時公憑、引據之類。」公憑、引據，可以與公驗混同，稱公據、憑由、文引、路符、路票、路憑等亦可。宋仁宗景祐二年（1035 年）的詔書中有「臣僚入川，所將人馬器械，舊皆給公據，以驗奸偽」的説法，所用詞為「公據」；後世古典小説中則多用文引，如《水滸傳》六十一回中，吳用、李逵用假文引去北京城；《西遊記》第三十回中，奎木狼騙寶象國國王

「想是這虎害了唐僧，得了他文引，變作那取經的模樣」。

雖然《宋刑統》中對私度、越度、冒度等罪名的處罰直接源自《唐律》，但宋代經濟發達，對人口自由流動比較寬容，百姓相對而言能夠得以擺脫戶籍與土地的束縛，因此教出孕育出如《水滸傳》中所描繪的所謂江湖社會。馬端臨《文獻通考．刑考》中記載：「古者鄉田同井，人皆安土重遷，流之遠方，無所資給，徒隸困辱，以至終身。近世之民，輕去鄉土，轉徙四方，固不為患。」馬端臨生活在宋元之際，他眼中的「近世之民」已經形成了「輕去鄉土」的習俗，宋代社會人口流動的自由度可見一斑。在這樣的背景下，宋代公驗的申請流程自然也相對簡化。一般情況下，在州縣中通行是不需要特別申請公驗，只有在出入軍事要塞的關禁時才需要驗看。

當然，宋代對人口流動的「自由主義」在中國歷史上只是曇花一現，很快，更加嚴格的通行證制度就要降臨了。

路引：但出百里者即驗文引

平民天子朱元璋建立明朝後，認為元朝「失之於寬」，因此「濟之以猛」，以重典治國，人口流動再次被嚴格控制起來。

明代施行路引制度，軍民外出遠行必須持有官府髮給的路引。這一路引制度嚴苛到什麼程序呢？《明會典》《大明律》規定，「凡軍民人等往來，但出百里者即驗文引……凡軍民無文引及內官內使來歷不明，有藏匿寺觀者必須擒拿送官。仍許諸人首告，得實者賞，縱容者同罪」，「凡無文引私度關津者，杖八十；關不由門、津不由渡而越度者，杖九十。若軍民出百里之外不給引者，軍以逃軍，民以私度關津論」也就是說，軍民離鄉百里以上就需要申請路引，否則軍人犯逃軍罪，百姓犯私渡津關罪。

為防止百密一疏，朱元璋先於洪武十九年（1386 年）在《大誥續編》中頒佈「辨驗丁引」條，規定即使「引目相符」，也要仔細辨別真假以防止通行者「暗有他業」。而在「驗商引物」條中，對無物引（路引）而外出經商者，即使是老人，也要「拿捉赴官，治以游食」。朱元璋強調：「此《誥》一出，自京為始，遍佈天下。一切臣民，朝出暮入，務必從容驗丁。」《明會典》記載了《大誥續編》頒行之後的「盛況」:「商賈，雖有引，若錢不盈萬文，鈔不及十貫，俱送所在官司，遷發化外。」其操作令人咋舌。洪武二十六年（1393 年），朱元璋還在「凡天下要衝去處設立巡檢司，專一盤詰往來奸細，及販賣私鹽犯人、逃軍、逃囚、無引、面生可疑之人」。

巡檢嚴防死守，路引的申請也愈加困難。軍民外出者要取得路引，必須向官府提出申請，詳述理由及去向，由官府酌情審批。經審查同意後，就發給路引，並在路引上註明外出者的姓名、鄉貫、去向、外出原因與外出者的體貌特徵等，以備沿途關津和旅舍的查驗。官府在辨驗路引時，自然要「引目相符」，對於引目不符，或無

鄂君啟金節——戰國的路引

引、持假引者，官府都將逮捕治罪。至於凡外出經商探親訪友旅行者，要先向里甲申請，再呈報州縣審核，核准後發給路引，同樣是註明姓名、年齡、住址、事由、起迄地及時間。回程歸里後需繳還原路引，予以註銷，不可重複或延期使用，並要向當地里長或老人稟報。

明代編著的一本日用書籍《新鍥全補天下四民利用便觀五車拔錦》記載了《出外給引狀式》:「某縣某裏某圖某人為告給文引事，緣某前往某等處探親經商，誠恐前途阻滯，理合告給文引，庶免關津留難，為此給引是實。」這一路引示範文本頗有些簡單，號稱「萬曆三大賢」之一的呂坤後著《實政錄》，在《遠行丁引》中設計了一份詳細周全的路引，註明瞭持引者身高、體貌特徵，並登記持引者父母家人身份，以便於查驗者根據路引登記各項目查驗，內容嚴苛細碎：

> 若州縣為遠行，照得本州縣衛所某百戶某人，年若干歲，身長幾尺，無鬚微鬚，方面瓜子面，白色黑色紫棠色，有無麻疤。今由某處，前至某處，何項生理，家有父某人，母某氏，子某人某人，兄某人，弟某人。如無丁引，或有引而腳色不對者，所至店家鄰佑，或在官各色人等，拿赴所在衙門，即以奸盜押回原籍查究。此引回日繳還原發衙門。須至丁引者。右給付某處某人，准此。州押印，縣押印。

金庸在以明代為背景的武俠小說《笑傲江湖》中描繪了一批行走江湖的俠客。其實以明代對人口流動的控制力度，令狐沖、任盈盈們根本不可能自由自在的走南闖北——這些出身「流氓」的低微人士，走不出百里，便要被官府抓住並押往大牢了。

清承明制，保留了路引制度，巡檢司制度也得以強化。路引制度一直持續到清末修律，才在西風東漸的過程中與眾多古老的法律制度一併消失在歷史中……

結語

徒法不足以自行，通行證的另一面勢必是嚴格的關防制度，如果關防不嚴，再嚴酷的律法也是無用，通行證便更失去了意義。陸路為關，水路為津，早在西周，國家就在夏官司馬下面設司險負責管理國家的關防，這一防就是數千年。九州雖然遼闊，但散落在四方的無數關津卻切實成為百姓們「笑傲江湖」的物理阻礙，其中最典型的例子，大約便是西天取經的唐僧玄奘。

《西遊記》寫玄奘受唐太宗李世民的欽點前往西天取經，這一點當然是虛構的。玄奘的兩位弟子慧立和彥悰——當然不是孫悟空和豬八戒——所著的《大慈恩寺三藏法師傳》記錄了西天取經的真實版本：玄奘其實是個徹頭徹尾的「偷渡客」，嚴重觸犯了私渡關津罪，以至於在其取得真經後不得不上書唐太宗承認罪行，直到獲得赦免才敢回國。

饒有趣味的是，俗世的通行證制度也影響了精神世界的追求，佛道居然也引進了路引，以求讓信徒們在人生最後的旅途中「一路平安」。佛教路引多稱「往生西方公據路引」，執之可前往西方極樂世界；道教路引多稱「豐都山冥途路引」，是進入豐都山的憑據。曾經因為沒有過所而偷渡到西天的唐僧若泉下有知，真不知要做何感想了。

黃冊

古代戶籍制度

古代中國有身份證嗎？這個問題的答案，取決於身份證的定義。漢語中的「身份」有雙重含義。廣義的身份等同於社會地位，只要是人，終究會有個身份。而狹義的「身份」近似於「身價」。「身份」這個概念在古代中國的語境中偏狹義，只有具體較高社會地位的人才稱得上「有身份」。皇帝的「身份證」是玉璽、符節等天命權利證書，各級官員的「身份證」是各式朝服或魚符、牙牌，而百姓作為「治於人」的羣體，原則上並不需要身份證。

身份證最重要的功能是證明「你是你」，但古代絕大多數情況下百並姓不需要證明「你是你」，有司衙門需要確定「你是你」的時候自有辦法證明。丘濬《大學衍義補》中曾寫道：「蓋國之有民，猶倉廩之有粟，府藏之有財也。」百姓如同「粟」與「財」——「粟」與「財」是不需要知道自己是誰的，倉和府的主人才需要知道「粟」與「財」的多寡與品類。百姓的身份信息如同粟、財被記錄在官府檔案中，唯有在特殊情況下需要出行時，官府才會臨時發放臨時通行證，因此，古代中國的百姓需要的不是身份證，而是一張記錄身份財產等信息、類似於戶口本的證書。

這種證書有一個俗名，叫「花名冊」。其實「花名冊」這個名字也不算俗，元代法典《元典章》裏就有「花戶」一說，《紅樓夢》

第十四回也提到鳳姐管事後第一件事就是「要家口花名冊來查看」。「花戶」即戶名，「花名」即人名，這「兩朵花」承載的，是一個歷史悠久卻又獨樹一幟的制度——戶籍制度。

戶版：四境之內，皆有名於上

大而言之，戶籍制度是歷朝歷代對治下百姓進行登記管理，以支持徵收賦役、補充軍隊、調派勞役等「國策」的制度。可以想像，在國家建構還相對原始的歲月裏，戶口登記工作是很難推行的，司馬遷在《史記．夏本紀》中提到夏朝開國君主大禹「平水土」「定九州」，但並沒有記載其有統計民數的行為。直到商代甲骨文殘片中，才出現了商王征伐方國時「登人三千」「共人五千」的記錄，這意味着商朝已經有了一定人口統計的徵召的能力。商代是血與銅的時代，頻繁的戰爭和人祭等儀式需要人力資源，正如同火焰需要燃料——「王登人五千征土方」這一句簡短的記載背後不僅是五千個數字，更可能是五千個冤魂。

不過，為備戰而臨時「登人」的行為並非嚴格意義上的戶口登記，戶籍制度直到西周時期才初步定型，周王室專門設立了「司民」一職掌管戶籍，如《周禮》所載：「司民掌登萬民之數，自生齒以上，皆書於版。」菏澤鄭玄註曰：「版，今戶籍也。」司民即中國最早的戶籍官員，而「版」，也即戶版，則是中國最早的戶口本。

戶版出現於西周，是因為當時推行的井田制的確對戶口登記工作提出了現實需求。所謂「井田」，是指具有一定規劃的方形田，恰如「井」字的字形一樣，每井分為九塊田，周圍八塊「私田」由

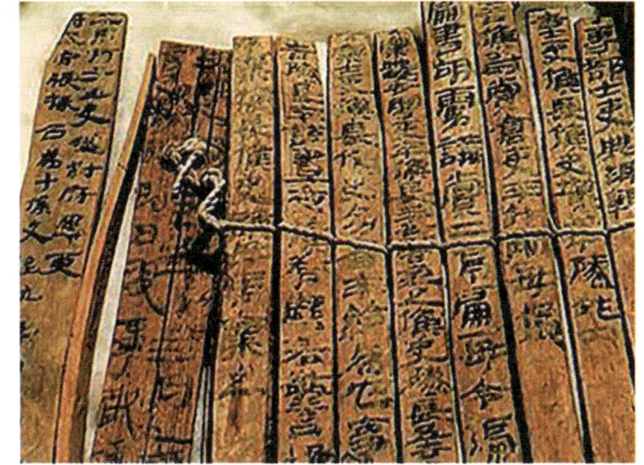

秦代遷陵縣南陽里戶版　　戶版

八戶庶民耕種，收成歸耕戶所有；中間的「公田」由八戶共耕，收入歸貴族所有。公田耕種需要一定數量的庶民，土地對人口提出要求的結果，就是戶籍制度。不過，戶口登記工作對國家能力要求很高，西周的司民是否真能「掌登萬民之數」，恐怕要劃上一個問號。

宣王三十九年（前 789 年），西周伐姜氏之戎，結果周宣王姬靜所率的「南國之師」被全殲。宣王痛定思痛之下開始改制，《史記》記載：「宣王既喪南國之師，乃料民於太原。」料即數，「料民」即戶口登記。不過，這一政策遭到了卿士仲山甫的極力勸諫，《國語．周語》對其反對的理由記載頗為詳細：「民不可料也！夫古者不料民而知其少多，司民協孤終……往來者皆可知也……不謂其少而大料之，是示少而惡事也。臨政示少，諸侯避之；治民惡事，無以賦令。且無故而料民，天之所惡也，害於政而妨於後嗣。」這裏提到「古者不料民」，可以反推出周宣王之前西周並未真正推行戶口登記制度。

春秋時期戰爭日益頻繁，百姓逃亡現象嚴重，井田制逐漸難以為繼，各諸侯國紛紛將一定農戶合併為「里」，又在「里」中設

「社」，推行書社制度。如唐代司馬貞《史記索隱》所言，書社意為「書其社之人名於籍」，即將百姓的戶口信息書寫於社裏的簿籍中，以便於有司管理。

書社制度面向戶籍，而什伍制度則面向兵制。十家為什、五家為伍，什設什長、伍有伍長，百姓平時耕種、戰時出征，書社與什伍成為「兵民合一」的一體兩面。戰國時期，韓、趙、魏、秦等諸侯國又推行了上計制度，地方官吏每年要將戶口、墾田、錢穀、刑獄等情況一層層呈報國君，編制為簿。書社、什伍、上計三項制度相結合，以戶口登記為基礎的戶籍制度已稱得上蔚為豐富。

秦孝公時期秦國實行商鞅變法，通過分戶立戶將社會分割為眾多「小家庭」，對戶籍的精確控制得以實現。秦始皇統一六國之後設立了《傅律》，戶籍管理自此有了法律依據。《商君書》載：「四境之內，丈夫女子皆有名於上，生者著，死者削。」可見秦代的戶籍政策已經細化到了申報、註銷。在嚴密的法律制度下，秦代戶版的格式也逐漸規範，2005 年湖南裏耶北護城壕出土了一批秦代戶版。試舉其一例：「南陽戶人荊不更蠻強。妻曰嗛。子小上造。子小女子駝。臣曰聚。伍長。」其意大致為：南陽的戶主強，民族為「蠻人」（少數民族），爵位為楚地的不更，任伍長。其妻子名為「嗛」。有一個擔任上造的兒子，一個名為「駝」的女兒。家中有一奴隸，名為「聚」。

秦代戶版信息量豐富，包括人口數、性別、居所、財產、婚姻、職業、官爵等諸多方面，如此細緻的信息收集工作，都要以強大的中央集權制度的國家機器為基礎。秦代以法家治國，針對天下之民刻制戶版，當然不是為了便於百姓遷徙。秦代百姓原則上不得離開居住地，出行必須申請相應通行證件，否則將被問以重罪，這其中最具諷刺意味的受害者大約要數變法的主導者商鞅。失去秦國變法的商鞅失勢後逃亡，途徑一家客舍時，因拿不出證件，客舍主人回應道：「商君之法，舍人無驗者坐之。」意思是依據商鞅的命令，住店者沒有證件店主要連帶判罪。在這一背景下，嚴密的戶口登記制度就成為了控制百姓最強大的助攻。秦代針對戶籍管理的懲罰制度極為嚴苛，不報、謊報戶口和財產及未經官府批准擅自更改戶籍均會受到嚴懲，對於黔首來說，戶版帶來的不是自由，而是枷鎖——這些當然都是「定九州」的大禹、仲山甫口中「不料民而知其少多」的古代君主們所無法想像的。

黃籍：民之大紀，國之治端

東漢鄭玄為《周禮》作註時對「皆書於版」一句加了「版，今戶籍也」的註釋，可見在當時「戶版」之名早已不為人所知。這當然不是說漢代的君主取消了對戶籍的管控——相反，漢代戶籍制度日益嚴密，而且在秦制的基礎上進一步推行了影響深遠的編戶齊民制度。

《漢書・高帝紀》記載：「諸將故與帝為編戶民。」顏師古注曰：「編戶者，言列次名籍也。」簡而言之，編戶齊民便是將百姓統一編入戶，使其成為國家而非封國、貴族直接統治的「民」，而這一過程中形成的簿籍，就是戶籍。相較於秦代戶版，漢代戶籍整體上信息更為詳細，其內容包括百姓的郡縣裏所在地、姓名、年齡、身高、職業、爵位、財產狀況、相貌特徵、有無殘疾等。漢代又設專門掌管戶籍事務的戶曹一職，推行案戶比民，也即通過案驗比對的方式核查戶籍信息的準確性。《後漢書．禮儀志中》中載：「仲秋之月，縣道皆案戶比民。」漢初以十月為歲首，各縣各道八月案比、九月上計，一年的公務也在戶籍清點中走到盡頭。

漢代戶籍製作頻繁，因此傳世漢簡中留存有不少戶籍文獻。如《居延漢簡甲乙編》中的「徐宗簡」內容如下：「三燧長居延西道裏公乘徐宗年五十：妻，子男一人，男同產二人，女同產二人；宅一區直三千，用牛二直五千。」「直」通「值」，「徐宗簡」的含義不難理解，除了家庭成員之外，主要是徐宗的財產清單——與歷代一樣，百姓和戶籍信息的主要查閱者是朝廷而非百姓自己，徐宗與其所有宅與牛，從某種意義上來講都是屬於大漢帝國的「財產」。

如果說從周至秦，歷代帝王花費了近千年的時間才完成將百姓信息「皆書於版」的任務，那在接下來了一千年多里，新的君主們又將花費更多的精力將這些信息編排、分類，以對應不同時代繁密複雜的等級制度。

魏晉以降，在士族門閥制度日益成熟的情況下，門第觀念日益深入人心，戶籍自然也隨之出現了三六九等。針對士族與庶人，分化出了士戶與庶戶；針對兵、吏、僧等特殊職業，分化出兵籍、吏籍與僧籍；而其中最為重要的分化，則是黃籍與白籍。

兩晉時期的戶籍被稱為「黃籍」，如《太平御覽》卷六百六引《晉令》所言：「郡國諸戶口黃籍，籍皆用一尺二寸札，已在官役者載名。」這是因為用於製作戶籍的木牘用能夠防蛀的黃檗一類草藥處理過。當時的書寫載體簡紙並行，後木牘統一更替為紙，紙張依然要用黃檗汁浸染，「黃籍」很可能得名於此。

五胡亂華之後，晉室南遷，定都於南京的南方政權針對北方流民，新增了以白紙書寫的臨時戶籍，稱為「白籍」或「僑籍」。這些流民在衙門所登記的依然是流亡前的原籍，且得以免受調役 —— 這一政策也可以視為朝廷申明北伐中原、收復故土之決心的體現。隨着歲月的流逝，南北分裂局勢已經難以逆轉，黃白籍分而治之的政策又引發了許多弊病，自東晉起，至宋、齊、梁、陳諸朝均努力推行「土斷白籍」政策，將白籍合併入黃籍。「土斷白籍」進程可想而知地並不順利，百姓為逃避傜役、賦税，當然會想盡辦法隱漏戶口、詐老詐小，朝廷管控百姓的能力在戶籍登記、更新、核銷等工作中受到巨大挑戰。《南齊書．虞玩之傳》雖有言「黃籍，民之大紀，國之治端」之論，但南北朝諸國對這一「大紀」和「治端」的推進，顯然是乏力的。

隋朝建立後面貌為之一新，朝廷下令州縣官吏「大索貌閱」，按戶籍上登記的年齡和本人體型相貌進行核對；唐代繼承了隋代的貌閱制度，以確定百姓所報的「黃小中丁老」是否屬實。《舊唐書》載：「凡民始生為黃，四歲為小，十六為中，二十一為丁，六十為老。」戶籍成為朝廷明確賦役主要承擔者 —— 丁的利器，而大規模的「貌閱」又進一步強化了戶籍的真實性。

唐代戶籍最大的改革是區分出了編戶和非編戶。良民編入戶籍，即為編戶，包括品官和白丁；賤民不編入戶籍，即為非編戶，包括官戶，部曲、客女，官奴婢、方外人和士兵。到了宋代，商品經濟得到空前發展，城鄉二元體系又體現到了戶籍制度中，戶籍遂劃分為「坊郭戶」和「鄉村戶」。到了元代，以遊牧民族為主體的朝廷又將全國百姓依階級、職業、宗教等為標準，編納入「諸色戶計」

中，劃分為軍戶、民戶、匠戶、站戶、儒戶等，分別對應着不同的政治權利和經濟地位。

由隋至元，不同朝代對於戶籍的分類雖然各有側重與特色，但一定都與當時的國策尤其是賦稅制度緊密結合。隋及唐前期盛行租庸調制，當時的戶籍亦由戶口籍和地籍兩部分構成，戶籍簿所登記的民戶和所佔土地情況就可以作為授田和賦稅的依據。唐後期改租庸調為兩稅制，朝廷主要依據田產多少在夏秋兩季徵收賦稅，地籍逐漸與戶籍分離並開始成為賦稅的依據。宋代土地私有化進程加快，傜役又從兩稅中獨立出來，戶籍徵稅派役的功能就更加弱化了。元代在大蒙古國階段四處征戰、軍民居無定所，因此自然實行「以丁為主」的戶籍管理方式，戶籍與軍隊編制緊密結合。一旦天下一統，賦稅成為重中之重，統治者便不得不以戶定籍了。如果說天下百姓是貨物，那不同時期的戶籍政策就可以視為不同的貨物「收納」方式——這一點，在明代體現得最為明顯。

黃冊：太祖籍天下戶口

元朝雖然武功赫赫，建立了中國乃至於世界歷史上最龐大的帝國，但國祚並不長久，不到九十年就滅亡了。明太祖朱元璋在回顧元政得失時認為「元朝之失天下，失在太寬」，崇尚重典治國，明代的戶籍制度也堪稱歷代最嚴。一方面，朝廷通過路引等制度嚴格限制軍民的遷徙，以至於離鄉百里無路引者即應當「擒拿送官」；另一方面則加強戶口登記和梳理，制定出卷帙浩繁的黃冊。

「黃冊」與「黃籍」一字之差，其規格卻不可同日而語。朱元璋在建國之初便試圖將天下百姓一個不少地記錄在一本本由漢字建構的數據庫中，而結果是，他真的做到了。

洪武元年（1368 年），朱元璋便下令根據元朝遺留下的冊籍抄報各色戶籍。《皇明制書・大明令・戶令》記載：「凡軍、民、醫、匠、陰陽諸色戶計，各以原報抄籍為定，不得妄引變亂。違者治罪，仍從原籍。」這道詔令一方面體現出了朱元璋對戶籍制度的重視，另一方面也表現出其推行職業世襲制度的決心。不過，元代末年天下大亂，民眾逃散極多，舊有戶籍已經不堪再用，朱元璋遂推行戶帖制度，針對天下百姓再次開始了人口普查和財產登記工作。據《明史・食貨志》記載：「太祖籍天下戶口，置戶帖、戶籍，具書名、歲、居地。籍上戶部，帖給之民。」可見當時朝廷普查人口同時需要運用戶帖與戶籍，戶籍上交戶部、戶帖給至百姓，兩者相互比對。

亂世初平，百廢待興，戶帖制度的推行並不順利，於是朱元璋於洪武十四年（1381 年）、洪武二十年（公元 1387 年）詔告告天下各府、州、縣編制黃冊與魚鱗冊。黃冊以登記人口為主，即戶口冊；魚鱗冊以登記房屋、山林、池塘、田地為主，即土地登記冊。據《明史》記載，至洪武二十四年，「天下郡縣賦役黃冊成，計戶千六十八萬四千四百三十五，丁五千六百七十七萬四千五百六十一」，這兩個數字，可以視為明朝建國的「家底」了。

作為明代的戶籍總賬，黃冊以戶為單位，詳細登載百姓的鄉貫、姓名、年齡、丁口、田宅、資產，並按從事職業，劃定戶籍，主要分為民、軍、匠三大類。至明末，歷代黃冊達兩百萬本以上，與魚鱗冊一道保存於南京後湖黃冊庫——這個後湖黃冊庫即是當時的中央檔案庫，也是中國古代規模最大的檔案庫，萬曆三十年（1602 年），其規模達 667 間，收貯黃冊 153 萬餘冊，堪稱檔案管理的一大奇跡。

黃冊的得名似乎很好理解：兩晉以降歷代均以黃籍指代戶籍，明代沿襲這種稱呼，將戶籍刪稱為「黃冊」，可謂順理成章。不過，以「凡民始生為黃」為源頭，似乎也說得通。明代申嘉瑞修、李文纂的《儀真縣志》中便提道：「邦本繫於民數，版圖昉於生齒，周制黃口始生，遂登其數，後世黃冊之名起此……」當然，黃冊如何得名並不重要，如何通過黃冊將將百姓納入監管才重要，明代黃冊體量之大、記錄之細均為歷朝歷代所不及，百姓所受的地域束縛也因此空前絕後。

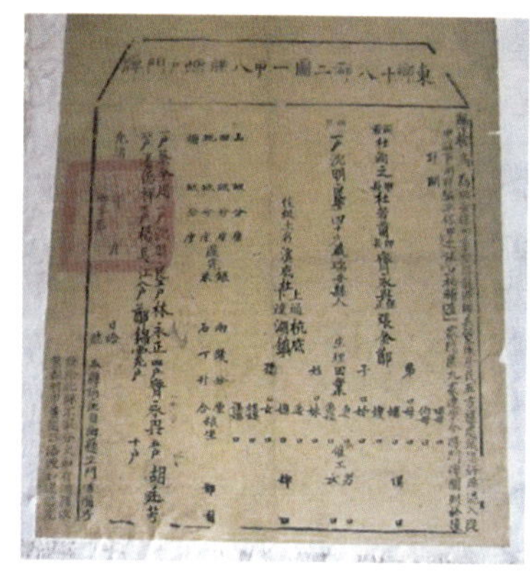
黃籍

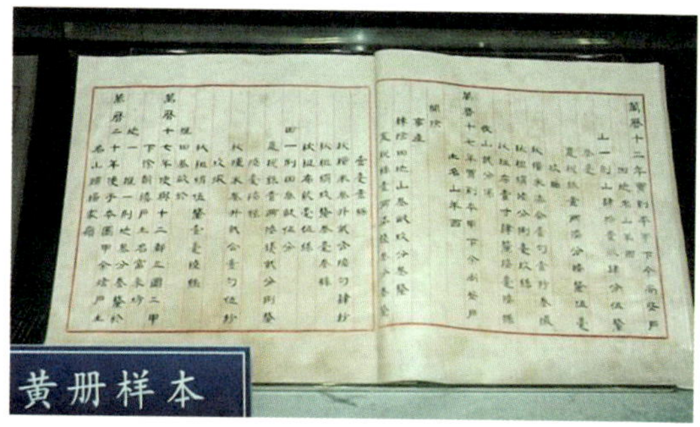

黃冊

清朝承襲了明代的黃冊制度，早在順治五年（1648 年），清廷便下令責成州縣印官照舊例攢造黃冊。不過，在經濟浪潮的侵襲下，古老的戶籍制度也逐漸面臨起時代的挑戰。康乾盛世時期，商品經濟迅速發展，人口迅猛增長，農村剩餘勞動力開始向工商業繁榮的城市遷移，朝廷適時推出了「滋生人丁，永不加賦」和「攤丁入畝」等政策，徭役制度制度退出歷史舞台，人口遷移也漸漸合法化。到了清末，內外交困的清廷不得不效仿日本警察戶口編審制度實行警政制度，近代戶籍管理制度終於建立，而那汗牛充棟的黃冊，也終於在歐風美雨的侵襲下瀰漫成煙，被歲月吹散。

結語

將視線拉回到二十一世紀，可以發現戶籍在世界範圍實屬異類，但這一源遠流長的制度確實在獨特的文化土壤中彰顯出了強大的生命力。這或許是因為，戶籍制度從來不是作為一種單獨的制度存在的——它以人口這個傳統農業帝國的命脈為核心，因此能夠在不同的歷史發展階段與不同價值導向的政策捆綁在一起並達成共生狀態。朝廷面臨戰爭時，戶籍就是兵源；社會出現等級差時，戶籍便會隨之分化；國家需要加強對民眾的控制時，戶籍上精確到毛孔的信息又會成為最堅固的鐵煉，將百姓緊緊束縛在土地上。

在千百年的傳統農耕社會裏，戶籍的出現幫助歷代統治者實現了對百姓世世代代的地域束縛，進而將社會推向一種內捲化的靜止狀態。那在商品經濟發達的時代，戶籍又能為人類社會的發展做出怎樣的貢獻呢？這個問題，只能留待後人評說了。

皋陶

古代獄神

《水滸傳》第四十回曾提到，江州府衙裏的節級牢子奉命斬宋江、戴宗二人前，要先到「青面聖者神案前，各與了一碗長休飯，永別酒」，才敢行刑。此處的「青面聖者」，其實就是皋陶，當然他的神職並非「正義之神」，而是富有中華特色的「獄神」。獄神像在當代中國法院中基本絕跡，但在古代的牢獄中卻廣受香火。古代中國民刑不分、諸法合體，與法律關係最緊密的「行業神」大抵要屬衙神和獄神這兩尊，其中又以獄神的「管轄範圍」最為「垂直」。

關於獄神真身是誰的説法不一，制定過《九章律》的蕭何、當過獄掾的曹參均名列其中，但最「資深」的還要數皋陶。皋陶是堯舜時期的重臣，從當代法律視角來看，也可以視為中國第一位法官。漢代獄吏已有祭皋陶的傳統，至宋代時，各州縣獄更廣設皋陶廟。之後皋陶的「聖名」雖然不顯，但皋陶廟的記載一直不絕於史，皋陶故里之一洪洞縣，依然有明嘉靖二年的古碑流傳於世，上刻《增修有虞士師廟記》——「士師」為皋陶官職，「士師廟」即「皋陶廟」。

為什麼説《水滸傳》中那位「青面聖者」是皋陶呢？《荀子．非相》給出了解釋：「皋陶之狀，色如削瓜。」唐代曾擔任過大理評事的楊倞作註云：「削皮之瓜，青綠色。」《水滸傳》雖是小説，其文化脈絡卻根植於現實。

皋陶是誰？有何功績？何以成為獄神？

面目模糊的政治家

與西方正義女神相比，皋陶雖然作為中國歷史人物出現於典籍中，但其生平事跡委實太過悠遠。和所有文明一樣，中華文明步入信史之前有一段年代不很可考的漫長傳說時代。針對這個傳說時代，《列子》中曾記載了楊朱的一段經典評價：「太古之事滅矣，孰志之哉？三皇之事若存若亡，五帝之事若覺若夢，三王之事或隱或顯，億不識一。當身之事或聞或見，萬不識一。目前之事或存或廢，千不識一。」楊朱是戰國諸子之一，在他所處的時代，三皇五帝這些「太古之事」便多已湮滅，後人便更難辨其真偽。

然而，很多介乎神與人之間的偉人又恰恰出現在這一時代。縹緲一些的，如伏羲、女媧、神農；真實一些的，如堯、舜、禹……皋陶和這些偉人一樣，其精神潤澤萬世，但其形象也同樣有些模糊。

皋陶的事跡主要集中於《尚書．虞書》的幾篇典和謨，同時散見於諸多古籍。通過這些文獻，可以管窺皋陶生平。

《尚書．虞書．舜典》載：「帝曰：『俞，諮！禹，汝平水土，惟時懋哉！』禹拜稽首，讓於稷、契暨皋陶。」這是指舜因大禹治水有功，決定將君主之位禪讓給禹，但禹試圖讓位於稷、契和皋陶，但舜拒絕了。之後舜對皋陶進行了一番囑咐：「皋陶，蠻夷猾夏，寇賊奸宄。汝作士，五刑有服，五服三就。五流有宅，五宅三居。惟明克允！」其大意為：「皋陶，有野蠻之徒擾害我們的土地，犯有寇、賊、奸、宄諸種罪惡，你身居士師之位，要用五刑予以懲責，刑罰適用要恰當，處罰方式要合理，要根據不同之人所犯不同之罪用三種不同的方式應對。一些犯罪行為可以用流放的方式替代，五種流刑都要有適當的安置地點，安置地點應當區分為三種規格。執法務必明察而公正。」

從上述文字可以知皋陶當時擔任士師一職，以其威望、權重來看，可能是舜之下第三號或第四號掌權者，所以禹在接受君位前需要依次向稷、契、皋陶三人辭讓，而舜在禪位之後也同樣依此次序囑咐稷、契、皋陶不同事項。無論排位如何，皋陶作為舜的重臣是無疑義的。

《尚書·虞書·大禹謨》載：「帝曰：『格，汝禹！朕宅帝位，三十有三載，耄期倦於勤。汝惟不怠，揔朕師。』禹曰：『朕德罔克，民不依。皐陶邁種德，德乃降，黎民懷之。帝念哉！念茲在茲，釋茲在茲，名言茲在茲，允出茲在茲。惟帝念功！』」這一對話同樣是舜決定禪位於禹，禹則大力頌揚皋陶的德行，認為自己德薄無法服眾，請舜將皋陶作為下一任君主。這與《舜典》相呼應。

司馬遷著《史記》時隔離皋陶之世已經約兩千年，其敍述基本以《尚書》為原型，略有增益。《史記·五帝本紀》載：「堯老，使舜攝行天子政，巡狩。舜得舉用事二十年，而堯使攝政。攝政八年而堯崩。三年喪畢，讓丹朱，天下歸舜。而禹、皋陶、契、後稷、伯夷、夔、龍、倕、益、彭祖自堯時而皆舉用，未有分職。」依據古代史官的行文習慣，堯舉用的重臣名單中皋陶僅次於禹排名第二，據此大致能夠判斷皋陶在堯舜禹時期，可以視為一人之下萬人之上的重臣。

以記載多起「放殺」黑歷史而聞名的《竹書紀年》，也提到過

漢魏《皋陶治獄圖》畫像石中的獬豸正用刺頂觸一人，它身後是被尊為獄神的皋陶

《尚書．皋陶謨》

皋陶像

皋陶：「堯之末年，德衰，為舜所囚於平陽。復偃塞丹朱，使不與父相見。舜篡堯位，立丹朱城，俄又奪之。命咎陶作刑。」咎陶即皋陶。這個版本的歷史有些血腥：舜先囚禁了堯，又囚禁了堯之子丹朱，之後命令皋陶「作刑」。「作刑」二字，可能是泛指，也可能特指針對堯和丹朱二人的刑罰。皋陶在堯舜二朝均享受高官厚祿，如果堯舜易代的真相真如《竹書紀年》所述的那般可怖，皋陶作為重臣在事件中扮演關鍵角色的可能性是不小的。值得一提的是，堯被舜囚禁的傳說在古代影響力不小，《韓非子・說疑》中言：「舜逼堯，禹逼舜，湯放桀，武王伐紂。此四王者，人臣弒其君者也，而天下譽之。」李白《遠別離》一詩中亦有「君失臣兮龍為魚，權歸臣兮鼠變虎。或云：堯幽囚，舜野死。九疑聯綿皆相似，重瞳孤墳竟何是」數句，說的都是此事。至於「舜野死」，《國語・魯語》有「舜勤於民事而野死」作為呼應，如果此事也為真，那禹欲將君位讓於皋陶的記載就不免引人遐想了。

地位超然的聖人

皋陶無疑是上古時期重要的政治家，但是這不足以讓皋陶享有盛名。先秦時期對皋陶的推崇已經蔚然成風，至漢代皋陶更被推上神壇，《後漢書》將其與孔子並稱：「孔子垂經典，皋陶造法律。」東漢王充《論衡・講瑞》更認為其與三皇五帝齊名：「夫鳳皇，鳥之聖者也；騏驎，獸之聖者也；五帝、三王、皋陶、孔子，人之聖也。」

皋陶何以被尊為聖？正如《左傳》所言：「太上有立德，其次有立功，其次有立言」，皋陶的德功言，基本在《皋陶謨》中被展現得淋漓盡致。《皋陶謨》的背景，是舜臨朝時召集禹、皋陶、伯夷幾個重臣召開最高政治會議，其中禹和皋陶的對話構成了《皋陶謨》的主體，這其中又以皋陶闡釋治國理政為主，禹主要扮演了一個傾聽者。

《皋陶謨》文本簡潔，集中闡述了皋陶「知人安民」的為政之道，其最核心的一段文字是：「寬而栗，柔而立，愿而恭，亂而敬，擾而毅，直而溫，簡而廉，剛而塞，強而義。彰厥有常，吉哉！日宣三德，夙夜浚明有家。日嚴祗敬六德，亮采有邦。翕受敷施，九德咸事，俊乂在官，百僚師師，百工惟時，撫於五辰，庶績其凝。無教逸欲有邦，兢兢業業，一日二日萬幾。無曠庶官，天工，人其代之。天敘有典，敕我五典五惇哉！天秩有禮，自我五禮有庸哉！同寅協恭和衷哉！天命有德，五服五章哉！天討有罪，五刑五用哉！」

這段話以「天工，人其代之」為分界線，前半段講的是皋陶所鼓勵的各種德性，後半段論的是典、禮、德、罪四種依據天道制定的規範。整段文字的主旨，可以總結為「德主刑輔」「明刑弼教」八個字——而這八個字，也將成為歷朝歷代治國的主旋律之一。

寥寥數百字的《皋陶謨》正是皋陶邁向神壇的階梯，後世對其的崇敬至少延續了三千年之久。《孟子》稱：「舜以不得禹、皋陶為己憂。」《尚書大傳》讚：「咎繇謨可以觀治。」因李氏源於皋陶，唐代皇帝以皋陶為李氏始祖，天寶二年（公元 743 年），唐玄宗追封其為「大唐德明皇帝」，對皋陶的崇拜就又多些現實驅動力。皮日修在《咎繇碑》文更盛讚皋陶「德齊於舜、禹，道超乎稷、啟。」甚至連詩仙李白，在其《魯郡堯祠送竇明府薄華還西京》中也道出了

「何不令皋繇擁篲橫八極，直上青天揮浮雲」的悠然神往之心，皋陶之德，可謂山高水長了。

宋人王應麟在《困學紀聞》中對皋陶和《皋陶謨》有一段經典論述：「若稽古稱堯、舜、禹三聖，而皋陶與焉。舜以天下遜禹，禹獨推皋陶。孟子論道之正傳，亦曰『若禹、皋陶則見而知之』，又曰『舜以不得禹、皋陶為己憂』，子夏亦曰『舜舉皋陶』，觀於《謨》而見皋陶之學之粹也。」堯舜時期，皋陶謀劃了一系列關於制度、習俗、文化等全方位的革新方案，他所倡導的「五教」「五禮」「五服」「五刑」等舉措為建構社會秩序打下了堅固基礎；而作為皋陶言論集中體現的《皋陶謨》，其表達的以德佐治、德法互補的主張也的確指導了無數後繼的統治者。《皋陶謨》作為治國經典開萬世之法，而皋陶自然作為治國聖人稱萬世之師。

需要注意的是，皋陶本質上是政治家，其關注的是宏觀層面的治國之道，《皋陶謨》中直接與法律相關的內容並不算多，且始終處於德治、禮治的從屬地位。無論是商鞅眼中的「法治」，還是近代以降中國人眼中的「法治」，都不在皋陶所設想的政治圖景中。那為什麼歷代的監獄還會以皋陶為獄神？為什麼後世的中國人會認皋陶為「司法始祖」？這當然並非誤會，只是個中緣由頗有一絲辛酸。

青面鳥喙的司法者

清末法學家沈家本在其名篇《法學盛衰説》中道：「虞廷尚有皋陶，周室尚有蘇公，此古之法家，並是專門之學，故法學重焉。」作為真正意義上的法學家而非兼修法學的政治家，沈家本認為中國法學的源頭，就是皋陶開創的法家這一「專門之學」。

皋陶屬不屬於法家、是不是法學家大有可議之處，但「司法始祖」這個稱號皋陶確實躲不開，誰讓他的職位是「士師」呢？據《周禮》載，士師為秋官司寇的屬官，「掌國之五禁之法，以左右刑罰」「掌官中之政令，察獄訟之辭」。士師之下又有鄉士、遂士、縣士、方士，分別負責各自層級的獄訟事務，如有遇事不決的，上報至士師審閱。皋陶既然身為士師，將其視為最高司法者是沒有問題的；皋陶又開創了五刑等刑罰，同時又具備立法者的身份。只是在「諸法合體」的傳統體制中，立法權和司法權都從屬於行政權，因此更確切一些説，大法官只是皋陶兼任的一個職務罷了。

就這一個「兼任」，使得中國古代的典籍文獻——尤其歷代《刑法志》，但凡涉及到律法刑罰之事，都幾乎必然提到皋陶。比如，《漢書．刑法志》有「舜修百僚，咎繇作士，命以『蠻夷滑夏，寇賊奸宄』而刑無所用」，《晉書．刑法志》云「舜命皋陶曰：『五刑有服，五服三就，五流有宅，無宅三居』，《明史．刑法》載劉大夏向明孝宗朱祐樘進言時稱「臣幼讀《孟子》，見瞽瞍殺人，皋陶執之之語。珪所執，未可深責也」。以上種種雖然均為引經據典，但主政之人言及律法便聯想到皋陶，已是習慣成自然。皋陶被後世尊為獄神，自然也出於同樣的道理。

「司法始祖」在當代人看來自然是尊稱，但在德主刑輔、崇尚「無訟」的古代中國，這一身份反而有損皋陶的美名。所謂「聖人必有異象」，黃帝是日角龍顏、堯眉八彩、舜目重瞳……那與三皇五帝齊名的皋陶呢？世人在此開了一個絕不算小的玩笑：且看看眾多典籍是如何形容皋陶的吧：《荀子》中稱「皋陶之狀，色如削瓜」，

《白虎通》中說「皋陶鳥喙」，《淮南子》又云「皋陶馬喙」…… 青面、鳥（馬）嘴大抵都是醜陋之狀，與龍顏、八彩眉等自然不可同日而語。

無獨有偶，中國古代幾個「法學」名星都不以形象見長。「包青天」包拯的文學戲曲形象是一幅黑臉，以象徵其鐵面無私；陰曹地府罰惡司的判官鍾馗，生前甚至因相貌醜陋而落選，憤而撞死殿階。相比之下，後人對皋陶這個「青面聖者」似乎已經非常客氣 —— 醜陋的形象背後，也大致能看出中國傳統社會對於法律的認知。

與醜陋的面目相應，被尊為獄神一事在中國傳統文化語境中也未必全然是好事。《後漢書．范滂傳》載：「凡坐系皆祭皋陶。」宋代方勺《泊宅編》載：「今州縣獄皆立皋陶廟，以時祠之。」專司訟獄這一「行業」，其實極大地弱化了皋陶「聖人」的形象。再加上，祭拜皋陶的主要為獄卒，屬於衙行 —— 舊有底層社會的生計有「五行八作」之說，「五行」指車行、船行、店舖、行腳、衙行，這五個行當常為人所鄙，民諺云「車船店腳衙，無罪也該殺」，可見衙行之末流。皋陶為獄卒所崇拜，自然不為士大夫所喜，畢竟朝堂之上的顯學是形而上的道德禮治，在儒家「必也使無訟」的追求下，這種訟獄之事自難入大家的法眼了。

結語

客觀而言，皋陶其實只是堯舜時期一位身居高位的大臣，在治國理政的過程中因德功言「三不朽」而在漫長歲月中被尊為與三皇五帝和孔子比肩的聖人，又因為開創了律法而逐漸退下神壇，成為牢獄中的「行業神」。聲名曾如潮水般向他涌去又如潮水般退卻，但他始終只是那個在舜與禹面前談笑風生的政治家，那時的他從未想過，也不可能知道人類社會有朝一日會將法律上升為一門學科。

不得不提的是，如果說《皋陶謨》肯定了皋陶的法學思想，那這位司法者——或者說法官的判案水平如何呢？王充在《論衡·是應篇》給出了一個神話般的描述：「觟（角虎）者，一角之羊也，性知有罪。皋陶治獄，其罪疑者令羊觸之，有罪則觸，無罪則不觸。斯蓋天生一角聖獸，助獄為驗，故皋陶敬羊，起坐事之。」王充筆下的觟（角虎），正是大名鼎鼎的獬豸，這種像羊一樣的神獸有一隻角，有用角觸有罪者的能力，可見皋陶處理案件頗有些神判法色彩。當然，王充自己並不相信獬豸真有能力辨明是非真偽，接着說道：「觟（角虎）之性，徒能觸人，未必能知罪人，皋陶欲神事助政，惡受罪者之不厭服，因觟（角虎）觸人則罪之，欲人畏之不犯，受罪之家，沒齒無怨言也。」王充認為，獬豸未必能識人罪惡，只是皋陶擔心當事人不服判罰，因此藉助神判法的威力令人無法心生怨言。不得不說，王充之論，還真一語道出了神判法的天機。

皋陶藉獬豸斷案一說其實有其歷史淵源，當然這是關於獬豸的另一個故事了。只是數千年後，輔助斷案的獬豸成為法院門前的常客，作為司法者的皋陶反而有些籍籍無名，而曾受萬世香火的皋陶像則依然留在尚存的、為數不多的獄神廟中，帶着新時代的另一番定義。

知我罪我，其惟春秋。洪洞縣那方古碑，碑文以「神歸乎來哉，惠此方之民哉」收尾。明代至今，又幾百年逝去，人們已經不再期待「神歸乎來哉」——法律的世界已永遠不再需要神的歸來。

獬豸
古代法律圖騰

西方兩大法系的圖騰是正義女神，中華法系的圖騰卻不是獄神皋陶，而是輔助皋陶辨案的那隻神獸獬豸。相較於法官，獬豸負責的工作相對單一：判斷證言的真偽、證人的善惡。從庭審職能的劃分來看，這份工作大致相當於法官的助理，職級絕不算高——至少遠遠比不上獬豸所獲的「殊榮」。

獬豸在中華法系中的地位有多高呢？看看「法」這個漢字就能知曉。法字的古體為「灋」，由「三點水」「廌」「去」三部分組成。在許慎的《說文解字》中，灋不是歸於水部，而是歸於廌部：「灋，刑也。平之如水，從水、廌，所以觸不直者，去之，從廌、去。」而針對廌，《說文解字》又解釋道：「廌，解廌獸也，似山牛，一角。古者決訟，令觸不直。」許慎認為，廌就是獬豸（通「解廌」）獸，獬豸「觸不直者去之」的能力構成了法的核心，因此法本身就與獬豸「同呼吸共命運」，歷朝歷代主管監察的官員，也或戴獬豸冠或穿獬豸服，與同時代的普通官員做明顯區分。簡體漢字中的「法」，已經沒有了「廌」，但這種文化印跡是如此之深，以至於兩千年過去，中國的法院門前依然還習慣樹一尊獬豸雕像，用來象徵法律的公平正義。

雖然這種象徵的起點，是一場漫長的誤會。

大眾視野裏的獬豸

以許慎《說文解字》為圓心，以一千年的時間跨度為半徑向過去與未來搜索，不難梳理出來一部頗為清晰的「獬豸通史」。

最早提及獬豸的傳世文獻，是司馬相如的《天子游獵賦》，該賦為文學而非史學作品，其中也並非描寫獬豸的習性，只是將其當作奇珍異獸之一羅列鋪排起來。當時可能還未分化出「獬」字，因此司馬相如用的是「解豸」。後人所了解的獬豸「生平事跡」，主要來自《異物志》《神異經》《論衡》。

《後漢書．輿服志》《晉書．輿服志》分別引用了楊孚《異物志》，兩者版本相差無幾。前者為：「《異物志》曰：『東北荒中有獸名獬豸，一角，性忠，見人鬥，則觸不直者；聞人論，則咋不正者。』」後者為：「『北荒之中，有獸名獬豸，一角，性別曲直。見人鬥，觸不直者。聞人爭，咋不正者。』」《太平御覽．獸部》引《神異經》云：「東北荒中有獸，如牛，一角，毛青，四足，似熊。忠直，見人鬥則觸不直，聞人論則咋不正。名曰獬豸，一名任法獸。」內容與《異物志》亦大同小異。

以上三本都是引述，王充《論衡．是應篇》則直接記載：「觟鯱者，一角之羊也，性知有罪。皋陶治獄，其罪疑者，令羊觸之，有罪則觸，無罪則不觸。斯蓋天生一角聖獸，助獄為驗。」這裏的「觟鯱」，是獬豸的別名。王充的記述雖然簡潔，但基本含義與《異物志》《神異經》相合，可以相互佐證。

關於獬豸神話最古老的記載到此為止。楊孚、王充均活躍於東漢章帝劉炟時期，《神異經》相傳為活躍於西漢武帝劉徹時期的東方朔所著——也就是說，獬豸出場的時間被定格在皋陶時代，而提及獬豸的文獻直到兩漢才集中出現。

《異物志》等古籍所描述的主要是獬豸「觸不直」的習性，而針對獬豸冠和獬豸服，則有另一套關於楚冠的傳說。《後漢書》和《晉書》的輿服志在同一篇均引用了東漢胡廣的解釋，前者為：「《春秋左氏傳》有南冠而縶者，則楚冠也。秦滅楚，以其君服賜執法近臣御史服之。」後者為「楚王嘗獲此獸（獬豸），因象其形以製衣冠。胡廣曰：『《春秋左氏傳》晉侯觀於軍府，見鍾儀，曰「南冠而縶者誰也」？南冠即楚冠。秦滅楚，以其冠服賜執法臣也。」

除上述官修史書外，《淮南子・主術訓》載：「楚文王好服獬冠，楚國效之。」更詳細則古老的記載見於蔡邕所著的《獨斷》：「法冠，楚冠也，一曰『柱後惠文冠』。高五寸，以纚裹鐵柱卷，秦制執法服

獬豸

之，今御史廷尉監平服之，謂之獬豸。獬豸獸名，蓋一角……太傅胡公說曰：『《左氏傳》有南冠而縶者，《國語》曰南冠以如夏姬，是知南冠蓋楚之冠，秦滅楚，以其君冠賜御史。』」

以上文獻均不生澀，相互串連可以總結如下：獬豸是上古神獸，最遲不晚於皋陶，曾作為皋陶的助手輔助決獄。當時的法官大約缺乏足夠辨別的能力，因此獬豸「觸不直」的習性——或者說神力廣受尊崇。春秋時期，楚文王熊貲曾得到一隻獬豸，並依獬豸冠形象製作了獬豸冠，並進而引發楚國貴族的效仿。秦始皇嬴政滅楚後，大約出於羞辱楚人之目的，將其楚國國君的服飾賜予御史，從此獬豸冠成為御史專用的冠帽，因此又被稱為「法冠」。由漢至明，獬豸冠一直是監察官員的專用官帽，明代更將獬豸形象用於補服；清代御史雖不戴此冠，但官服配有獬豸補子。在這一神話和歷史相交纏的故事中，獬豸因為天生具備分辨是非的能力而在春秋時期被納入法律符號體系並一直延續下去，其影響千年不衰。

疑點重重的「王裏國訴中裏徼案」

獬豸以其神力幫助人類決獄，其實是神判的一種。在人類文明初期，神判廣泛存在於世界各地，古印度、古埃及、古希臘、古羅馬概莫能外，但在中國，除了部分少數民族之外，漢族歷史卻偏偏缺乏關於神判的記載——獬豸決獄的傳說，似乎打破了這一空缺。那麼，是不是說漢族人也曾仰仗過神判呢？神話當然不足為憑，歷史真相需要史實來佐證。

那有沒有史實？有。《墨子．明鬼》中曾記載了一則「王裏國訴中裏僥案」，案情如下：「昔者齊莊君之臣，有所謂王裏國，中裏僥者，此二子者，訟三年而獄不斷。齊君由謙殺之，恐不辜；猶謙釋之，恐失有罪，乃使之人共一羊，盟齊之神社。二子許諾。於是掘穴，到羊而漉其血。讀王裏國之辭，既已終矣；讀中裏僥之辭，未半也，羊起而觸之，折其腳，祧神之而槀之，殪之盟所。」

本案大意是，王裏國和中裏僥兩人爭訟三年沒有結果，齊國國君最終只能藉羊決獄，當中裏僥盟誓時，作為決獄祭品而被殺的羊忽然跳起來觸碰了他，而後發生了「祧神之而槀之」的一幕，中裏僥被殺，遂案結事了。該案曾被視為先秦時期的神判案例，而作為祭品的羊又因與「一角之羊」獬豸相似，而被視為獬豸決獄的現實流程。這一解讀，是很值得商榷的。

神判的本質是藉助非理性的力量決疑，以排除現實生活中的不確定因素，日常生活中的拋硬幣、「剪刀石頭布」遊戲，其實都是決疑方式，只是沒有神判中的宗教色彩。「王裏國訴中裏僥案」到底使沒使用神判？這取決於該案中是否運用了羊來決獄。按照獬豸「觸不直」的傳統，在羊觸碰中裏僥之後，如果齊國國君因此認定中裏僥說謊並敗訴，那該案當然屬於神判。然而，羊觸碰中裏僥後馬上發生了祖先神顯靈殺死中裏僥的「神跡」，庭審過程因為當事人一方當場死亡而不得不終止。也就是說，「王裏國訴中裏僥案」其實是一個鬼神故事，故事既沒有神判，也沒有通過決獄來認定中裏僥有罪，這一故事以不明不白的訴訟案開始，最終以不明不白的兇殺案結束。

先秦時期的司法官員究竟使不使用神判？從傳世銘文來看，西周的曶鼎、倗匜均載有案例，但在庭審過程中起決定性作用的都是

木獬豸
西漢武威市磨嘴子漢墓出土

魏晉時期的獬豸

訴訟兩造的言辭辯論、實物證據和證人證言，其中並沒有神判的影子。與儒家敬鬼神而遠之的態度不同，墨家熱衷於講鬼神，相關作品的史學意義原本不能高估，縱然其講述均為歷史事實，一起似是而非的「王裏國訴中裏僥案」也絕不能作為神判存在的證據。從同時代的案例來看，當時不存在神判的可能性更大。

為什麼？因為中華法系早已經進化到了更先進的階段。當時司法官員決疑的基礎不是神靈之意而是訴訟雙方的言辭證據，《尚書·呂刑》中早有記載：「兩造具備，師聽五辭；五辭簡孚，正於五刑；五刑不簡，正於五罰；五罰不服，正於五過。五過之疵：惟官，惟反，惟內，惟貨，惟來。其罪惟均，其審克之。」「兩造具備」是指當事人雙方均需出庭，司法官員需在此基礎上聽取「五辭」，也就是雙方言辭並做出判斷，如果言辭證據不足，後續還有「五刑」「五罰」等手段。當時司法官員的難題在於如何排除假公濟私、貪污受賄等「五過」而秉公執法。

聽取「五辭」的過程被《周禮．秋官》稱為「五聽」：「以五聲聽獄訟，求民情，一曰辭聽；二曰色聽；三曰氣聽；四曰耳聽；五曰目聽。」對此，初唐經學大師孔穎達的疏解釋得極為詳盡：「凡斷獄者，必令囚之與證兩皆來至。囚證具備，取其言語，乃與眾獄官共聽其入五刑之辭。其五刑之辭簡核，信實有罪，則正之於五刑，以五刑之罪罪其身也。五刑之辭不如眾所簡核，不合入五刑，則正之於五罰。罰謂其取贖也。於五罰論之，又有辭不服，則正之於五過，過失可宥，則教宥之……各得其辭，乃據辭定罪。與眾獄官共聽其辭，觀其犯狀，斟酌入罪，或入墨劓，或入宮剕，故云『聽其入五刑之辭』也。」

如何決疑，本就是司法官員職責的應有之義，如果錯判，司法官員應當引咎，最著名的案例莫過於「李離伏劍」的典故。《史記．循吏列傳》載，晉文公時司法官員李離因為「過聽」錯殺了人，晉文公認為責任在李離下屬，但李離認為「公以臣能聽微決疑，故使為理。今過聽殺人，罪當死」，最終自殺。剛烈如李離者未必很多，但「聽微決疑」作為司法官員應盡的職責是毋庸置疑的。

在先秦已經出現論辯決獄的背景下，司法官員還固守着相對落後的神判，反而是不合常理的。而且，如果神判能被接受，王裏國和中裏僥者又何至於「訟三年」而無果？退而言之，神判在早期人類文明中之所以流行，是因為人們普遍缺乏辨別真偽的能力，因此需要一種簡捷高效的終局裁決手段，從而排除案件的「不確定狀態」，得到一個確定的結果。用一頭死羊來「觸不直」，成功的可能又有多大呢？「王裹國訴中裹僥案」如果確有其事，其真相可能未必是「神跡」，而是王裹國製造的一場謀殺案了。再退一步，就算「王裹國訴中裹僥案」到最後真的採取了神判，那也是在「訟三年」而司法官員無法決獄後的無奈之舉。在「五辭」「五聽」無法生效、齊莊君又不得拒絕審判的情況下，將人間的案件訴諸於鬼神就成了「沒有辦法的辦法」，絕非通例。

歷史迷霧背後的獨角獸

既然「王裹國訴中裹僥案」與神判無關，那該案中作為祭品的羊與獬豸可能也就不存在關聯了。獬豸只是像羊而非羊，決獄過程也並非將自己當成祭品。如果這先秦時期存在神判唯一的孤證都被推翻，再考慮到獬豸決獄的傳說本就在兩漢時期出現，那就連先秦時期是否存在關於獬豸的神話都值得懷疑了。

但有兩個問題無法迴避。第一個問題，是楚王喜歡獬豸冠的緣由。如果先秦既無神判也無獬豸決獄的傳說，那關於楚冠的傳說就有些令人費解了。難道楚文王對獬豸冠的鍾愛只是出於個人喜好，與獬豸在後世形成的文化含義並無瓜葛？

相關文獻中提到楚王獲獬豸一事的有兩種。其一是《春秋左氏傳》，但只有《晉書》引用的文字中有「楚王嘗獲此獸」的記載，反觀《後漢書》和《獨斷》，雖然引用了《春秋左氏傳》，卻並未提到楚王與獬豸有任何交集。可見，楚王獲獬豸一事很可能是後人的誤引或附會。其二是《淮南子》，只記載了「楚文王好服獬冠」，並未說楚文王曾獲獬豸。可見，楚王喜歡獬豸冠一事確實很可能與楚王獲獬豸一事無關，因為後者很可能子虛烏有。

第二個問題更難以解釋：獬豸冠的形制，居然不是獨角，而是兩角！這一點，後世學者同樣深感困惑。蔡邕《獨斷》提出：「獬豸，獸名，蓋一角，今冠兩角，以獬豸為名，非也。」《後漢書・輿服志》亦載：「今冠兩角，非象也。」直到南朝蕭梁時，劉昭為《後漢書》作注時仍感不解，認為：「或謂獬豸乃非定名，在兩角未足斷正，安不存其豎飾，令兩為冠乎？」

問題就出現《淮南子》「楚文王好服獬冠」這句話上了。《太平御覽・服章部》所引的《淮南子》，同一句話有着不同的版本：「楚莊王好觟冠，楚國效之也。」這裏的楚王是楚莊王還是楚文王無關宏旨，但《太平御覽》中明白無誤的是「觟冠」，而非「獬冠」。「觟」字意為有角的母羊，本身並無「獨角」之意，但也可與「獬」字通用。「獬」字出現得較晚，《淮南子》中用「獬」而不同「觟」，合理解釋是直接改用新字的結果——如此一來，很多真相就浮出水面了。

楚王鍾愛的冠並非理論上應當為獨角的獬豸冠，而是觟冠，又稱「南冠」「楚冠」「鮮冠」。觟冠不是獨角帽，而是帽上橫插一支細鐵棍，左右各露出一角。配戴觟冠之風由楚王開始，在戰國後期成為楚人、陳人的流行帽飾。秦滅楚後，秦始皇「以其君冠賜御史」，觟冠於是被稱為監察官員專用的「法冠」，漢代法冠因其外形而又稱「柱後惠文冠」。獬豸決獄的傳說於兩漢出現後，「獬」字亦分化出來，曾經的觟冠被漢人有意無意改稱為「獬冠」就順理成章了。

也就是説，楚王所戴的觟冠與獬豸本無關聯，楚王獲獬豸也是後人附會，因此後世流傳的所謂獬豸冠是兩角而非一角。先秦時期並非獬豸傳説，也能夠解釋獬豸這麼重要的神獸為何獨獨不出現於《山海經》的原始文本之中。但是，新誤會已經形成新的文化，在許慎的解釋成為主流的背景下，「灋」與「獬」已溶為一體，漢代監察官員的法冠，自然也必須承載起獬豸的文化印記了。這一文化印記歷久彌堅，獬豸冠一直作為監察官員的官帽存在，明代更進一步，所有負責監察的風憲官的官服獨立成體系，統一身着獬豸補服。清代雖一改冠服制度，但依然保留了獬豸補子。

值得一提的是，獬豸冠兩角的傳統已不需要更改，明清時期的獬豸補子卻保留了獬豸的「獨角」——這隻獨角獸不僅是歷朝歷代的監察官員的精神象徵，更跨越了東西方法律碰撞的悠悠亂世，成為中華法系最搶眼的圖騰。

結語

關於中國法院與獬豸像之間的緣分，還有一事不得不提。中國自秦代以降，御史負責的都監察事務，這與當代審判機關的職能相比，吻合度並不算非常高。那為什麼，當代法官羣體會繼承古代監察官員的圖騰呢？

這是因為，古代中國司法權與行政權合一，獄訟之事由各級主政官員兼理，並無單獨的法官一職。若要強行對古今的官職進行類比，這些主政官員更接近於政府而非法院首腦。反而是負責監察的御史職權相對單一，這些官員尊崇「以卑察尊」的原則，有可能品級低、權力大，從當代法制視角來看，其「法大於權」的風格更接近於法官。而且，御史也確實部分地承載的審判權的行使。御史所居官署稱御史府、台，明後改稱都察院，不少朝代的「三法司」——也即三大中央司法機關，均有御史台一席之地，如漢時為的廷尉、御史中丞和司隸校尉，宋代的大理寺、刑部和御史台，以及明清兩代以刑部、都察院和大理寺。由此來看，將御史視為法官的前身、將御史台視為法院的前身，也不是全無道理。

因為種種機緣巧合也罷、文化重構也罷，獬豸在兩漢期間橫空出世，並迅速被描述成皋陶時期便已存在的上古神獸，最終成為中國歷代監察官員及後世法官職業羣體共同膜拜的符號，不能不説是一場漫長的誤會。不過，如果一個誤會可以在長達兩千年的歲月中持續滋養民族的羣體記憶，那這個誤會本身或許要比真相更有價值。文化不能以訛傳訛，但不妨能將錯就錯 —— 法院門前的一尊尊獬豸像，大致便是如此吧。

僕匜

古代司法案例

承載一個民族獨特氣韵與精神的不僅僅有文字，同時也有文字的書寫載體。泥板、鉛板、貝葉、樹皮、羊皮……不同文化在各式材質的表面舒展着不同的發展脈絡，最終構成了繁複多彩、氣象萬千的人類文明。在書寫載體的世界裏，中華文明所依憑的利器是紙，但又不止於紙。

造紙工藝在東漢蔡倫手中取得突破性進展後並未立刻普及，直到魏晉之後紙張才漸漸成為主流書寫載體，而在此之前，中國人使用的主要是簡牘，也就是竹片和木條。簡牘也可以拆分為簡和牘，牘相對寬些，單張牘可以寫三至五行字；簡雖然窄，但反而能夠編聯成冊，所書內容也得以無限延展。在紙張尚未問世的漫長歲月中，這些寬窄長短不一的竹片木條支撐起了數不勝數的公文、信函、書籍……當然也包括為維持各王朝穩定運行而被制定的森嚴法典。

那麼，在簡牘誕生之前呢？這些律法與案例，會被書寫在什麼上面？以青銅文化卓立於東方大陸的先民們給出了答案張揚的答案：藝術品。藝術品這個詞有些泛泛而論，因為人類早期的法典無論被鐫刻在什麼材質上，經過千百年的淬煉，都會以藝術品的姿態流傳於世——比如雕刻在黑色玄武岩石柱上的古巴比倫《漢謨拉比法典》，幾十個世紀後的人們仰視它時完全無法抵禦這根石柱的魅惑，這並非是石柱本身的雕刻工藝出神入化，而是因為這塊玄武岩上刻下的是古巴比倫文明的印記，正是這些印記，將普通的石塊升華成了藝術品。

但中國的這件藝術品不一樣：就算抹去上面的文字，它也依然是一件傑出的藝術品；僅僅作為青銅器，它也依然能驚艷世人。這件藝術品，就是被稱為「青銅法典」的𠑇匜。

「青銅法典」這個偏正短語由兩個詞構成，「青銅」是修飾語，代表了先秦冶煉工藝的水準；「法典」是中心語，表明了先秦律法的高度；而這部青銅法典的造型是一頭惡獸，其獰厲威嚴的設計，又恰恰暗含着先秦社會制度的血腥與凜冽。

奉匜沃盥：作為禮器的𠑇匜

匜，既是盥洗器，也是禮器。為何盥洗器與禮器可以合一呢？這源於三代特殊的禮治。三代時期的禮作為調整社會的規範，其所保護的主要不是「人身權」、「財產權」、「生命健康權」這些後人眼中理所當然的權益，而是以血緣為紐帶、維護族長世襲特權並按照親疏遠近來明確權力等級的社會秩序。在這一背景下，上到貴族階層的祭祀行政，下到平民階層的衣食住行，均被禮框定在了既定的程序之中，乃至於盥洗這件日常生活中的小事，都需要按照特定步驟、使用特定器物來完成。而匜，便是「沃盥之禮」所需的禮器之一。

沃盥意為澆水洗手。三代時期的沃盥是一件大事，《周禮・春官》載「凡祼事沃盥」，「祼事」是指一類祭祀活動，清末孫詒讓《周禮正義》註道：「沃盥者，謂行禮時必澡手，使人奉匜盛水以澆沃之，而下以槃承其棄水也。」也就是說，開展祼事時必須行「沃盥之禮」，其方式是令人捧着匜澆水，行禮者洗手所用的水便流到下面的盤子裏——這叫做「奉匜沃盥」。奉匜的人也有講究，在祭祀等重要儀式中，如《周禮・夏官》載，會有專門的「小臣」負責「沃王盥」；而接待賓客時，則由東道主中的父親奉匜澆水、兒子奉盤接水，等客人洗完後，主人還要遞上擦手巾，這就是《禮記・內則》中所說的「進盥，少者奉盤，長者奉水，請沃盥，盥卒授巾。」

人類在對邏輯、法制等抽象概念還沒有透徹的理解時，往往會選擇使用相對具象化的規則來調整社會運作。三代以禮治國，萬事萬物都通過禮來規範，而一旦被納入禮，平凡之事便有了非凡的意義，「沃盥之禮」正是如此。整個先秦時期，不依禮洗手都屬「違法犯罪」行為，可能引發非常嚴重的後果。《春秋左氏傳》中在「晉公子重耳之亡」一文裏講了這樣一個故事：「秦伯納女五人，懷嬴與焉。奉匜沃盥，既而揮之。怒，曰：『秦晉匹也，何以卑我？』公子懼，降服而囚。」這裏講的是晉文公重耳在其妾懷嬴「奉匜沃盥」時，沒有等懷嬴將毛巾遞上就先揮手甩水，便被懷嬴認為是對女方的大不敬。懷嬴是秦穆公嬴任好之女，因此懷嬴將這種不敬上升到了晉與秦的外交關係，發出「秦晉匹也，何以卑我」的怒叱。雖然這一段故事有其政治聯姻的特殊背景，但依然可以看出「沃盥之禮」以及承載這一禮儀的匜在先秦人心中有多重要的地位。

當然，正所謂「刑不上大夫，禮不下庶人」，先秦時期的平民甚至於奴隸，當然不可對洗手一事如此講究，重耳和懷嬴都出身於貴族，這是二人能夠觸及匜與「沃盥之禮」的關鍵。繁瑣的禮儀和昂貴的器物劃開了貴族與平民的世界，在這一分化過程中，被儀式化的器物會愈加重視其象徵意義而忽略其實用價值。漢代之前的匜多為青銅所製，如此沉重的「瓢」用起來當然不方便，但這種「不方便」反而愈加凸顯了匜的地位。為了凸顯使用者的權威，先秦工匠又奉命將各式的花紋雕刻到這些青銅器上，眾多的匜也因此披上或細密或粗獷的藝術外衣。

𠑇匜也是如此。這件青銅器造型奇特古樸，整體呈橢長形，前注水流為虎頭，四足為羊蹄，鋬手為獸首屈舌，蓋面為琵琶形，像極了史前一頭早已失去名稱的惡獸。在西周時期工匠們精湛鑄造工藝的加持下，𠑇匜本身便是禮治社會不二的象徵。

但是，讓𠑇匜在中華法系中「封神」的，不是它絢麗奪目的外表，而它腹中樸素無華的銘文。正是這段銘文，讓𠑇匜有了「青銅法典」之稱。

腹有律法：青銅法典與青銅卷宗

𠑇匜的蓋銘與器銘相連，其中器銘六行九十字，蓋銘七行六十四字，因其中包括三個合文，共計一百五十七字。針對這一段銘文的斷句、表意等內容，學界並未達成一致意見，現僅列其中一種：

唯三月既死魄甲申，王在（上芬下廾）上宮。伯揚父乃成，曰：「牧牛，觑乃可湛，汝敢以乃師訟。汝上鄰先誓，今汝亦既又御誓，（五人名）亦茲五夫，亦既御乃誓，汝亦既從辭從誓，弋可。我宜鞭汝千，黜汝，今我赦汝。宜鞭汝千，黜汝，今大赦汝鞭，汝五百，罰汝三百鋝。」伯揚父乃或使牧牛誓，曰:「自今余敢擾乃小大事。乃師或以汝告，則致，乃鞭千、𪑱。牧牛則誓。乃以告吏、吏曶於會。牧牛辯誓，成。罰金，𠑇用作旅盉。」

這篇銘文所述的案件可以概括為「牧牛訴𠑇一案」，學界對該案「以下犯上」的訴訟性質達成了共識，但針對細節爭議頗大。尤其是「亦茲五夫，亦既御乃誓」一句，作為法官的伯揚父到底是要求原告牧牛返還五名奴隸之後再重新立誓，還是明確牧牛重新立的誓言必須經過五個證人的認可才能生效呢？這兩種解釋會令後人對西周訴訟制度的成熟度做出不同判斷。不過，𠑇匜銘文中案情的大致情況相對清晰：牧牛與其上司𠑇提起訴訟。法官伯揚父認為其誣告上司，命其返還五名奴隸並起重新誓不再為此事提起訴訟。按律，牧牛會受鞭刑一千及墨刑，但伯揚父赦免了牧牛的五百鞭，另外五百鞭改為交罰金三百鋝。在牧牛立誓並繳納罰金、官吏記錄入檔案之後，𠑇將案情概要刻到了𠑇匜之上。

這一百五十七個字不僅詳細介紹了一起訴訟案的「庭審經過」，還包含了本案法官做出並修改的前後兩個版本的判詞。作為勝訴方的𠑇，顯然對判決結果非常滿意，於是志得意滿地將前因後果刻到了匜上——銘文中自述其器為「盉」，匜由盉演變而來，兩個稱呼經常互用。

在三代的青銅器上，銘文並不罕見，如曶鼎、琱生簋、散氏盤等。關於這些銘文的價值，郭沫若有一段精闢的論述：「（文字史料）已屢經傳寫、屢經隸定，簡篇每有奪亂，文辭復多竄改，作為史料不無疑難。而彝銘除少數僞器觸月可辯者外，雖則一字一句，均古人之真跡也。是其可貴，似未可同列而論。」

這裏的「彝銘」指的就是青銅器上的銘文，因祭祀用器又稱彝器之故。與文字史料容易被後人誤改、竄改不同，這些銘文刻於金屬之上，歷久彌堅，均是古人真跡。據考證，𠑇匜大約制於周厲王或周宣王時期，至其出土時已經在陝西岐山的窖穴中埋藏了二千八百餘年 —— 可想而知，𠑇匜所呈現一字一句裏飽含著中華民族多少厚重與滄桑。

𠑇匜的可貴之處不僅僅在於它保留了一份完整的西周法律文書，更在於其行文將當時的法律體系、刑罰規範、訴訟程序甚至是法官的自由心證都清晰地傳達出來。不過，這些內容也不免令人困惑：將𠑇匜稱為「青銅法典」頗有些張冠李戴？這頭惡獸的肚子裏藏著的並非法典和法條，而是庭審經過以及判決書，那是不是稱之為「青銅卷宗」更為合適？

倒也並非如此。所謂「外行看熱鬧，內行看門道」—— 從𠑇匜銘文中這一段小小的案例裏，其實能分析出不少西周的法律思想、斷案傾向和司法慣例，比如，牧牛的「先誓」與立誓行為，說明了誓言本身具備一定的證據效力；再比如，牧牛、𠑇均為本人出庭，這體現了當時要求訴訟雙方「兩造具備」，而且必須「躬坐獄訟」，即親自出庭的程序要求；又比如，該案明顯是民事案件，但最後伯揚父却判處了「黜」「鞭」和罰金等刑罰，說明當時已經出現了「民刑不分，諸法合體」的特徵⋯⋯一字一句，如同一磚一瓦，為後人研究西周法律制度這座建築大有裨益，從這個角度來看，「青銅法典」四個字，𠑇匜也當得起。

𠑇匜

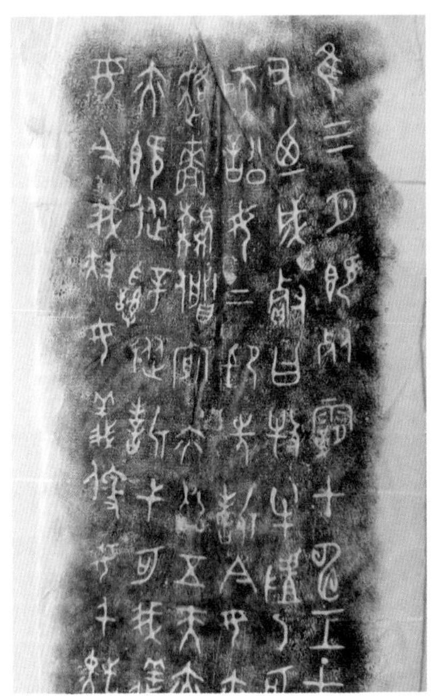

銘文

以下犯上：汝敢以乃師訟

依通說，「牧牛訴𠑇一案」的案由是奴隸所有權糾紛，但通過對𠑇匜銘文的解讀可知，該案案情的關鍵不在於「誣告」，而在於其「以下犯上」的「惡劣」性質。

該案原告 —— 同時也是被告人牧牛不是人名而是官職名。《周禮．地官》中有關於「牧人」「牛人」的記載，牧牛應當是管理祭祀中「六牲」的中下級官員。𠑇是人名，銘文中明確其官職為「師」，一個推測是𠑇可能是《周禮．夏官》中記載的「牧師」，縱然不是這樣的高官，也依然是牧牛的上司。

伯揚父判牧牛敗訴的主因就在「汝敢以乃師訟」六個字。言下之意，下級官員與上司爭訟本身就是違法的。周代實行以宗法等級為基礎的分封制，《左傳》中將其概括為「天子建國，諸侯立家，卿置側室，大夫有二宗，士有隸子弟」。牧牛與𠑇爭訟，大致相當於「士」與「卿」爭訟，當然要嚴懲不怠了。

在「以下犯上」即為罪的背影之下，牧牛無論是否敗訴，這個民事案件都會自然轉化成刑事案件，所以伯揚父直接對牧牛進行判刑：鞭一千、墨刑。「鞭」好理解，那「墨」做何解呢？

奴隸制下的周朝刑罰極為嚴酷，其「五刑」包括墨、劓、荆、宮、大辟，墨刑最輕，是指在犯人臉上刺字，然後以「以墨窒之」，使其成為犯人一生的恥辱印記。不過在這一案件中，牧牛最終沒有被施以墨刑，因為伯揚父馬上對牧牛進行了大赦，用財產刑代替了牧牛本應承擔的肉刑。

大赦也是中國歷朝歷代均有的一種法律制度，多在皇帝登基、更換年號或是立皇后太子等情況下由皇帝發出，藉以施恩。不過，大赦通常針對於不特定的犯人，而該案中伯揚父的大赦僅針對於牧牛一人，因此這裏的大赦應當理解為法官的自由裁量權。

有趣的事情出來了：伯揚父以財產刑代替肉刑，牧牛於是交了三百鍰罰金，那這個罰金去向何方了呢？有學者提出是進了伯揚父自己的腰包，並認為這同樣也是中國最早明文記載的官員「受賄」案。其實這一推斷有諸多不合理之處：本案當著周王之面審理，伯揚父在這樣的情況下「受賄」而改判，未免也太肆無忌憚了；縱然伯揚父明火執仗，也不會命令屬下記錄在冊，更不會任由𠈇記載在青銅器上留於後世。

所以合理的解釋是，對犯人課以罰金以免除肉刑是西周時期正常的法律制度，而這也有明確記載，《尚書．呂刑》中有言：「墨辟疑赦，其罰百鍰，閱實其罪……大辟疑赦，其罰六百鍰，閱實其罪。」所以不同刑罰轉換成不同數額的罰金可謂早有定制，而轉換的條件便是「疑」。

所謂「疑」，就是案情不能排除合理懷疑，即依已有的證據不能確定犯罪嫌疑人是否真的構成犯罪。現代刑法以「罪疑從無」為原則，但西周時期則是「罪疑從輕」——依然還是要「閱實其罪」，但可以轉換成較輕的罰金。當然前提是犯人有足夠的支付能力，牧牛畢竟也是下級官吏，換作普通百姓，恐怕伯揚父也會不施以大赦了。

回到𠈇匜本身：銘文中爭議最大的，就是牧牛到底是要先賠給𠈇五名奴隸，還是要立誓言並讓五個證人相信的問題。前一種解釋僅指向普通的財產賠償，從法制發展的角度來看並不那麼「高級」，而後一種解釋則指向特殊的誓審制度。所謂誓審，簡而言之是司法人員以誓言為媒介，對發誓者定罪量刑的審判方式。誓言背後以神的懲罰為「強制手段」，因此可以視為神判法的一種。從眾多銘文及記載來看，西周誓審已經發展出一套頗為嚴密的制度，該案中牧牛因為違背「先誓」而被伯揚父訓斥，既而又在庭審中被要求重新立誓並得到五個證人的信任，相較賠給㑞五名奴隸而言，更符合西周律法的運行模式。如果這一解釋為真，也可以看出中國早期法律制度中確實有過較濃厚的神判色彩，那些或真或假的誓言，曾作為法官斷案的重要依據决定了當事人的勝與負甚至是生與死，而這些當事人中的大多數，都無法如㑞一樣留下名字……

結語

㑞匜銘文所記載的只是一個判例，但是這個判例却如同一個萬花筒，每換一個角度就能看到不一樣的風景。西周乃至於三代所推行的禮治和是會有原始色彩的司法程序，正是在這個小小的萬花筒中展現出了特別的身姿，而後世中華法系中不少根深蒂固的原則與思維，也能在這個小小的萬花筒中找到相應的佐證。

更為有趣的是，相比於中國傳統司法神獸獬豸，㑞匜的外形也有其非凡之處：獸頭與羊足無疑與獬豸神形俱似；繁體漢字中的「法」為「灋」，《說文》中云：「法，刑也，平之如水，從水；廌所以觸不直者去之，從去。」而匜同樣又是盛水器皿，這其中的巧合也着實意味深長。如果說，獬豸所具備的神判色彩張揚而淩厲，而㑞匜銘文中隱藏的神判思維就顯得靜水流深了。

生死狀

民事生命法律文書

法律領域最為龐雜深邃的兩個部門法，要數刑法與民法。民法規劃着普羅大眾的生活，柴米油鹽，皆成民法。刑法則事關罪與罰、生與死，日常生活不會輕易觸及。民法崇尚意思自治，鼓勵人們依個人的自由意志行事，而刑法則森嚴肅穆，用法定罪刑分割了「當為」與「不當為」。民法與刑法涇渭分明，彼此各自調整不同的法律關係、適用不同的法律原則。但是，有一樣物件卻挑戰了兩者的界線，令人難以判斷姓「民」還是姓「刑」，那就是生死狀。

生死狀之於普通人而言，可謂是未見其物卻久聞其名。在大眾想像中，生死狀的內容無非是「生死兩不追究」「勝負在人，生死在天」之類，多見於比武打擂。1954 年白鶴拳陳克夫對太極拳吳公儀打擂台的一幕有視頻資料流傳，其解說便提到：「動手過招，拳腳無情，所以要簽下生死狀，任何一方不幸傷亡，不得追究。」周傑倫的歌曲《霍元甲》，開頭兩句便是：「嚇，命有幾回合，擂台等着。生死狀，贏了什麼，冷笑着。」恰如王家衛電影《一代宗師》的台詞所言：「功夫，兩個字，一橫一豎。錯的倒下，對的站着。」不觸及生死的擂台，恐怕有些索然無味。

其實生死狀在現實生活中也沒有完全絕跡。逢年過節，朋友聚會貪杯，為了防止喝酒出事糾纏不清，也可能自發簽訂一個類似「喝酒時發生意外與他人無關，唯怪自己貪杯無度」的約定。這個約定，其實已經算是生死狀了。

擂台也罷，酒席也罷，這些所謂生死狀當然不能具備法律效力，因為這種約定違反的已經不僅是法律條文，更是「生命健康權不得讓與或拋棄」的法律原則——當代如此，古代同樣如此。如宋慈《洗冤錄》所言：「獄事莫重於大辟。」「大辟」即死刑，漢代以降，包括命案在內的重大案件大多需要會審甚至皇帝親決，一方面固然出於朝廷「慎刑」「恤刑」的倫理考量，另一方面也是表明了生殺大權需由國家掌控，不得任由百姓自斷。江湖中的「十步殺一人，千里不留行。事了拂衣去，深藏身與名」的快意恩仇，是不可能被所允許的。

既然如此，生死狀又是如何出現的呢？

狀：歷史悠久的司法文書

生死狀首先是「狀」——作為一種文體，狀可謂歷史悠久、含義複雜。

狀最初用表示事物的形態，如《呂氏春秋・明理》云：「其雲狀有若犬、若馬、若白鵠、若眾車。」在語義的流變中，狀具備了雙重含義，這第一重含義，是上行文書，也即下級送往上級的公文。

至晚在漢代，狀就作為闡述事實的上行文書名稱而廣泛出現了。兩漢文獻中「上狀」「以狀言」「以狀上」的表述頗多，如《漢書・敍傳》中提到「河平中，單於來朝，上使伯持節迎於塞下。會定襄大姓石、李羣輩報怨，殺追捕吏，伯上狀，因自請願試守期月。」其意即指班固的前輩班伯通過狀來請求負責漢朝與匈奴外交國事期間防備的工作。又如《後漢書．楊震列傳》中載：「先葬十餘日，有大鳥高丈餘，集震喪前，俯仰悲鳴，淚下沾地，葬畢，乃飛去。郡以狀上」，這裏郡守通過狀向上反饋的內容，並非日常政事，而是眾鳥悲鳴的「異象」。可見，漢代的狀，其內容未必與司法刑獄之事相關，但凡下級官吏有情況需上報者，均可通過狀來陳述。魏晉時期，狀的使用範圍進一步擴大，連百姓申訴也可以使用了。到了唐代，狀已經成為重要的公文形式，其體例包括論事狀、薦狀、奏狀等多種，以應用於不同的場景。

狀的第二重含義，是證據，常與贓並列。如應劭《風俗通》所載：「就恂素為官速謗，當便入傳，引見詰問，糾其贓狀，以時列聞。」

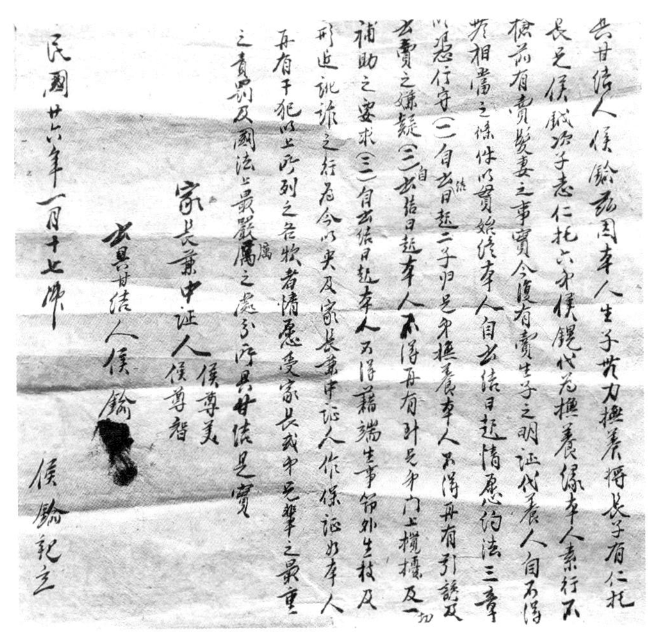
立甘結人侯鎔茲因本人生子共力撫養將長子有仁托
長兄侯斌承子志仁托六弟侯錕代為撫養緣本人素行不
檢前有賣髮妻之事實今復有賣生子之明証代養人自不得
不相當之條件以買賣待本人自立結日起情願約法三章
以昭信守(一)自立結日起二子歸兄弟撫養本人不得再有引誘及
出賣之嫌疑(二)自立結日起本人不得再有到兄弟門上攪擾及一切
補助之要求(三)自立結日起本人不得藉端生事節外生枝及
形近訛詐之行為今以央及家長兼中証人作保証如本人
再有干犯以上所列之各款者情願受家長或中証人舉之最重
之責罰及國法上最嚴厲之處分所具甘結是實
家長兼中証人 侯尊美 侯尊智
立具甘結人侯鎔
民國廿六年一月十七號
侯鎔親立

生死狀

古代中國無供不錄案，「據供辭定罪」——也就是以言辭證據為首要定罪依據，是中國古代刑事證據的基本規則，但這並非唯一規則。在缺乏口供的情況下，如果所獲得的「贓」「狀」物證確鑿，司法官員也可以「據狀斷之」。《唐律疏議》規定：「若贓狀露驗，理不可疑，雖不承引。即據狀斷之」。《宋刑統》沿襲了唐這一律文，還補充道：「諸犯罪事發，有贓狀露驗者，雖徒伴未盡，見獲者，先依狀斷之，自後從後追究。」這裏，贓是指物證，而狀則主要包括兇器和被害人死傷的形狀——這裏的狀，更接近於「狀」字的本意。辦理案件過程中當然不可能將被害人的傷口或屍體「存放」起來，因為狀需要通過檢驗報告反映出來，於是「屍狀」「傷狀」「物狀」等就也漸漸成為古代特定司法鑒定書的名稱了。

上行文書中的「文書」，加上司法鑒定書中的「司法」，使得狀有了「司法文書」的底色。明清時期，狀的功能日益專業化，成為百姓向官府申訴、請求所用的文書。如果以儒家的「無訟」傳統為依據來判斷，古代司法文書與百姓的日常生活或許不該有太多交集，然而歷史的真相並非如此。明清時期中國的城市化、商業化水平已大為提高，整個社會處於轉型時期，再加上訟師職業羣體的日漸成熟，民間「好訟」風氣漸漸興起。百姓不恥於求利，遇到爭端時更能夠接受通過「打官司」解決問題，因此狀得以走進尋常百姓家，成為大眾耳熟能詳的日常事物。

在時代的剛需下，狀的多樣化和標準化就成了不可阻擋的潮流。明清以降，狀的種類愈加豐富，不同用途的狀有了特定的格式，被收錄在各色日用類書中以便於百姓日常索引。訴狀、和息狀、結狀、保狀……不同類型的狀，成為百姓通向衙門最常見的

「敲門磚」。為了應對過於膨脹的訴訟，朝廷不得不通過律法加以限制，以至於孕育出了「官代書」這一職業。《大清律例》規定：「內外刑名衙門，務擇裏民中之誠實識字者，考取代書；凡有呈狀，皆令其照本人情詞據實謄寫，呈後登記代書姓名，該衙門驗明，方許收受。」也就是說，訴狀不能由原先本人書寫，而要由經官府認可、考取了「代書」資格的官代書代為書寫。當然，這些官代書只負責「代書」而不參與庭審，與後世的律師不可同日而語。

作為尋常百姓最容易接觸到的司法文書，「狀」這一稱謂無疑代表了一定的權威性，普羅大眾將生死文書冠以「狀」名也就順理成章了。不過，狀畢竟是種類繁雜，生死狀的這個「狀」，到底屬於哪一種？

甘結狀：「情甘了結」的保證書

生死狀的這個「狀」，指的是甘結狀。「甘結」二字有「情甘了結」之意，連上「狀」字，相當於具有法律意義的保證書。

甘結狀別稱很多，清代司法檔案中還廣泛存在着「結狀」「保領狀」「切結狀」「指傷結狀」「遵依結狀」「手摹切結狀」「甘願領埋結狀」…… 凡此種種，看似五花八門，其實都屬於甘結狀，彼此只在使用的階段、具體內容要求上有細微區分。

以使用主體來論，甘結狀可以分為兩種：第一種發生在民與官之間，第二種則發生在民與民之間。

發生在民與官之間的甘結，是指官府處理完訴訟後，雙方當事人向司法官員出具的承認所供屬實、甘願接受處分或息訟結案的字據。

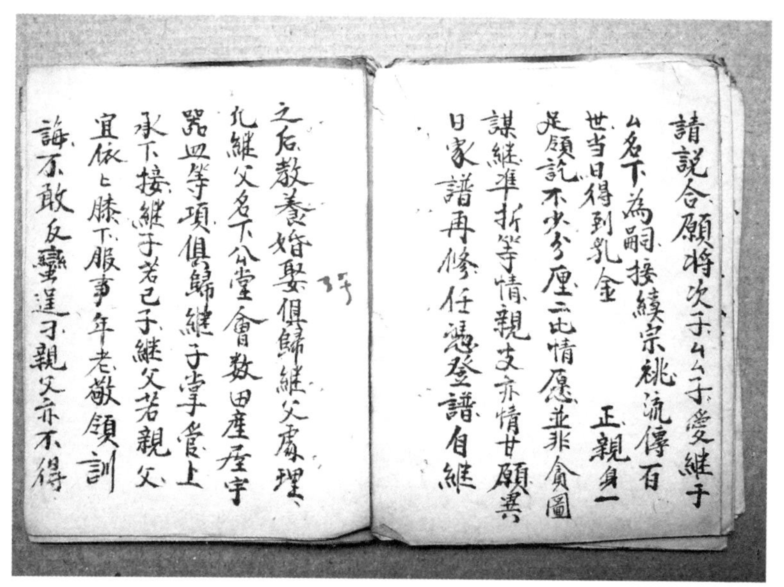
請說合願將次子ㄙㄙ子愛繼于
ㄙ名下為嗣接續宗祧流傳百
世当日得到乳金　正親身一
足領訖不少分厘二比情愿並非貪圖
謀繼準折等情親支亦情甘願異
日家譜再修任憑登譜自繼
之后教養婚娶俱歸繼父處理
凡繼父名下公堂會数田產屋宇
器皿等項俱歸繼子掌管上
承下接繼子若己子繼父若親父
宜依膝下服事年老敬領訓
誨不敢反變違可親父亦不得

甘結狀

清代《六部成語．甘結》記載：「凡官府判案既定，或將財物令事主領回者，均命本人作一情甘遵命之據。上寫畫押，謂之甘結。」可見，清代司法官員審理案件，或是返還財物，都需要當事人上交甘結，以表明「情甘遵命」之意。「情甘遵命」和「情甘了結」的含義基本相同，指的都是當事人遵依司法官員的要求保證案結事了，因此這種保證書常被稱為「遵依甘結狀」，包括雙方願意接受裁斷結果，並且承諾日後不再相爭、若破壞約定或翻供則甘願受罰等內容。

在明代，通常只有重罪才需取當事人服辯，如《居官必要為政便覽》所載：「凡審問重犯情真，要取服辯狀在官，使之甘服無詞。」而到了清代，幾乎每一個案件中都有相關訴訟參與人具結的情況存在，這是源於清朝律法對具結的硬性規定。對於清代官員而言，一個「正常」的案件，應當是以官代書所寫的訴狀為起點，而以當事人的「遵依甘結狀」為終點的。

發生在民與民之間的甘結範圍就更廣了：它指的是百姓之間就特定事例所訂立的保證書，或者說是誓約。比如，《大清律例．戶律．戶役》附例曰：「如可繼之人亦係獨子，而情屬同父周親，兩相情願者，取具闔族甘結，亦准其承繼兩房宗祧。」大致意思是，獨生子出繼的兩房若是同父兄弟，在雙方同意、且全族出具甘結的情況下，可以一人繼承兩房的宗祧。這種家族甘結雖然是百姓自行訂立的，但官府也認可其效力，因此也屬於廣義上的司法文書。

明清時期，這一類民間甘結非常普遍，也很受進行重視。為什麼會這樣呢？這源於古代中國「皇權不下縣」的現實。中國幅員遼闊、人口眾多，歷朝歷代的統治能力到了縣一級往往已經相對薄弱，因此必須賦予鄉村一定的自治權——在司法層面也是如此。明清時期的訴訟案件被分為命盜重案和自理案件，命盜重案經州縣初審後，必須報告至上級機關進行復審。而針對自理案件，州縣可以直接處罰，當然處刑範圍只限於笞刑、杖刑等輕刑。自理案件主要包括「戶婚田土細事」，相較於嚴格適用律法，司法官員在這一類案件中更注重通過說服當事人來平息糾紛，事實上就是將壓力較大的判決結案轉化成了較為輕鬆的調解結案。因此，民與民之間的甘結就至關重要了。

無論是民與官之間的甘結，還是民與民之間的甘結，其本質都是一致的，即在達成某種約定的前提下，保證在無法履約的時候承擔某種後果。生死狀完全符合這一定義：雙方達成了「生死兩不追究」的約定，在一方死亡的情況下放棄報官、尋仇的權利。因此，生死狀的全稱，應當是「生死具結狀」。

甘結的生效有兩個前提條件：第一，需要雙方當事人達成合意，也即「情甘了結」；第二，需要得到官府認可並因此獲得某種法律效力。生死狀顯然在雙方當事人達成合意的情況下才能成立，但這種約定能得到官府的認可嗎？

生死甘結狀：倘有疾病生死，各安天命

生死狀能否得到官府認可？答案當然是否定的。生死事大，連州縣一級的司法官員都無權裁決命盜重案，朝廷又怎麼會任由百姓自己簽訂生死狀，隨意決定生死呢？如果民間真有因打擂台而鬧出人命的案件，那就算比武雙方事前約好「生死兩不追究」，官府也是不可能不前來追究的。

不過，這並不代表古代沒有生死狀 —— 只是，這些生死狀與比武打擂無關，它們背後所牽動着的，往往是一個個悲傷淒涼的故事。

古代中國的女性，有時會被視為物品買賣。既然是物品，賣家當然要保證其「質量」乃至於「售後服務」，那對於人這個「物品」，約定其後生死自負也就順理成章了。道光二十六年（1846 年）歙縣江長發有一份轉賣婢女契流傳於世，全文如下：

> 立轉賣婢女身文契人歙邑北鄉十七都四圖琵塘村人江長發，今因錢糧無措，自情願將身買績邑林溪汪星吉之孫女名喚榮俤，年方十三歲，於道光十四年八月三十日辰時建生。今央憑媒出賣與黟邑胡名下為婢。三面言定得受身價洋銀拾三兩五

錢正。其洋銀當日是身親手收足，其婢女即送過門，聽從更名呼喚使用。未賣之先，並無許字他人，亦非繼女養媳。自賣之後，此女長養成人，聽從東人婚配。身價不得私自擇許，亦不得引誘潛逃，以及偷竊衣物等情。若有此情坐，身即行尋交歸償。倘有風燭不常，各安天命。或有不合使用，即聽另賣。抑若逃出疏虞，不干東人之事。此女倘有時行疾病，聞信即到，領回調養。所給飯事醫藥，不爭多寡。病瘉即行送來，絕不逗遛在家。今欲有憑，立此賣身文契存照。

這份契約讀之令人心酸。江長發因為家境困難到「錢糧無措」，不得將之前買來的婢女汪榮俤轉賣給他人。在契約中，江長發保證汪榮俤此前未許配給他人，轉賣之後的婚配大事聽從買家安排，同時保證汪榮俤不得私自婚戀、不得逃跑偷竊。而其中「風燭不常，各安天命」一句，便有了生死狀的意味。

除了婢女，親生子女 —— 尤其是女兒，也可能被當作物品賣出。在另一份道光二十二年（1842 年）徽州錢邦貴的一份賣親生女文契中，也有「倘若天年不測，各安天命」的約定。古代中國重男輕女，人口買賣以女性居多，江長發轉賣婢女契中所賣的婢女原名「榮俤」，錢邦貴賣親生女文契中所賣的女兒而「領兒」，其中便含有其父母希望轉運再生個男丁之意。

不過，這些生死條款只是賣身契約中的一小部分，而且並非主要內容。那有沒有以「生死各安天命」為主要條款的、真正意義上的生死狀呢？還真有。

鴉片戰爭後，清朝的國勢江河日下，朝廷在西方列強的壓迫之下，不得不放下了「天朝上國」的姿態，試圖通過「師夷長技以制夷」扭轉落後捱打的局面。這其中的一個方案，便是派遣一些天資良好的孩童留美，待學成歸來建設祖國。為此，曾國藩、李鴻章等聯名上奏「擬選聰穎子弟赴泰西各國肄業摺」，並成立了幼童出洋肄業局。對於當時的清人而言，出洋留學一事和上刀山下火海一樣難以想像，所有幼童必須先簽訂具結狀，有「中國鐵路之父」之稱的詹天祐便是如此。同治十一年（1872 年），詹天祐的父親詹興洪與幼童出洋肄業局簽訂具結如下：

> 茲有子天祐情願送赴憲局（指幼童出洋肄業局）帶往花旗國（指美國）肄業，學習機藝，回來之日，聽中國差遣，不得在外國逗留生理，倘有疾病生死，各安天命，此結是實。童男詹天祐，年十二歲，身中面圓白。徽州府婺源縣人氏。

在父親——或者說「監護人」詹興洪的認可下，十二歲的詹天祐被朝廷送往美國學習。面對這一培育方案，詹興洪作出了兩項承諾，一是詹天祐學成後需聽朝廷差遣，不得逗留於國外；二是留學過程中詹天祐需各安天命，生死與朝廷無關——這份甘結狀，可以說是貨真價實的生死狀。當然，它的出現情有可原：畢竟西方依然是未知之地，這趟「乘桴浮於海」的旅行伴隨着太多危險，易出紛爭，非要有生死狀開路，朝廷才能安心……

結語

關於生死狀的真真假假，到此已經能下個定論：生死狀確實存在，但與大眾的想像距離很遠。與因「錢糧無措」不得不在賣身契中簽下生死條款、或是為肩負起救國重任遠渡重洋而不得不簽訂生死狀的悲涼事跡相比，擂台上的所謂「生死在天」，實在是輕如鴻毛。

解讀完了生死狀，當然不能不提在民間文化中同樣出名，也同樣和生死相關的軍令狀和投名狀。

最出名的軍令狀，來自《三國演義》中的關羽。故事發生在赤壁之戰後期，當時諸葛亮明知曹操會從華容道逃跑，便激關羽說怕他念及曹操的舊恩，下不了手。關羽當然上了鈎，於是有了如下對話：

> 孔明曰：「倘若放了時，卻如何？」雲長曰：「願依軍法！」孔明曰：「如此，立下文書。」雲長便與了軍令狀。」雲長曰：「若曹操不從那條路上來，如何？」孔明曰：「我亦與你軍令狀。」

等到關羽果然放走了曹操，諸葛亮便因關羽立了軍令狀，假裝喝令武士將關羽推出斬首。這些情節當然都是《三國演義》杜撰的，但軍令狀本身卻是真實存在的。比如，清人畢沅撰的《續資治通鑒》中，曾記載當時的宰相文彥博曾用軍令狀，逼着宦官史志聰向其彙報皇帝的起居和病情。關於軍令狀的記載並不少，但其格式不詳，只能猜測大約和軍令相似了。

最出名的投名狀，則來自《水滸傳》中的林沖。當時林沖欲在梁山落草，當時梁山的大當家王倫要求林沖納投名狀，雙方對峙起來：

> 王倫道：「既然如此，你若真心入夥，把一個『投名狀』來。」林沖便道：「小人頗識幾字，乞紙筆來便寫。」朱貴笑道：「教頭你錯了。但凡好漢們入夥，須要納投名狀，是教你下山去

殺得一個人，將頭獻納，他便無疑心。這個便謂之投名狀。」

這裏有兩個細節值得注意。一者，林沖作為禁軍槍棒教頭久混官場，居然未曾聽說過「投名狀」一詞，可見投名狀更近於「黑話」；二者，投名狀雖然事關生死，卻並非立狀者的生死，而是需要立狀者通過實施犯罪行為斷去所有退路，由此在客觀上形成對組織的忠心。顯然，這種赤裸裸的「反社會」當然不可能為朝廷律法所承認。

生死狀、軍令狀和投名狀或許可以被戲稱為「生死三大狀」，但生死本身畢竟不是兒戲。還是《洗冤錄》中的那句「獄事莫重於大辟」說得明白——與生死相關的文書，值得人們用最審慎的態度對待。

婚書

古代婚姻證書

在文學作品中，愛情與婚姻似乎天然緊密相連；然而在現實世界，愛情與婚姻卻往往並不同步。愛情是一種體驗，時常不受道德倫理所控制；而婚姻卻是一份契約，需要守護某種社會利益——在古代中國，婚姻更帶着「合二姓之好，上以事宗廟而下以繼後世」的政治使命，體現出極為嚴肅的一面。恰如如《魏書．帝紀》中所言：「夫婚姻者，人道之始。是以夫婦之義，三綱之首；禮之重者，莫過於斯。」

古代中國的婚姻制度體現着朝廷進行對於綱常名教的理解，這種理解自始便沒有為愛情留下絲毫空間。時過境遷，後人在面對婚姻時已經能夠更自由地「以愛為名」，因此很難品味婚姻一事在古人心中的細微感知。所幸，有一樣東西流傳下來，讓後人能夠穿越時間之幕一窺古人婚姻背後的故事。這樣東西，就是婚書。

《送親圖卷》（局部）

「不下庶人」的周代六禮

中國傳統婚姻禮儀可以總結為「三書六禮」四個字，其中六禮在前，三書在後。

六禮最早且相對完備的記述見於《禮記》《儀禮》。《禮記．昏義》中明確了婚禮的「納採、問名、納吉、納征、請期」等程序，而《儀禮．士昏禮》則進一步對六禮的細節進行了描述，如「納採用雁」「賓執雁，請問名，主人許」「請期用雁」等。詳細而論，六禮程序主要如下：

一為納採，又稱「提親」「執柯」「説媒」。男方父母請媒人備好禮物向女方父母求婚，以區別男女之間的「私約」；二為問名，又稱「求庚」「求八字」。女方父母在納採之後若有意結姻，男方父母則請媒人進一步詢問待嫁女子的姓名、生辰等信息。雙方父母在此階段過門戶帖，上書姓名、年齡、上三代名號、官職等，以確定輩分、防止近親結婚。

三為納吉，又稱「合婚」「批八字」。雙方父母在此階段過八字帖，若得到吉兆，男方父母便「復使使者往告」。四為納征，又稱「納幣」「秆聘」「茶儀」，男方在納吉之後正式送聘禮至女方父母家定婚，女方父母則以接受聘禮表示許婚。五為請期，又稱「擇日」。男方父母確定婚期並將婚期帖送到女方父母，女方父母同意後回帖，稱「完聘」。最後的親迎，男方親自代表父母、宗族，將女方迎娶至家。

所謂「禮不下庶人」，六禮之制殊為繁複，只通行於士大夫階層。從六禮所規定的種種條件來看，周代的婚姻是兩個家族之間的聯姻而非兩個人的選擇，婚姻當事人自始至終沒有決定權，新郎甚至直到六禮的最後一個環節親迎才有可能接觸到新娘，從中自能品味出周人對「婚姻」二字的理解。

婚姻並非新郎新娘之間的契約，而是家族共同課以新郎新娘身上的義務——周代的庶人雖然不施行六禮，但依然被六禮背後的制度所統治着。《孟子·滕文公》中載：「不待父母之命，媒妁之言，鑽穴隙相窺，逾牆相從，則父母國人皆賤之。」在沒有「父母之命」「媒妁之言」的情況下「私定終身」，會落入「父母國人皆賤之」的境遇，待父母之命，媒妁之言，鑽穴隙相窺，逾牆相從，則父母國人皆賤之。」「父母之命」「媒妁之言」，其實正是簡化版的六禮。

六禮的每一環節均需要「交相授書」的文字佐證，而三書，便這些文字佐證的統稱。嚴格來説，周代並沒有發展出完善的三書，但三書所包含的聘書，禮書和迎親書都是後世在周代六禮的基礎上逐步發展出來的。不過，六禮的發展並非一帆風順，這一傳統在秦朝統一後曾經遭遇過幾近毀滅的危機。

秦始皇嬴政統一後以法家治國，用中央集權制、郡縣制代替了周代的宗法制，婚姻中的禮教色彩也被一併去除。婚姻生效的程序也非六禮或「媒妁之言」，民間婚書更無法律效力，唯一能證明婚姻是否生效是是否到官府進行了登記。《法律答問》中載：「有女子甲為人妻，去亡，得及自出，小未盈六尺，當論不當？已官當論，未官不當論。」此處的「官」做動詞，指至官府登記，從中可知秦朝婚姻是否成立以登記為准——與此相對，婚姻的解除也以登記為準，「棄妻不書」的行為同樣違反秦代律法。

如果秦代「萬世而為君」，那「三書」兩字可能不會出現，官府所發放的婚姻憑證將成為古代婚姻的代名詞。這一可能並沒有成為現實，那是因為秦二世而亡，取而代之的漢朝以儒家治國，很快恢復了周代的六禮，並將其發揚光大。

門當戶對的士族論婚書

漢朝成立後，很快在士大夫階層恢復了早已崩壞的周代禮制，這其中當然包括六禮。在兩漢四百年的文化浸潤下，魏晉時期終於出現了六禮版文，也便是三書的雛形。

杜佑所撰《通典》中載:「東晉王堪六禮辭……禮版奉案承之。」晉朝六禮中已經開始使用這種六禮版文，版左書「納採」二字，版中寫男方父親、媒人的名字，並書禮文。《全晉文》中有王羲之所作的《與郗家論婚書》，完整地體現了當時六禮版文的格式內容：

> 十一月四日，右將軍會稽內史琅玡王羲之，敢致書司空高平郗公足下。上祖舒散騎常侍撫軍將軍會稽內史鎮軍儀同三司，夫人右將軍劉缺女誕晏之、允之，允之，建威將軍錢塘令會稽都尉義興太守南中郎將江州刺史衞將軍，夫人，散騎常侍荀文女，誕希之仲之，及尊叔廙平。南將軍荊州刺史侍中驃騎將軍武陵康侯，夫人雍州刺史濟陰郗說女，誕順之胡之耆之美之，內兄胡之，侍中丹陽尹西中郎將司州刺史，妻常侍譙國夏侯女，誕茂之承之羲之，妻，太宰高平郗鑒女，誕玄之凝之肅之徽之操之獻之。肅之，授中書郎驃騎諮議太子左率，不就，徽之黃門郎，獻之字子敬，少有清譽，善隸書，咄咄逼人。與

公宿舊通家，光陰相接，承公賢女，淑質直亮，確懿純美，敢欲使子敬為門閭之賓。故具書祖宗職諱，可否之言，進退惟命羲之再拜。

《與郗家論婚書》是現存最早的婚書文字記載，為王羲之為其子王獻之求親所做。這封婚書洋洋數百字，其內容大半在講述王氏一門的五代職官履歷，以證明其身世足以與郗氏門當戶對，直到最後才談及主角王獻之「少有清譽，善隸書，咄咄逼人」和郗道茂「淑質直亮，確懿純美」。通體而言，《與郗家論婚書》中豪門士族之間聯姻意味非常明顯，這封婚書與其說是王獻之與郗道茂的婚書，倒不如說是琅琊王氏與高平郗氏的婚書。

王羲之所處的時代正是門閥士族的時代，士大族階層極重門第出身，故而六禮中的等級制度被層層加碼。這一傾向影響深遠，直到唐代，士大夫階層依然保持着「家之婚姻必由於譜系」的慣性。

《與郗家論婚書》（局部）

不過，唐代的三書出現了一個重大發展：婚書正式成為法律文本，這意味着婚書法制的那一面漸漸「覺醒」。

《唐律疏議．戶婚》規定：「諸許嫁女，已報婚書及有私約（謂先知夫身老幼疾殘養庶之類）而輒悔者，杖六十；雖無許婚之書，但受聘財（聘財無多少之限，酒食非。以財為酒食者，亦同聘財）亦是。若更許他人者，杖一百；已成者，徒一年半。」可以看出，唐代一方面承認了民間婚書甚至是私約的法律效力，另一方面更強調規範婚書所帶來的財產糾紛問題，更直接明確了聘財在婚約中的地位，這使得唐代婚書在具有禮制色彩的同時，突破了「禮不下庶人」的傳統，具備了面向所有階層的普世性——這可以説是唐代法治重要發展。

唐代婚書為複書式，由正書和別紙組成。正書多虛文套話，表達求婚之意；別書記載男女雙方姓名、年齡等基本信息。男方父母未婚所用的叫「通婚書」，女方父母收到後若同意將回書，這封書則是「答婚書」。雖然庶人不嚴格遵守六禮，但所用的婚書依然有較強的儀式感，吳玉貴著《中國風俗通史．隋唐五代卷》中描寫到婚書當「用好紙，楷書寫成，放入楊木或楠木的禮函中。禮函的尺寸有重要的象徵意義，長一尺二寸，法十二月；寬一寸二分，象十二時；木板厚二分，象二儀；蓋厚三分，象三才；函內寬八分，象八節。」

唐代婚書代表了禮制與法治的結合，是古代中國婚姻制度的一大進步。不過這一創新在當時也遭受到了非議，如顏真卿便曾於建中元年（780 年）上奏，認為婚書「出自近代，事無經據，請罷勿用」。顏真卿抵制的是婚書「事無經據」，其實更是婚書所體現的法制對傳統禮制的侵襲。然而，婚書非但沒有被取締，其生命力反而愈加頑強。

「明白通知」的婚書範本

唐代之後中國社會構成出現了極大的變動，婚姻締結過程中雙方對出身門第的關注度相較前朝有所下降，形成「自五季（五代）以來，取士不問家世，婚姻不問閥閱」的局面。到了宋代，朝廷開始對六禮進行大刀闊斧的改革。

一方面，宋代從法律角度擴大了六禮的適用範圍，使其從皇族、品官推廣至整個庶人階層；另一方面，宋代「並問名於納採，並請期於納成」，將六禮簡化為四禮，同時對六禮中所用器物進行了變通規定，如庶人若無法取得六禮所需的雁，「聽以雉及雞代」。這兩個政策可謂相輔相乘：要擴大適用範圍就必須簡化流程，因為於庶人階層很難支撐六禮的成本；而簡化流程也自然對擴大適用範圍起到推動作用 —— 可以這樣說：六禮正是在宋代的改制之下，正式成為中國各階層共同的習俗。改制之後的六禮因其簡潔，在民間煥發出強大的生命力，因而成為元、明、清三代婚禮制度的基礎；若無此改制，六禮古制能否被承襲、能承襲多少，便真的要打上一個問號了。

宋代婚書依然保持着唐代的基本風貌。依《東京夢華錄．娶婦》載：「凡娶媳婦，先起草帖子，兩家允許，然後起細帖子，序三代名諱，儀親人有服親田產官職之類。」此處的「帖子」是經媒人說和之後寫成的局面契約，男方、女方各執一份，第一次用相對簡略的

「草帖子」，之後再用信息豐富的「細帖子」。

與《與郗家論婚書》相比，宋代的婚書多了一絲世俗氣息，需要將「金銀、田土、財產、宅舍、房廊、山園」等財產信息挑明。時過境遷，魏晉時代單純以出身門第論英雄的時代已經過去，宋代經濟發達，民風競奢，其婚書自然而然沾染上了世俗之氣。《東京夢華錄》中有「今世俗之貪鄙者，將嫁女，先問聘財之多少，至於立契約云，某物若干」的感歎，大抵能代表當時士大夫階層對「拜金之風」的無奈。

不容否認的是，這種「拜金之風」使宋代的婚書更具法律意義。《刑統賦解》中載：「婚姻書文，開寫如鏡……婚書已立，各無隱諱……若有妄冒，官斷聽離。女家輒悔，科罪六十，男家自悔，聘財不追。」婚書——尤其是定帖中所書的財產信息均將視為男女雙方的承諾，需對其負法律責任，這其中所包含的契約精神，自然遠非前朝所能相比了。

宋代重婚書契約這一實用主義為後世所繼承。元代《元典章·戶部四·婚禮》中更為直接地規定：「今後但為婚姻議定，寫立婚書文約，明白該寫元議聘財錢物……凡婚書，不得用彝北語虛文，須要明寫聘財禮物。」為了滿足百姓日常所需，元代刊印的應用文墶本《新編事文類要啟札青錢》中也輯錄了「婚姻四六啟式」的各類格式婚書。《明會典》的規定同樣相似：「凡男女訂婚之初，如有殘疾、老幼、庶出過房乞養者，務要兩家明白通知，各從所願，寫立婚書，依禮聘嫁。」至此，婚書雖依然是六禮的組成部分與文書載體，但其法律意義已經愈加明顯，甚至遠遠超過了其禮制色彩。

到了清代，婚書中的虛詞、套話也盡數被省略，如宣統年間的婚

結婚證書

唐惟淑 湖南省瀏陽縣人 丁酉年十月十三日丑時生
陳政修 四川省中江縣人 丁亥年九月初六日中時生
今由
江天鐸
蕭志仁 兩先生介紹訂為夫婦於中華民國八年
八月二十八日下午二時在中央公園來今
雨軒結婚恭請
胡適先生證婚永敦和好偕老百年此證

訂婚人 唐惟淑
證婚人 胡適
介紹人 江天鐸 蕭志仁
主婚人（訂婚人自主）

中華民國八年八月二十八日訂

民國婚書

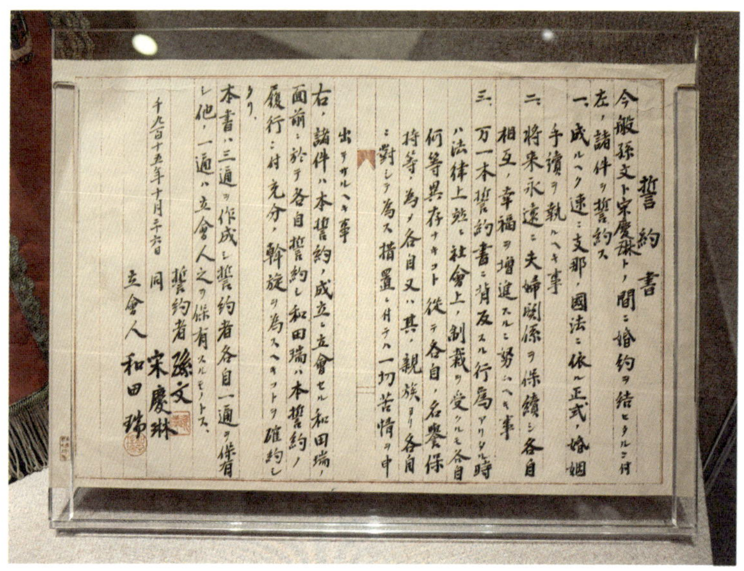

誓約書

今般孫文ト宋慶琳トノ間ニ婚約ヲ結ヒタルニ付左ノ諸件ヲ誓約ス

一、成ルヘク速ニ支那國法ニ依ル正式ノ婚姻手續ヲ執ルヘキ事

二、將來永遠ニ夫婦關係ヲ保續シ各自相互ノ幸福ヲ增進スルニ努ムヘキ事

三、万一本誓約書ニ背反スル行為アリタル時ハ法律上並ニ社會上ノ制裁ヲ受クルモ各自何等異存ナキコト從テ各自ノ名譽保持等ノ為メ各自又ハ其ノ親族ヨリ各自ニ對シテ為ス措置ニ付テハ一切苦情ヲ申出テサルヘキ事

右ノ諸件ハ本誓約ノ成立ニ立會セル和田瑞ノ面前ニ於テ各自誓約シ和田瑞ハ本誓約ノ履行ニ付充分ノ斡旋ヲ為スヘキコトヲ確約シタリ

本書ハ三通ヲ作成シ誓約者各自一通ヲ保有シ他ノ一通ハ立會人之ヲ保有スルモノトス

千九百十五年十月廿六日

誓約者 孫文
同 宋慶琳
立會人 和田瑞

孫中山宋慶齡的婚書

書甚至不寫祖上信息，男女雙方的定與回不過寥寥數十字，格式如下：

請書式：「仰候玉音：眷姻弟某某某率男某某頓拜，冰人某某，乾命某年某月，宣統年月日。」

允書式：「謹蒙金諾，眷姻弟某某某率某女頓拜，坤命某年某月，宣統年月日。」

雖以明確權利義務為要，但如此簡略的婚書也着實令人唏噓。如果説從周朝繁複冗長的六禮到宋朝大刀闊斧的改革是婚姻制度的進化，那從洋洋灑灑的《與郗家論婚書》到宣統年間毫無情感文採可言的格式婚書，便不知要做何解釋了。

結語

中國古代婚書的發展源遠流長且脈絡複雜，但大致體現出由禮制向法制過渡的特徵，直到封建王朝的末世清代，婚書已經變成單純的一紙法律憑證，六禮所代表的傳統色彩已經非常淡薄。

民國時期，婚書格式愈加固定化，男女雙方只要到書局或紙店習一式兩份的「訂婚書」，填上相關信息，由結婚人、介紹人、主婚人、證婚人在婚書上簽章，婚姻關係就正式成立了——唯一不同的是，根據 1914 年北洋政府《關於人事憑證貼用印花條例》和 1934 年《印花税法》的規定，婚書須貼印花、依法向國家納税方才受國家保護。再到後來，介紹人、主婚人、證婚人這些角色也一一淡去，夫妻間的「結婚證」，就真的只和婚姻本身相關了。

不過，婚姻是否距離愛情更近了呢？這永遠不是一個法律問題。

衙門
古代法院

古官衙愛好者的圈子裏有一句俗語：「北有故宮，南有縣衙。」此處的「縣衙」特指河南南陽的內鄉縣衙，言下之意，是內鄉縣衙之恢弘精緻頗有獨到之處，足以令來訪者不虛此行。不過，這句話倒不妨放眼觀之——中國有「四大古官衙」之説，包括故宮、直隸總督署、霍州署和內鄉縣衙，分別對應着古代中央、省、州、縣四級政府組織。故宮與縣衙恰好位於官衙的兩端：故宮這一端代表了廟堂之高，而縣衙這一端則觸及到江湖之遠。古人以北為尊，君王坐北朝南，因此「北有故宮，南有縣衙」八個字，無形中倒也對應着官民尊卑的綱常體系。

作為基層政府的辦公場所，縣衙各個功能區的排列分佈映射着整個國家機器的運作模式，因此其本來的面孔就是一個「小朝廷」。不過，知縣每天直面的畢竟是升斗小民而非朝臣或幕僚，大小政令出了縣衙大門便再無緩衝直接奔向千家萬戶，縣衙作為皇權的「前線」，自然也要長出另外兩張恩威並濟的面孔，才能進退兩相宜。

恩的那張臉，顯而易見。作為基層官署的縣衙並沒有又高又陡的台階，磚瓦牆壁的用色與民居無異，縣衙中的楹聯、碑文也莫不在告誡官員親民愛民。知縣又稱「父母官」，在知縣眼中，這一稱呼的重心落在「父母」二字上，一縣百姓全然是一家人。內鄉縣衙

衙門影壁

衙門

三堂的楹聯說得好：「得一官不榮，失一官不辱，勿說一官無用，地方全靠一官；吃百姓之飯，穿百姓之衣，莫道百姓可欺，自己也是百姓。」

威的那張臉，更深入人心。縣衙俗稱「衙門」，這一稱呼源於「牙門」。唐代封演《封氏聞見記》載：「祈父司馬掌武修，象猛獸以爪牙為衛，故軍前大旗謂之牙旗……近俗尚武，是以通呼公府為公牙，府門為牙門。字謬訛變，轉而為衙也。」衙門如同軍營，其森然氣息足以讓市井小民兩股戰戰。百姓眼中，「父母官」的重點在「官」，「衙門」一詞也富有貶義色彩，正所謂：「衙門六扇開，有理無錢莫進來。」

縣衙的這三副面孔完全交織在一起，想要一一詮釋並非易事。所幸的是，尚有不少古縣衙經受住了歲月洗禮，以相對完整的身姿走到了後人面前。通過對縣衙建築、陳列與器物的梳理分析，縣衙的面孔也變得清晰起來。

「小朝廷」：從六扇門到六房

既是「衙門六扇開」，縣衙的建築佈局當然也要從這「六扇門」開始說起。

「六扇門」是縣衙正南方大門的代稱，也稱「頭門」。縣衙大門除了門扇之外還帶有屋頂，屬於典型的屋宇式大門。縣衙形制受到律法禮制的嚴格限制，最多為三開間，每間各配黑漆門扇兩扇，總計六，這便是「六扇門」之稱的由來。從保留下來的縣衙遺跡來看，四扇、兩扇的縣衙大門也頗常見，「六扇門」算得上「頂配」，極能彰顯官署的氣勢——俗語以「六扇門」統一指代衙門，算是某種意義上的「敬語」。

不過，真正讓「六扇門」三個字家喻戶曉的，還是與之相關的江湖傳奇。在民間傳説中，在「六扇門」裏當差的是一批武功高強又手眼通天的捕快，通常只接手和武林鬥爭相關的案件，在各大門派中都有着不容小覷的影響力。細細品來，「六扇門」其實就是「體制內」的古代表述，江湖人士看似了無牽掛，其實在「士農工商」的社會階層體系裏甚至連「良民」都算不上，自然會對「體制內」的捕快心生豔羨之心，而這種羣體記憶投射到文學作品中時，被神化和神祕化的「六扇門」就誕生了。

「衙門六扇開，有理無錢莫進來」這句俗諺其實還有另一個版本，叫做「八字衙門朝南開，有理無錢莫進來」。「八字」指的是八字牆，古代宮觀、廟宇乃至於大戶人家的宅院多會在大門口兩側各建一面向外展開的牆體，看上去如同「八」字，因此叫「八字牆」。有了八字牆，大門整體便向後退去，門前便出現了一小塊空間，與六扇門相得益彰，氣勢上更顯磅礴。

六扇門和八字牆一併構成了縣衙的入口，但它們未必是縣衙的「門面」。普通百姓前往縣衙，第一步就可能會「撞牆」。這裏的牆指影壁，又稱「蕭牆」——禍起蕭牆，指的就是這堵牆。

民間宅院中的影壁多建在院門內，其實影壁位置門內外皆可，分別稱為內影壁和外影壁。從現存的縣衙遺跡來看，倒是外影壁更多些，如浮梁、縉雲、平遙縣衙皆是如此。影壁用於遮擋外人視線以避免院內情況一覽無餘，其功能性很強，是古代宅邸中的常見元素。

相較於八字牆，影壁上的裝飾通常要豐富得多。宮觀王府廟宇中的影壁可以飾龍，如故宮、北海公園、明代代王府中都有着「九龍壁」之稱的影壁。至於官宦府第，則喜歡用諧音、象徵的方式雕刻上帶有吉祥寓義的圖案，比如：蓮花旁邊一隻瓶，瓶內三支戟，瓶邊一支笙，這叫「平升三級」；樹上坐隻猴，枝上掛一方金印，這叫「封侯掛印」。貧寒一些的百姓家中影壁往往用土夯成，沒法承載精細的雕工，但也要刷上諸如「五穀豐登」「吉祥如意」「福如東海」之類的吉祥話，好討個口彩。

衙門影壁在一眾影壁中顯得頗為另類：其上雕刻的不是吉祥圖案，而是「犬貪吞日」這一典故。犬貪這個字在現代漢語中已不復存在。和獬豸一樣，犬貪也是一種狀如麒麟的神獸，只是性嗜吞金銀財寶，並非正面角色。犬貪擁有的奇珍異寶不計其數，依然貪心不足妄圖吞日，最終跌入海中溺亡。將「犬貪吞日」的典型刻於照壁自然不是為了震懾百姓，而是告誡官員莫起貪心——影壁還有一個別名叫「照壁」，對於知縣而言，這面照壁照的不正是自身的一言一行麼？

從影壁通向大堂的院落正中，會有一座戒石坊，一面會刻上「公生明」的官箴，另一面再刻上《令箴》銘文。《令箴》原為五代蜀主孟昶所作，原文頗長，宋太祖趙匡胤摘其中「爾俸爾祿，民膏民脂，下民易虐，上天難欺」四句頒行天下，令天下官員引以為戒。南宋紹興二年（1132 年），宋高宗趙構又將黃庭堅書寫的這十六字拓下，敕令各府縣衙立石刻銘、立於衙署大堂前，因此後世所傳的《令箴》多為黃庭堅拓本。明清沿襲宋制，後因為碑亭攔路不便而以牌坊代之，是為戒石坊。

戒石坊的北面是大堂，而東西兩側則滿滿登登排列着吏、戶、禮、兵、刑、工六房，也稱為「六科」。六房相當於縣衙的內設科室，每房一般兩三名胥吏，為首的喚作「經承」「吏書」「戶書」等。縣衙雖小，管的卻事無巨細，六房常常不夠用，於是有些大縣衙還設立了其他「科室」，如糧房、鹽房、柬房等。不難看出，門房是比照着六部設立的，坐北向南的大堂自然對應着皇帝的金鑾殿——縣衙雖小，但在一縣之中是當之無愧的權力中樞。如果說，六扇門、八字牆和照壁是「臉面」，戒石坊是「額頭」，六房則是「五官」，而它們共同撐起的，正是「小朝廷」這張面孔。

其恩如嶽：明鏡高懸匾與官聯

穿過戒石坊一路向北，就到了大堂。這是衙門的核心，也是戲曲、影視劇中表現衙門的主舞台——所謂「對簿公堂」，這公堂指的就是衙門的大堂。如果說從六扇門到六房這些建築是衙門的「固定資產」，那大堂上的裝飾則體現了衙門的「文化建設」。

衙門的門有六扇，大堂卻不設門，方便知縣公開審理案件。大堂背後牆壁或屏風的內容不盡相同，如「海水朝日圖」「松鶴長青圖」「雲燕朝日圖」等，細微處多有變化。不過，大堂上方匾額的字卻出奇得一致：那就是在古裝劇中出鏡了無數次的「明鏡高懸」。

「明鏡高懸」四個字其實應該寫成「秦鏡高懸」，這裏的「秦鏡」特指秦始皇嬴政所持的一面神鏡。東晉葛洪《西京雜記》中有這樣一個故事：「（漢）高祖（劉邦）初入咸陽宮，周行庫府……有方鏡，廣四尺，高五尺九寸，表裏有明，人直來照之，影則倒見；以手捫心而來，則見腸胃五臟，歷然無礙。人有疾病在內，則掩心而

明鏡高懸

照之。則知病之所在。又女子有邪心，則膽張心動。秦始皇常以照宮人，膽張心動者則殺之。」

秦鏡的神奇之處在於，它不僅能照出人的五臟六腑和疾病，甚至能照出人的邪念。斷案需要明察秋毫，若是真有秦鏡高懸於公堂之上，知縣當然更容易洗冤滌屈——從當代法制的語境來說，秦鏡能夠幫助官員實現「實質正義」的理想。這樣看來，官員們對秦鏡的青睞似乎順理成章。

鏡在民俗中地位超然，嬴政的秦鏡自能「見腸胃五臟」，普通的銅鏡也可照出魂魄、邪魅，以至於不少醫家都將鏡視為辟邪厭勝的良方。「藥聖」李時珍便將古鏡作為一味藥材列入了《本草綱目・金石》之中。以鏡治病的手法聽起來有些怪力亂神，但李時珍寫下這些文字時的態度卻極為嚴肅:「辟一切邪魅，女人鬼交，飛屍蠱毒……」

不過，如果僅將「明鏡高懸」等同於洞察力，就小看這四個字的內涵了。錢鍾書在《管錐編》中有一段考據，頗為詳實:「我國古籍鏡喻亦有兩邊。一者洞察:物無遁形，善辨美惡，如《淮南子·原道訓》:『夫鏡水之與形接也，不設智故，而方圓曲直勿能逃也』，又《說林訓》:『若以鏡視形，曲得其情。』二者涵容:物來斯受，不擇美惡;如《柏舟》此句(我心匪鑒，不可以茹)。前者重其明，後者重其虛，各執一邊。」

面對錯綜複雜的案件，「洞察」當然重要，但「涵容」也不可或缺，在掌握足夠線索的基礎之上保持「空虛」的狀態，是克制先入為主、自以為是的重要手段。進而言之，鏡的「涵容」是否也代表了古代官員對客觀中立的追求呢?官箴中的確有印證，其中最具代表的莫過於清代袁守定的名言:「凡審詞訟，必胸中打掃潔淨，空空洞洞，不豫立一見，不豫著一物，只細問詳求，其情自得。若先有依傍之道，豫存是非之心，先入為主，率爾劈斷，自矜其明，轉致誤也……無術，但公此心如虛堂懸鏡耳。蓋惟虛故公，公則生明，自然當於事理，而訟判矣。」可見，「明鏡高懸」四字不僅包含了明察秋毫，拔雲見日之意，更有掃除成見，公則生明的追求——這又與戒石坊上的「公生明」三個字遙相呼應。

「明鏡高懸」的匾額在上，愛民如子的官聯分立兩旁，朝廷之期許、官員之自勉，一字一句，娓娓道來，衙門「恩」的這張面孔也逐漸清晰。當然，這張面孔是真實多一些還是粉飾多一些，就只能由那些「莫謂可欺」的百姓來評價了。

其威似海：驚堂木、虎頭牌和殺威棒

匾額與楹聯這類「文創產品」刻畫了衙門恩的那張臉，那威的那一面由何體現呢？答案是大堂上那些用於處理政務的「辦公用品」。

公案之上，通常依次陳列着印璽、誥封架、裝着令簽的籤筒、筆筒、筆架、黑紅硯台、驚堂木、放告聽訟的牌子等什物。誥封架放皇帝聖旨及黃綢布包裹的主管印盒，令簽、黑紅硯台、驚堂木為主官發號施令的工具——這其中，最有代表性的莫過於驚堂木。

驚堂木，是官員在斷案過程中震懾犯人，維持秩序的器物，與後世法槌相似。不過，法槌是十足的舶來品，其前身與驚堂木無關。

驚堂木的來源已不可考 ，但民間有一個與驚堂木極為相似的器物，那就是說書人用的醒木。醒木也被稱為「醒目」「響木」，是一塊長方形的小硬木塊。尺寸無定式，一般長一寸，寬半寸。醒木上面抹邊成四個等腰梯形，共二十條邊線，十個平面。平置於桌上時，其中九個平面外露，所以也叫「九方」。關於「九方」又有一說法：和尚募化十方，而說書人不掙和尚錢，只能募化九方，所用「九方」之木。

之所以將醒木與驚堂木相比，是因為這兩種器物形式上相近，而且在說書人的語言體系中，醒木本是各行各業均需之物，只是因為使用者職業不同而被賦予了不同的名稱。說書人有一段著名的「醒木詞」:「一塊醒木上下分，上至君王下至臣。君王一塊轄文武，文武一塊管黎民。聖人一塊傳儒教，天師一塊驚鬼神。僧家一塊說佛法，道家一塊勸玄門。一塊落在江湖手，流落八方勸世人。湖海朋友不供我，如要有藝論家門。」

從中可以看出，醒木為君臣文武、三教九流所廣泛使用，所謂驚堂木，則應當歸類於「文武一塊管黎民」一句。對於這一體系，說書界有描述得更為詳細的表述，如王決《曲藝漫談》中所介紹的「十三木歸源」：皇帝所用者名「龍膽」，皇后所用者名「鳳霞」，文臣所用者名「運籌」，武將所用者名「虎威」，知縣所用者名「驚堂」，塾師所用者名「醒誤」，說書人所用者名「醒目」，當舖所用者名「喚出」，藥舖所用者名「審慎」，點心舖所用者名「茯苓」，郎中所用者名「慎沉」，戲子所用者名「如意」，客棧所用者名「鎮靜」。

以上種種說法不一而足。將驚堂木視為醒木的一種顯然缺乏史料支撐，不過從說書人給朝廷所用醒木定的名字來看，醒木終究是彰顯官威的器物。縱然驚堂木與醒木終非同源，但從文化層面來看，說書人所代表的民間文化已經將驚堂木納入了醒木的體系——「龍膽」「運籌」「虎威」「驚堂」等稱呼，與其說是「戲說」，更不如說是民間對衙門甚至於朝廷印象的具象化。

將視線從驚堂木移開，會發現公案兩旁錯落着幾面比人高的牌子和收納得整齊的棍子，這兩件衙門器物，各有一個「諢名」，分別喚作「虎頭牌」和「殺威棒」。

所謂「虎頭牌」，其實是牌上書寫着「肅靜」「迴避」的紅色儀仗用品，因為最上方畫着虎頭，故有「虎頭牌」之稱。眾多縣衙舊址中常常立着後人仿製的「肅靜」「迴避」兩牌，其實這裏有些誤會。據《清史稿・輿服志四》中記載，乾隆十三年（1748）釐定儀衛之制，各級官員配備不同儀仗，道一級為「青旗四，杏黃傘、青扇各一，桐棍、槊各二，迴避、肅靜牌各二。知府同」，縣一級已經變成了「府佐貳儀衛：藍傘、青扇各一，桐棍、槊各二，肅靜牌二，青旗四。知州、知縣同」，而知縣下的縣丞和主簿「藍傘一，桐棍二」。可見，縣以上才有「肅靜」「迴避」牌，知縣只有「肅靜」牌而無「迴避」牌，再基層一些的縣丞、主簿，則連「迴避」牌都沒有了。

知縣沒有「迴避」牌，一方面是因為知縣品級較低，便更在於要求知縣「與小民朝夕相處，勿使隔絕不通也」，而且，很多小縣城未必會設縣丞與主簿，知縣一人面對偌大的縣，諸事都要親力親為，身後兩道「肅靜」虎頭牌，才是古代百姓最真實的羣體記憶。

「虎頭牌」並非正式稱呼，有時也用於形容捉拿罪犯的憑證，但裏裏外外都是衙門器物。清代李漁《玉搔頭・收奸》有言：「烏鴉先作虎頭牌，銜音去報人來。」魯迅《朝花夕拾・無常》有言：「鬼卒拿着鋼叉，叉環振得琅琅地響，鬼王拿的是一塊小小的虎頭牌。」這兩處的虎頭牌當然不是比人還要高出許多的儀仗了。

「虎頭牌」三個字也源於小說與雜劇。《水滸傳》中，「殺威棒」出鏡頗多，如林沖、武松和宋江就和它打過照面。「殺威棒」正式名稱應當是「法杖」，可以用於維持公堂秩序，也可以用於行刑，因此

虎頭牌

「殺威」二字倒是恰如其分。「殺威棒」通常被塗成紅黑兩色，有的紅黑對半，亦有中段黑兩頭紅，因此又有「水火棍」之稱，寓意「水火無情」——雖然這是附會之辭，但和「殺威」一樣，倒是很貼合法杖的文化色彩。

驚堂木、「迴避」牌和法杖，無疑代表了衙門在百姓眼中「威」的一面。雖然它們在製作時無疑寄託了整個帝國對官員秉公執法等官德的期待，然而將視線轉至民間，故事卻總能衍生出另一個版本——日常生活不是小說，普通人的世界沒有那麼多江湖草寇，殺威、殺威，真正被殺的，當然只是尋常百姓之威了。

結語

所謂「皇權不下縣」。作為國家機器的最後一個堡壘，縣衙是絕大多數升斗小民一生中所能見到的唯一官署，因此廣泛被民間文學作品所吸收和戲說，衍生出無數精彩的故事，其中真真假假，很多細節便說不清楚。這對於後世研究而言，也不全是弊端：文學作品能給予後人更直觀的感受，使得這些器物脫離官方話語的生硬，官方史書記載的內容雖然詳細，有時卻比不上一個民間諢號來得真實。

不過，從歷史遺跡與文學作品兩個角度審視衙門的建築、陳設與器物，依然有重要意義。歷史遺跡更能代表官方話語，從現存的官署中可以明顯感覺到朝廷對各級行政機構的期待；而文學作品更能代表民間話語，小說與戲曲中作者為衙門貶多於褒，本身就表達了前述期待的走樣。虛虛實實之間，會不會讓中華法系的身影更加立體呢？

殺威棒

古代身體刑具

俗語有云:「棍棒底下出孝子,黃荊條下出好人。」這句話是對是錯不需細究,但古代中國用棍棒實施懲戒的傳統,確實是源遠流長——別的且不提,看過《水滸傳》的讀者恐怕不會忘記梁山好漢被殺威棒支配的恐懼。小説中藉管理充軍罪犯的管營之口,對其起源説得分明:「太祖武德皇帝舊制,但凡初到配軍,須打一百殺威棒。」面對這殺威棒,饒是八十萬禁軍槍棒教頭林沖,也不敢不陪着笑臉奉上紋銀,只求個破財免災。

除了殺威棒,還有一根水火棍,也是公門中的常客。公案小説中不乏這一幕:先是百姓擊鼓鳴冤,然後官員一拍驚堂木宣告升堂,再是兩旁的衙役便手持起紅黑相間的水火棍快速擊打地面,口中唸唸有詞,細聽之下彷彿是「威——武——」……這聲音與水火棍擊打地面的「咚咚」聲相疊,堂下小民當然被嚇得兩股戰戰,生怕下一刻棍就打在自己身上……

《水滸傳》中常見的殺威棒在正史中並無記載,宋代判處刺配刑時所附加的並非所謂的一百殺威棒,而是二十脊杖。至於水火棍,其實是做警戒殺威之用,衙役如有差事,也可以作為武器,《水滸傳》中押送林沖的公人薛霸,便打算用水火棍取林沖性命,結果被魯智深「鐵禪杖飛將來,把這水火棍一隔,丟去九霄雲外」。

有一説是，殺威棒與水火棍本為同一物，此説的真偽已難以確認。不過可以確認的是，將殺威棒或水火棍視為刑具，其實是大眾對於公門器物想當然爾的誤解。那麼，古人用什麼來執行棍棒之刑呢？答案是笞杖。細論起來，笞多指小荊條、小竹板，而杖多指大荊條和木板；但籠統而言，將笞杖整體視為棍棒，也並無不可。

中國人對棍棒的恐懼是如何養成的呢？這還要從古代中國的刑罰説起。

「奴隸制五刑」中的笞杖

《尚書》云:「撲作教刑。」「撲」為擊打之意，所用刑具主要便是笞杖。《禮記》載:「夏楚二物，收其威也。」夏和楚分別指代榎木荊條製成的棍棒，其用途便是殺威——由此看來，將「殺威棒」當做笞杖的別稱，倒也稱得上實至名歸。

通過《尚書》《禮記》可知，用棍棒擊打犯人的刑罰至少在西周便已經出現。不過，出現並不意味着普遍。在奴隸社會，中國刑罰佔據主導地位的主刑分別為墨、劓、剕、宮、大辟，合稱「奴隸制五刑」。「奴隸制五刑」前四種均為肉刑，最後一種則是死刑。用笞杖開展的懲戒手段並未獨立成刑，兩者或是作為刑罰的補充，或是用於處罰輕微的違反禮數的行為，其描述相對籠統。對於周人而言，笞杖恐怕過於溫柔，還是「刀斧底下出孝子」來得實在。

到了秦代，針對笞刑與杖刑的規定逐漸明確起來。《睡虎地秦墓竹簡·秦律十八種》中有「城旦舂毀折瓦器、鐵器、木器，為大車折鞣，輒治之」「城旦為工殿者，治人百。大車殿，貲司空嗇夫一

水火棍

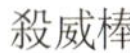

殺威棒

盾，徒治五十」的規定，「治」通「笞」，這兩句話的大意是，服役時毀壞了器物、製造大車時折斷了輪圈，都應當受到鞭笞；城旦做工被評為下等，每人鞭笞一百下，所造大車被評為下等，罰司空嗇夫一盾，徒各鞭笞五十下。

笞杖入刑，不代表其他情形下就不能再用笞杖進行懲戒。在「以法為教、以吏為師」的秦代，鞭笞依然是日常管理中常用的手段，其中最著名的一次鞭笞事件便發生在吳廣身上。據《史記·陳涉世家》載，陳勝在起義前指使吳廣在押送戍卒的將尉面前反覆提及逃亡之事，這一舉動激怒了將尉，於是「尉果笞廣」——這位將尉的姓名沒有被史書記載下來，他也不可能知道，這一次鞭笞會成為一個王朝隕滅的導火索。

陳勝與吳廣沒有笑到最後。前 202 年劉邦稱帝，笞刑作為帶有懲教性質的輕刑，極為符合新王朝寬緩刑獄的理念，因此為日漸為朝廷所重視。到了漢文帝劉恆時期，肉刑的取締已是萬事俱備，只欠東風。

這一陣東風，是被一個名為淳于緹縈的小姑娘吹起來的。《史記·扁鵲倉公列傳》記載，漢文帝時期，官員淳于意因罪獲刑，其女淳于緹縈向漢文帝上書，痛陳肉刑有「而刑者不可復續」的弊端，希望入官府為女僕以贖父親之罪。漢文帝被這一番上書打動，當年便下了一道《除肉刑詔》，之後又通過《除肉刑令》明確了肉刑與新刑的對應關係——其中，墨刑變成了徒刑，而劓刑與剕刑中的斬左趾分別折為「笞三百」和「笞五百」。

其實就算沒有「緹縈救父」一事，廢除肉刑也勢在必行。《除肉刑詔》中提到「法有肉刑三而奸不止」，肉刑懲治犯罪的效果不佳，

笞杖

卻帶來了不小的經濟負擔、損害了寶貴的人力資源，已不能適應社會發展的需求。淳于緹縈作為罪員之女上書一封便能直達天聽，可能並非是淳于緹縈之行至孝，而是彼時的漢文帝正需要這樣一個契機。

不過，這一次改革並真正改重為輕，反而讓棍棒成為百姓面前最具威脅性的死神。三百至五百下的鞭笞突破了人體所能承受的極限，以至於常常出現「加笞者，或至死而笞未畢」的悽慘情形，執法者行刑到半途就變成了鞭屍。為此，後續的漢景帝劉啟兩次下詔減刑，將笞刑最終鎖定在「笞一百」和「笞兩百」的幅度。

《三國演義》第二回有一個「張翼德怒鞭督郵」的故事，這一故事的原型其實應該是「劉備即刻杖督郵」。《三國志．先主傳》中載：「督郵以公事到縣，先主求謁，不通，直入縛督郵，杖二百。」雖然正是怒火中燒之時，但劉備終究沒有逾越漢律「笞兩百」的刑罰上限，是否也從側面說明了這一規定的深入人心呢？

「封建制五刑」中的笞杖

隨着笞刑與肉刑的此消彼長，「奴隸制五刑」逐漸讓位於「封建制五刑」：笞、杖、徒、流、死。笞刑與杖刑，終於在新的刑罰體制中站穩了腳根。

笞刑與杖刑正式進入五刑是在隋代。隋文帝楊堅一方面從律法層面徹底廢除了肉刑以及梟首、車裂等酷刑，另一方面大幅度減輕了笞刑與杖刑，在開皇年間制定新律如下：

> 其刑名有五：一曰死刑二，有絞，有斬。二曰流刑三，有一千里、千五百里、二千里。應配者，一千里居作二年，一千五百里居作二年半，二千里居作三年。應住居作者，三流俱役三年。近流加杖一百，一等加三十。三曰徒刑五，有一年、一年半、二年、二年半、三年。四曰杖刑五，自五十至於百。五曰笞刑五，自十至於五十。

隋代規定杖刑最高為一百下，笞刑最高為五十下，這是在漢律的基礎上打了對折。值得注意的是，隋代的流刑需要附加杖刑，可見五刑之中，笞杖佔據了其中兩席半，可以稱得上是最主流的刑罰了。

隋代的刑罰體系基本被唐代承襲，在此基礎上，《唐律疏議・名例律》中對笞與杖還進行了一番考據：「笞者，擊也⋯⋯漢時笞則用

笞杖

竹，今時則用楚。……笞、杖之目，未有區分。笞擊之刑，刑之薄者也。隨時沿革，輕重不同，俱期無刑，義唯必措。今律云：『累決笞、杖者，不得過二百』，蓋循漢制也。」

這裏有兩點值得注意：一是唐人認為漢代並未對笞刑與杖刑做區分，笞小杖大的差異，應當是在後世發展中逐漸出現的；二是唐人雖然口口聲聲説「循漢制」，但事實上漢律規定笞刑上限為兩百下，而唐律中是進一步明確笞刑與杖刑纍計執行不得過兩百下，如此看來，唐律還是默默地將刑罰的力度下降了一大截……

自秦漢至隋唐，法定刑的演變基本保持着「由重到輕」的趨勢，因此笞刑與杖刑是以相對文明、緩和的形象出現在中國古代刑罰體系中的。但從客觀角度來看，「笞一百」「笞二百」這種程度的刑罰依然足以傷及性命，因此刑罰輕量化的進程依然還在繼續。宋朝建立後，宋太祖趙匡胤力圖革除重刑之弊，在詔令中強調「臨下以簡，必務哀矜」，開始大規模推行「折杖法」——也即將笞、杖、徒、流等刑罰全部折算為杖刑。具體而言，笞刑、杖刑這兩種輕刑折為臀杖，臀杖數從七到二十不等；而徒刑、流刑這種重刑則折為脊杖，脊杖數從十三至二十不等，具體可見下表：

刑名／折抵	笞刑					杖刑					徒刑					流刑			
刑罰等級	十	二十	三十	四十	五十	六十	七十	八十	九十	一百	一年	一年半	二年	二年半	三年	二千里	二千五百里	三千里	加役流
折臀杖數	七	七	八	八	十	十三	十五	十七	十八	二十									
折脊杖數											十三	十五	十七	十八	二十	十七	十八	二十	二十

「折杖法」使得宋代刑制呈現出「流罪得免遠徙，徒罪得免役年，笞杖得減決數」的特徵，棍棒成為雖然不是唯一但也是最為主流的刑具。

不過，宋代刑罰輕量化的步子邁得太大，以至於出現了生刑過輕、死刑過重的刑罰失衡問題，作為補救措施，帶有宋代特色的刺配刑出現了。刺配刑，簡而言之是將杖脊、刺面與配流三刑合一的刑罰，其中刺面可謂是「奴隸制五刑」中墨刑的翻版。至於脊杖數則以二十為主，這一點在《水滸傳》中也有所體現：小說一開始便寫到高俅便被府尹判了二十脊杖；之後林沖為高俅陷害，判的也仍然是二十脊杖 。至於那一百殺威棒則於史無據，在司法實踐中是否真實存在，就很難說清楚了。

笞刑與杖刑作為附加判的司法慣例，之後為歷代所沿襲，一直到清末方被廢止 —— 對於尋常百姓而言，刀斧畢竟難得一見，而被笞杖教育的「機會」卻多得多，也難怪民間會有「棍棒底下出孝子，黃荊條下出好人」這一說了。

真實歷史中的笞杖

中國古代刑罰史總體呈現的趨勢是「由重到輕」，這一點可以從歷代刑法志和帝王詔書中推出。然而，史書中的記載與歷史的真相之間往往存在着不小的差距，帝王詔書中的願景是否能夠轉化為司法實踐也需要進一步細究。「笞兩百」之類刑罰固然可怖，但如果行刑者能夠切實以此為界限，那棍棒給百姓帶來的傷害終究是有限的。真正讓笞杖成為死神的，不是笞杖本身，而是這些刑具背後被濫用的權力。

漢文帝、漢景帝幾次下詔減輕刑罰力度，將笞刑的上限鎖定在了兩百下。「兩百」從法律制度的角度來看「法可知」，但司法實踐的角度來看卻「威不可測」。因為，用什麼方式打、用什麼樣的刑具打，足以讓笞刑與笞刑之間出現天差地別。

為避免笞刑變成事實上的死刑，漢景帝在減刑的同時便意識到需要限制棍棒的尺寸和形制，於是又下令制定了《箠令》:「笞者，棰長五尺，其本大一寸，其竹也，末薄半寸，皆平其節。當笞者笞臀。毋得更人，畢一罪乃更人。」「箠」為鞭笞之意，《箠令》將笞限定為長五尺、寬一寸、厚半寸的竹板，而且竹板上面的竹節務必要削平整。此外，行刑時不得換人。《太平御覽》《資治通鑒》大力頌揚了《箠令》的實施效果，認為「自是笞者得全」。

「自是笞者得全」，意味着受笞刑者由此告別了被死刑支配的恐懼。那事實上是否如此呢？《太平御覽》《資治通鑒》成書於宋代，關於《箠令》的內容應當轉引於《漢書》，而《漢書》原文在「自是笞者得全」之後還有一句話：「然酷吏猶以為威。」歷史的真相不言自明：雖然笞刑大幅度縮減，但對於酷吏來講，依然是強大的威嚇手段。就算受刑者免於死的威脅，但生與生之間，也是大不一樣的。

不難想像，這些長五尺、寬一寸、厚半寸的竹板打在普通人身上也是足以致命的。

至宋初，趙匡胤定笞杖形制時遵從後周舊制，當時規定的尺寸是「長三尺五寸，大頭闊不過二寸，厚及小頭徑不得過九分」，相較於漢制短了一些，但偏寬而厚，行刑可謂各有鞦韆。

杖的長短、厚薄雖有定數，但不同木材的密度千差萬別，這使得行刑者依然有很大的操作空間。於是天聖七年（1029 年），宋仁宗趙禎又不得不下詔明令：「凡所用杖，重無過十五兩，施印其上，責所部常驗視之。」這一詔令的執行情況同樣值得懷疑，因為到了政和三年（1113 年），宋徽宗趙佶再次下詔指出「比聞官司輒紊常憲，置杖不如法，決罰多過數，傷肌膚，害欽恤之政」，後又明確行杖人、受杖人知情不告者同罪，可見司法實踐中不依法使用刑具、不遵守行刑數量限制的做法已經達到怎樣嚴重的程度。有宋一朝，施笞杖刑「多寡不倫」的現象一直存在，這讓宋代「臨下以簡，必務哀矜」的思想蒙上一層陰影。說來也是諷刺：從法定刑層面來看，宋代生刑過輕而死刑過重；但從司法實踐來看，小小的杖刑足以將百姓致於死地，以至於宋代歷任君主還需要通過「緩刑省罰」來緩和社會矛盾。由此，似乎也更能理解為何《水滸傳》中的「好漢」們要揭竿而起了。

權力天然具有擴張性，因此紙面上的律法與現實中的律法不匹配是自古以來的常態，並非漢、宋所獨有。到了明代，司法實踐中笞刑、杖刑過重的問題依然未能解決，弘治六年（1493 年），李東陽曾有一論：「五刑最輕者笞杖，然杖有分寸，數有多寡。今在外諸司，笞杖之罪往往致死。縱令事覺，不過以因公還職。以極輕之刑，置之不可復生之地，多者數十，甚者數百，積骸滿獄，流血塗地，可為傷心……」這裏所言的數百下笞刑顯然已經違反大明律法。弘治年間還算是明代比較昌盛的時代，笞刑就已經嚴酷到「積骸滿獄，流血塗地」的局面，其他年代便更不用說。有一句六字成語叫「各打五十大板」。這句成語說起來輕鬆，一旦做起來，可能就要憑添兩條冤魂了。

結語

與其說中國人恐懼的是棍棒，倒不如說中國人恐懼的是棍棒背後的人情世故。殺威棒與笞杖雖非同一物，但《水滸傳》中幾位好漢被判一百殺威棒的結果卻令人深思。

林沖與宋江經歷相似：前者找到柴進為靠山，後者左右打點，最後都找了感冒風寒未痊癒的藉口，管營便主動暫緩執行，結果這一「暫緩」便沒了後文。至於武松，則是因為其忠肝義膽引來了府尹的哀憐，於是他受的脊杖只有五七下打着肉，基本沒有受傷。梁山好漢畢竟不是尋常人，若換做一般無權無勢的百姓，又當如何呢？《水滸傳》中也講得分明：「若得了人情，入門便不打你一百殺威棒，只說有病，把來寄下；若不得人情時，這一百棒打得七死八活。」

藝術來源於生活，《水滸傳》中的情節，其實正是現實生活的縮影。清代方苞《獄中雜記》中曾記載了他在監獄中親眼看見的一件事：「木訊者三人：一人予三十金，骨微傷，病間月；一人倍之，傷膚，兼旬愈；一人六倍，即夕行步如平常。」大意是，有三個犯人遭受同樣的杖刑，為了少吃點苦頭，他們事前都賄賂了行杖的差役。一個犯人送了三十兩銀子，被稍微打傷一點骨頭，養了一個月的傷；第二個犯人送了一倍的銀子，只打傷一點皮肉，不到一個月就好了；第三個犯人給了一百八十兩銀子，受刑後當晚就步履如常了。

殺人的從來不是棍棒，而是用棍棒的人。殺威棒、水火棍遠比笞杖厚重，絕非法定刑具，但它們是否真的從未被官員、衙役用於刑罰呢？這個問題，歷代刑法志給不出答案。不過正如《禮記》中「收其威也」所講的那樣，笞杖本就是殺受刑者之威，因此作為法外之刑用之也非意外之舉。或許，「殺威棒」這個稱呼，比笞杖原本的名號還要接近笞杖的靈魂？

《國語．魯語》有云：「薄刑用鞭撲，以威民也。」誠哉斯言。

青天三鍘刀
古代死刑刑具

談及中國古代死刑刑具，不少古代公案小說迷的腦海中第一個浮現出的，可能就是包拯的「青天三鍘刀」——這要「怪」《包公案》名氣實在太響，也要「怪」清代石玉《三俠五義》中對這三把鍘刀的描寫太繪聲繪色。小說中，宋仁宗皇帝趙禎賜了包拯三道御札，令其查處一起弊案。包拯回衙後令公孫策「仔細參詳，莫要辜負聖恩」。公孫策以為這是包拯在下逐客令，一氣之下故意將「札」曲解為「鍘」，畫了三張鍘刀草圖交給包拯。未曾想包拯大喜，依草圖打造了「龍、虎、狗」三把鍘刀，並上奏道「如有犯法者，各按品級行法」。在民間傳說中，這三把鍘刀也有說法：龍頭鍘可鍘皇親國戚、鳳子龍孫；虎頭鍘可鍘貪官污吏、禍國奸臣；狗頭鍘可鍘土豪劣紳、惡霸無賴。

包拯在歷史上確有其人，但「龍、虎、狗」三把鍘刀卻是十足的杜撰；非但「龍、虎、狗」三把鍘刀是杜撰，就連鍘刀本身都是杜撰。中國古代執行死刑並不用鍘刀，最常見的死刑刑具是絞索與斬刀，分別對應着絞刑與斬刑。當然，嚴格來說也有兩種作為刑具的鍘刀，一種用於腰斬，這是死刑；另一種叫刖足刀，用於剕刑。

從當代法律體系來看，刑罰只是法律的一部分。但從中華法系的起源來看，法律天然是刑罰，而刑罰天然是死刑。所謂「刑起於

包孝肅公祠內的鍘刀

兵」，刑即處罰和鎮壓的暴力手段，最早針對於敵人，這是戰爭；之後漸漸用於對付內部成員，這就成了律法。

《漢書．刑法志》載：「（聖人）因天討而作五刑。大刑用甲兵，其次用斧鉞；中刑用刀鋸，其次用鑽鑿；薄刑用鞭撲。」「甲兵」指鎧甲和兵器，即指軍隊——可見戰爭與刑具原本便是合一的。順着這一邏輯出發，死刑作為極刑在刑罰與法律體系中當然佔據着極為重要的地位，死刑刑具也因此洋洋大觀，一次又一次衝擊着人類對於殘忍的想像力。

大辟：周至秦，「死刑博覽」

「奴隸制五刑」包括墨、劓、剕、宮、大辟五種。墨刑又稱「黥刑」，指刺字；劓刑指割鼻；剕刑又稱「刖刑」，指斬腳；宮刑指割生殖器；大辟指死刑。相較於相對單一的墨、劓、剕、宮四種刑罰，大辟有着極強的包容性：所有能夠致人於死地的刑罰，都可以納入此類。

《荀子・正名》云：「刑名從商。」意思是，刑罰的名稱應當以商律為本。事實也的確如此：在一個人殉人牲極為普遍、視人命如草芥的時代，刑罰體系的發達順理成章，商代死刑的執行方式花樣繁多且極為殘酷，出名者如炮烙、醢脯、劓殄等。

炮烙，是將塗油的銅柱置於炭火之上加熱，而後令犯人在銅柱上行走的刑罰，犯人若受不了炙烤滑落，便會墜入炭火中燒死。這一酷刑相傳為為帝辛（即商紂）所創，《史記・殷本紀》曰：「百姓怨望而諸侯有叛者，於是紂乃重刑辟，有炮烙之法，炊炭其下，使

剕刑

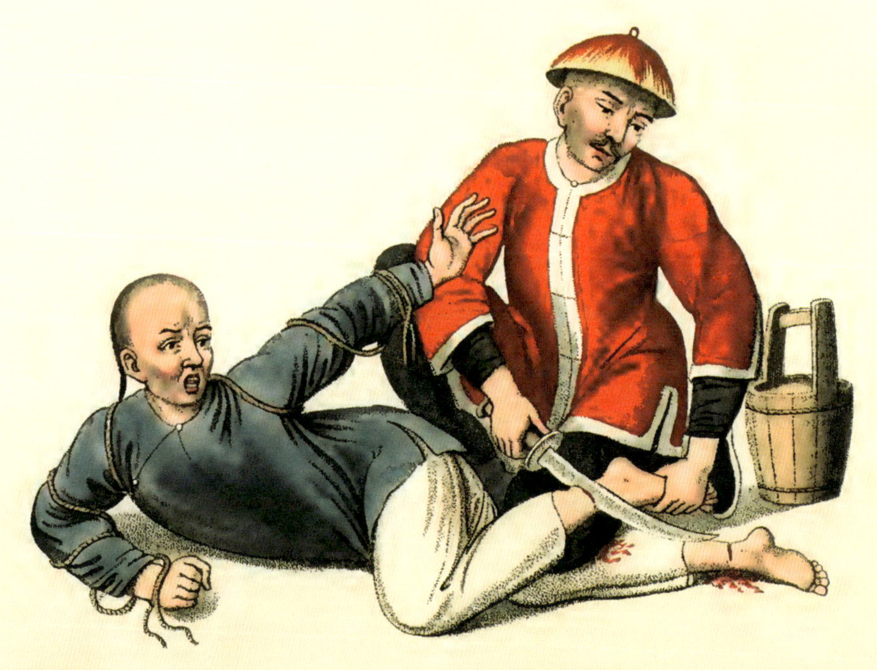

罪人步其上。」《列女傳・孽嬖傳》亦有解釋：「膏銅柱，加之炭，令有罪者行其上，輒墮炭中。」

如果說炮烙是為搏美人一笑，那醢脯則為另一位美人敲響了喪鐘。醢與脯分別指肉醬和肉乾，用作刑罰，則分別指將人剁成肉醬或曬成肉乾。據《史記・殷本紀》載：「西伯昌、九侯、鄂侯為三公。九侯有好女，入之紂。九侯女不喜淫，紂怒，殺之，而醢九侯。鄂侯爭之強，辨之疾，並脯鄂侯。」大意是，帝辛統治時期，西伯昌、九侯、鄂侯並列為三公。九侯將女兒獻給帝辛，但其女因不喜淫惹惱了帝辛而被殺，九侯也因此受醢刑，被剁成肉醬。鄂侯為此爭辯，結果受了脯刑，被曬成肉乾。

相較於執行方式極為殘忍的炮烙與醢脯，劓殄的嚴酷主要體現在受刑範圍之廣。《尚書・盤庚中》載：「乃劓殄滅之，無遺育。」劓殄即將罪犯的家人全部殺絕，可以視為後世族誅的濫觴，之後逐漸定型為夷（誅）三族、九族。

相較於商代，周代在刑罰上有所收斂，但依然飽含血腥之氣。從《周禮・秋官・掌戮》中的「掌戮掌斬殺賊諜而搏之。凡殺其親者，焚之；殺王之親者，辜之」一句中可以提煉出斬、殺、搏、焚、辜五種死刑。結合對應的註疏可知，斬為腰斬；殺為棄市；搏通「膊」，意為「去衣磔之」，也就是赤身肢解；焚為火刑；辜亦為肢解。

先秦時期的死刑以腰斬為主流，即用從腰部將犯人砍作兩截，斬具為斧鉞，其下的墊板為砧鑕。《戰國策・秦策》中有「今臣（范雎）之胸不足以當椹質（即砧鑕），腰不足以待斧鉞」一句，對應的正是腰斬，從中也可能看出當然腰斬在當時已是常刑。青銅時代向鐵器時代過渡後，斧鉞與砧鑕逐漸被鍘刀所代替。雖然無法與搏、

紂王無道造炮烙

焚、辜等刑罰相比，但腰斬的殘忍程度依然令人動容：受刑者當即死亡是福氣，若身體斷成兩截後還神智清醒，那在斷氣之前將經歷怎樣的人間地獄不難想像。先秦時期的大多數刑罰在後世逐漸湮滅，但腰斬的生命力卻異常頑強，直到清代才被廢止。清人薛福成的《庸庵筆記》記載，福建學政俞鴻圖因納賄營私而被判腰斬，書中描述處決時「俞君既斬為兩段，在地亂滾，且以手自染其血，連書七慘字」，這一慘狀使得當時的雍正皇帝「為之惻然，遂命封刀」。不過這一說亦有爭議，《清史稿》中記載俞鴻圖判的是斬立決，其死法要「輕鬆」得多了。

秦代「以法為教、以吏為師」，保留了先秦時期不少殘酷的死刑，主要有斬、梟首、車裂、夷三族、具五刑等。斬、梟首、夷三族等刑見字知義，車裂則是將人的頭和四肢分別綁在五輛馬車上，而後令馬向五個不同的方向拉直到將受刑人撕裂，俗稱「五馬分屍」。不過，最嚴酷的還要數具五刑。

具五刑是將肉刑與死刑合而為一的刑罰，令受刑在臨死前要受到墨、劓、剕、笞等刑，死後被梟首、軀體剁為肉醬，可謂受盡折磨。秦代左丞相李斯，便被趙高污衊夥同陳勝、吳廣謀反，最終具五刑而亡。

絞斬：漢至隋，「輕刑時代」

唐代柳宗元在《封建論》中曾指出秦「酷刑苦役，而萬人側目，失在於政」，也即秦朝的滅亡源於其嚴刑峻法和苛政重役激起了民變。《史記．高祖本紀》載，秦末劉邦攻入咸陽時，曾與百姓約法三章：「殺人者死，傷人及盜抵罪。餘悉除去秦法。」從「約法三章」的典故出發，似乎能得出漢代律法遠比秦代寬緩的結論，但事實上「漢承秦制」才是主流。《漢書．刑法志》如此總結：「漢興之初，雖有約法三章，網漏吞舟之魚，然其大辟，尚有夷三族之令。令曰：

當夷三族者，皆先黥、劓、斬左右，笞殺之，梟其首，菹其骨肉於市；其誹謗詈詛者，又先斷舌。故謂之具五刑。」可見，具體到律法與刑罰層面，漢代——至少是漢初，死刑的殘酷程度並不亞於秦代。

漢初的死刑執行方式繁多，如磔、腰斬、梟首、定殺、車裂、棄市、夷三族、具五刑等為秦代乃至先秦舊制，此外亦有新設的殊死。《漢書．高帝紀》云：「今天下事必，其赦天下殊死以下。」韋昭註曰：「殊死，斬刑也。」顏師古註曰：「殊，絕也，異也，言其身首離絕而異處也。」可見殊死即斬刑。

不過，古代中國的刑罰體系發展史在漢代確實出現了重要的轉折。漢文帝劉恆、漢景帝劉啟統治時期，隨着輕徭薄賦、勸課農桑、與民休息的諸多政策相繼實施，中國進入了被後世稱為「文景之治」的偉大盛世。藉《漢書．食貨志》的形容，這一時期已經達到了「京師之錢累巨萬，貫朽而不可校。太倉之粟陳陳相因，充溢露積於外，至腐敗不可食」的富庶程度，經濟的發展呼籲着新的生產關係，刑罰輕緩化的潮流一直在孕育中。直到緹縈救父一事的發生，廢除肉刑、減輕死刑的戰役終於打響。

漢文帝、漢景帝時期的刑制改革主要針對肉刑，但一些殘酷的死刑執行方式也有所改良，比如磔刑便在景帝中二年（前 148 年）改為棄市。「文景之治」後，漢代死刑主要剩下腰斬、梟首和棄市三種。梟首指將首級斬下後在鬧市懸首示眾，棄市亦是在百姓集聚的鬧市對犯人執行死刑，這兩種死刑執行方式的重點在於將行刑過程公開以強化律法的震懾力，但相較於前朝的死刑已經完完算不上殘酷。

三國時期基本延續了漢代律法制度。曹魏死刑的執行方式為斬、梟首、棄市三種，其中斬相較腰斬為輕。蜀漢的史料不豐，能

絞斬

梟首

確定的是以棄市為主要死刑執行方式，比如劉琰便被判處棄市。劉琰之死也很令人唏嘘：劉琰之妻胡氏頗有美色，建興十二年（234年）正月胡氏進宮向太后賀壽經月方回，劉琰懷疑妻子與當時蜀漢的皇帝後主劉禪有染，於是在打罵之後休妻並逐出家門。劉禪聽說此事後大怒，令有司問罪，最終判處棄市，而在此之後大臣妻女進宮朝賀的習俗也被取消。

相較而言，孫吳因為統治者偏好重刑，其刑罰相較於曹魏、蜀漢更顯殘酷，尤其是孫吳末帝孫皓統治時期，如燒鋸斷頭、刀環撞殺之類的酷刑開始出現。這些當然應歸為法外之刑，不過所謂上有所好下必甚焉，孫吳刑罰的野蠻程度，是三國時期可謂獨一無二。

兩晉以及南朝的宋、齊基本沿用了漢代的腰斬、梟首和棄市，南朝梁簡化為梟首和棄市兩種。而北朝的刑罰體系另成一派，且沾染上了遊牧民族的野性：北魏的死刑執行方法有斬、絞、轘（車裂）、沉淵四種；北齊時為梟首、轘、斬、絞四等，北周的死刑共五等，分別為磬、絞、斬、梟首、車裂。

在北魏第一次成為法定刑的絞刑，對古代中國死刑的執行方式影響深遠。絞刑的執行方式有兩種，一是將受刑者跪綁於行刑柱上，將繩套於頸，由兩個劊子手在繩套兩端各插進一個木棒向相反方向扭轉，將受刑者逐漸絞死；另一種是將受刑者立綁於行刑柱上，由一名劊子手在柱後逐漸絞緊勒死。在「身體髮膚，受之父母，不敢損傷」這一傳統觀念的影響下，雖然絞刑給受刑者帶來的痛苦並不小，但能留下全屍，因此逐漸固定為最仁慈的死刑執行方式。隋朝建立後，以「約法省刑」為原則對前代死刑形制進行了大改，最終將法定死刑定為絞、斬二等。此舉為後世律典所遵循，直到清

棄市

末，絞、斬一直是死刑最為常見的兩種執行方式。

凌遲：宋至清，「酷刑復辟」

從宏觀層面來看，古代中國的刑罰體系和死刑體系均呈輕緩化趨勢，但在這一潮流中，卻有一種酷刑「逆流而上」，將死刑的殘忍推向了前所未有的高峰——這一酷刑，便是凌遲。

「凌遲」一詞最早見於《荀子・宥坐篇》，原文云：「三尺之岸，而虛車不能登也；百仞之山，任負車登焉，何則？陵遲故。」唐人楊倞註云：「遲，慢也。陵遲，言丘陵之勢漸慢也。」可見，陵遲的本義是指地勢由高而低、漸趨平緩。這種含義一旦引申到刑罰上就變得極為恐怖，明人應檟在《大明律釋義》中解釋道：「凌，細割之意。遲，緩也。凌遲者，使之痛極而死，刑之極也。」沈家本《歷代刑法分考》又有言：「殺人者欲其死之徐而不速也，故亦取漸次之義。」「欲其死之徐而不速」這八個字，實在是讓人毛骨悚然。

凌遲的執行方式，簡而言之就是在受刑者活着的時候，用刀將身上的肉一片片割下來，然後再截肢、剖腹、斷首，故意延長受刑者的死亡時間，以加重其受刑時的痛苦，直到最後才了結受刑者的性命。民間俗稱凌遲為「千刀萬剮」，對其用多少刀、如何下刀等細節描述得極為傳神。莫言在小說《檀香刑》中提到凌遲分為三等:「第一等的，要割三千三百五十七刀；第二等的，要割二千八百九十六刀；第三等的，割一千五百八十五刀。他記得師傅說，不管割多少刀，最後一刀下去，應該正是罪犯斃命之時。」小說甚至用幾乎一整章的鋪張筆法描述了一場共計五百刀的凌遲，直到劊子手一刀戳中了受刑者的心臟，「一股黑色的暗血，如同熬糊了的糖稀，沿着刀口淌出來」……

凌遲成為法定刑的起源學界並無定論，但其濫觴可以上溯到南北朝時期的臠割。據《魏書．清河王紹傳》載，拓跋紹弒父叛亂失敗後「宮人為內應者十數人，其先犯乘輿者，羣臣於城南都街生臠

凌遲

割而食之」。南北朝時期有不少臠割人肉甚至進而食用的案例，但這並非出自律法或行政命令的刑罰，至唐代，武則天面對閻知微勾結突厥作亂一事，曾下令「百官臠割，然後斬之，並夷其三族」，臠割的法律色彩進一步加強。

五代十國時期，臠割的適用頻率逐漸提高，並更名為凌遲。至兩宋時，凌遲雖然仍是法外之刑，但已被進行所認可，如宋仁宗趙禎便於景珪元年（1034 年）又下詔：「應災傷州軍獲強劫賊人內，有曾殺害人命及累行劫盜，情理巨蠹者，即許凌遲處死。」宋神宗趙頊時其，凌遲已經被大量使用。宋元之際的馬端臨在《文獻通考》中記載：熙豐間詔獄繁興，口語狂悖者，皆遭此刑。」至南宋嘉泰三年（1203 年）《慶元條法事類》頒行，凌遲最終與斬、絞並列，成為法定刑種。陸游曾對凌遲進行過求考據，並以該刑「感傷致和，虧損仁政，實非聖世所宜遵」為由呼籲朝廷將其廢止，但並未成功。

宋後凌遲刑一直存續下去，經歷元明清三朝而不廢。《元史·刑法志》記載：「死刑，則有斬而無絞，惡逆之極者，又有凌遲處死之法焉。」此時凌遲所針對的主要是大逆、大惡之輩。

明代律法有關凌遲的律和例，共計十三條，清律除全部承襲外，還陸續增加了劫囚、發塚、謀殺人、殺一家三人、威逼人致死、毆傷業師、毆祖父母和父母、獄囚脱監以及謀殺本夫等九條十三罪，可見在清代，凌遲縱然不普遍，也絕談不上罕見。不過，因凌遲行無定法，也存在一定操作空間。方苞《獄中雜記》中記載了劊子手的尋租方式：「順我，即先刺心；否則，四肢解盡，心猶不死。」只要打點到位，劊子手先一刀了結了受刑者的性命，凌遲也便成了戮屍，真可謂錢可通神了……

結語

鴉片戰爭後，隨着西方列強的堅船利炮撕開了清朝的海岸線，中國大地的的「歐風美雨」也逐步將中華法系的種種文化圖騰擊反覆吹淋浸泡直至褪色，歷代王朝曾賴以向百姓立威的律法和刑罰終於成為明日黃花。光緒三十一年(1905 年)，修律大臣沈家本等奏請廢除凌遲、梟首、戮屍、刺字等酷刑，很快得到了朝廷的認可：「凡死罪至斬決而止，凌遲及梟首、戮屍三項，著即永遠刪除，所有現行律例內凌遲、斬、梟各條，俱改為斬決。」兩年後，沈家本主持修訂的《大清新刑律》除了謀反大逆等重罪之外只留下絞刑這一種死刑，而且不再公開執行。

回過頭來審視公案小說中被百姓視為正義化身的「青天三鍘刀」，會發現這種直斬頭顱、一刀斃命的死刑刑具其實非常仁慈。包拯生活的北宋，雖然朝廷名義上力圖革除重刑之弊、聲稱要「臨下以簡，必務哀矜」，但卻放任着凌遲這種殘忍之極的法外之刑肆意侵奪人們生命，在這種情況下，「青天三鍘刀」如果真實存在，其震懾意義恐怕也很值得商榷。

真正令人對法律產生敬畏心的永遠都不會是刑具，而是使用刑具的人 —— 如果沒有包拯這個「青天大老爺」，任是三百、三千把鍘刀在側，恐怕也無法奪取萬千「匹夫」之志。隨着時代的發展和法律文化的演進，過於殘忍的死刑執行方式逐漸在全世界範圍內被摒棄，不少國家甚至永久性禁止了死刑。這樣的法律體系讓犯罪更少了還是更多了呢？又或者，死刑與犯罪兩者之間並沒有必然聯繫？每個人的內心一定都會有屬於自己的判斷。

法律物語

藏在器物裏的法律故事

江隱龍　著

責任編輯　俞　笛
裝幀設計　鄭喆儀
排　　版　鄭喆儀
印　　務　劉漢舉

出版　開明書店
香港北角英皇道 499 號北角工業大廈一樓 B
電話：（852）2137 2338　傳真：（852）2713 8202
電子郵件：info@chunghwabook.com.hk
網址：http://www.chunghwabook.com.hk

發行　香港聯合書刊物流有限公司
香港新界荃灣德士古道 220-248 號
荃灣工業中心 16 樓
電話：（852）2150 2100　傳真：（852）2407 3062
電子郵件：info@suplogistics.com.hk

版次　2025 年 7 月初版

規格　特 16 開（210mm×145mm）

ISBN　978-962-459-386-0